# 디지털 비디오의 이해

# 디지털 비디오의 이해

문원립 지음

# 디지털 비디오의 이해

지은이 | 문원립
펴낸이 | 한기철
편집장 | 이리라 · 편집 및 제작 | 신소영, 이여진

2005년 2월 20일 1판 1쇄 박음
2005년 2월 28일 1판 1쇄 펴냄

펴낸 곳 | 도서 출판 한나래
등록 | 1991. 2. 25. 제22 - 80호
주소 | 서울시 송파구 신천동 11- 9, 한신오피스텔 1419호
전화 | 02) 419 - 5637 · 팩스 | 02) 419 - 4338 · e-mail | editor1@hannarae.net
**www.hannarae.net**

필름 출력 | DTP HOUSE · 인쇄 | 상지사 · 제책 | 성용제책
공급처 | 한국출판협동조합 〔전화: 02) 716 - 5616, 팩스: 02) 716 - 2995〕

ⓒ 문원립, 2005
Published by Hannarae Publishing Co.
Printed in Seoul.

디지털 비디오의 이해 / 문원립 지음
—— 서울: 한나래, 2005.
254p.: 23cm(필름 메이킹 시리즈, 5)

KDC: 666
DDC: 778.59
ISBN: 89-5566-034-0  94680

1. Digital video.   2. Video recording—Technique.   I. 문원립.

# 차례

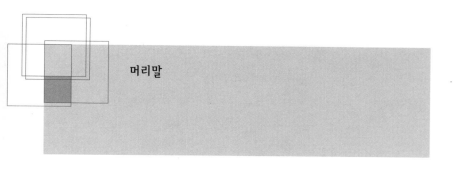

## 머리말

영화/비디오 편집이 아날로그였던 시절은 상대적으로 단순했다. 몇 가지 기술만 배우면 되었고, 장비의 변화도 별로 없었다. 그런데 이것이 디지털 화되면서 알아야 할 것들이 너무나 많아졌다. 대개의 장비나 프로그램들이 '쉽다,' '누구나 할 수 있다' 라는 것을 강조하고 있다. 그러나 이것은 사실은 쉽지 않기 때문에 하는 선전이 아닐까? 예전의 아날로그 장비에 비해 가격이 싸서 쉽게 접근할 수 있는 것은 사실이다. 그리고 무거운 필름을 옮기는 것보다는 마우스를 움직이는 게 '쉬울' 것이다. 그러나 디지털 장비가 쉽다는 것은 겉보기에 불과하다. 디지털 편집기를 조금이라도 써 본 사람이라면 각종 '세팅' 의 복잡함을 알 것이다.

그러나 디지털 비디오나 편집에 관한 책들이 상당히 많이 나와 있음에도 불구하고, 기초적인 개념들을 잘 설명하고 있는 책은 의외로 찾기가 힘들다. 현재 관련 분야에 출판된 서적은 대개 일반인을 대상으로 비선형 편집 프로그램의 사용법을 주로 설명하는 책이거나 아니면 기술자나 기술자가 되려는 학생을 위한 공학 서적이다. 전자의 책들은 알아야 할 기술 용어들에 대해 설명하고 있고 있긴 하나 보통 그 내용이 너무 간단해서 기본 개념들을 제대로 이해하기가 힘들다. 반면 후자의 책들은 영화 제작을 배우는 사람들이 읽기에는 너무 어렵다.

이 책은 그 둘의 중간 정도에 있다고 할 수 있다. 핵심적인 기술 개념들을 일반인들을 위해, 아니면 적어도 영화 영상 제작을 전공하는 학생들을 위해 가능한 쉽게 풀어서 설명하고자 하였다. 1장에서는 색채 이론의 기본적인 것들을 설명한다. 특히 CIE 색도도가 만들어지는 과정을 비교적 자세하게 서술하였다. 2장에서는 흑백 컴포지트 비디오 신호의 원리와 구조에 대해 설명한다. 이 장과 컬러 비디오 신호에 대해 설명하는 다음 장은 부분적으로 다소 어렵게 느껴질 수도 있다. 너무 어렵게 느껴지는 부분이 있다면 그냥 넘어가도 4장 이후를 이해하는 데 큰 무리가 없을 것이다. 4장은 디지털과 아날로그의 차이, 디지털 컴퓨터의 원리 등에 대해 살펴보며, 5장에서는 구체적으로 비디오가 디지털화되는 과정, 그리고 디지털 비디오의 종류 등에 대해 설명한다.

6장은 이 책에서 가장 긴 부분으로서, 디지털 편집할 때 사용되는 개념들에 대해 설명한다. 특정 편집 프로그램의 사용법보다는 그런 프로그램들에 공통되는 개념들을 다루며, 특히 매뉴얼 같은 데도 설명이 잘 나와 있지 않은 것들에 대해 주로 살펴본다. 7장은 필름과 비디오의 차이에 대해 살펴보며, 마지막 8장은 많은 사람들이 관심을 가지고 있는 '디지털 영화'에 대해 논의한다.

나는 대학과 대학원에서 자연 과학을 공부한 적이 있는데, 그것이 이런 책을 쓰는 데 도움이 되었다. 그러나 한편, 전공이 전기, 전자 분야가 아니었기 때문에 책을 쓰면서 한계도 많이 느꼈다. 이런 과정에서 많은 걸 배웠고, 나름대로 정확하게 서술하려고 노력했지만 아마 오류가 있을 수 있을 것이다. 오류가 있다면 가차 없는 질책을 바란다. 끝으로, 책에 들어가는 많은 그림들을 훌륭하게 그려준 김재홍 군과 김형진 군에게 감사하며, 늦어짐에도 배려를 아끼지 않은 한나래 출판사 사장님과 원고를 꼼꼼히 읽어 준 편집부에 감사드린다.

2005년 1월
문원립

# 1

## 색

### 1. 색의 3요소

흰 옷이 노란 나트륨등 아래서 노랗게 보인다면, 나트륨등 아래에서의 이 옷의 색은 흰색인가, 노란색인가? 객관적으로는 흰색이고, 주관적으로는 노란색이라 할 수 있다. '객관적'인 기준은 무엇인가? 일상적인 경우에, 특히 일광에서, 특정 파장의 빛을 반사하는 것이 한 기준이 될 것이다. 이것으로 불충분할지는 모른다. 그러나 여기서 객관적인 게 무엇인지에 대한 철학적인 논의를 하려는 것은 아니다. 다만, '색'이란 단어가 객관적으로 사용될 때도 있고 주관적으로 사용될 때도 있다는 것이다. 객관적 의미에서의 색은 특정 개인의 눈에 어떻게 보이는가 하는 것과는 직접적으로 상관이 없다. 어떤 옷을 두고 흰색이다 아니다라고 논쟁하는 것은 (애매한 경우가 물론 있겠지만 일반적으로) 가능하다. 그러나 특정 개인에게 주관적으로 어떻게 보이는지는 궁극적으로 논쟁의 대상이 될 수 없다. '색의 3요소가 색상, 채도, 명도'라고 할 때의 '색'은 이런 주관적인 색이다. 즉, 그 색을 초래하는 어떤 객관적, 물리적 성질을 말하는 것이 아니라 지각 현상을 말하는 것이다. 물론 그 3요소도 지각된 면을 말한다.

    '색'이란 단어의 용법과 관련하여 또 하나 애매한 면이 있을 수 있는데, 바로 밝기만 다를 때이다. 밝은 빨간 옷과 좀 덜 밝은 빨간 옷이 있다면, 그 둘은 같은 색인가 아닌가? 이 역시, 밝기를 '색'에 포함시키는지의 여부에 따라 다른 색이라고도 할 수 있고 같은 색이라고도 할 수 있다. '색의 3요소'에서 색은 밝기를 포함하는, 즉 밝기가 다르면 다른 그런 색이다. 그래서 여기서 색은 넓은 의미의 색, 다시 말해 '빛깔'에 관해서는 모든 (주관적) 시지각 현상을 포함한다.

색의 3요소를 보면, 우선 '색상hue'은 밝고 맑은 노란색과 어둡고 탁한 노란색을 같은 색이라고 말할 때의 그것이다. 사실, '밝고 맑은 노란색과 어둡고 탁한 노란색'이라는 표현 자체가 이미 그 두 색을 같은 범주에 넣고 있다. 색상은 어떤 표면이 빨강, 초록, 파랑, 노랑 혹은 그 중 두 개가 섞인 것으로 지각되는 것을 말한다. 여기서 '섞인'은 물리적으로 섞는다는 뜻이 아니다. 모든 색은 그 넷 중 하나로 지각되거나, 그 중 둘의 혼합으로 지각된다는 뜻이다. 가령 보라색을 보면 빨강과 파랑이 섞인 것으로 지각되지 않는가? 물론 빨간색과 파란색을 물리적으로 섞으면 보라색이 나온다. 하지만 빨강, 초록, 파랑 빛들을 섞으면 그 세 색이 섞인 것으로 지각되는 색이 나오는가? 그건 아니다. 그 3색이 동시에 섞인 것으로 지각되는 색은 존재하지 않는다. 그 3색을 물리적으로 (같은 비율로) 섞으면 흰색이 되는데, 흰색에는 빨강도 초록도 파랑도 지각되지 않는다. 물리적으로 섞는 것과 섞인 것으로 보이는 것은 다른 것이다. '섞음'의 의미에 대해 좀 길게 이야기했는데, '색상'이란 밝기와 맑고 탁함을 제외한 좁은 의미의 색이라고 할 수 있다.[1]

---

1. 한 가지 지적할 점은 '색상'이란 단어도 '색'과 마찬가지로 일상 생활에서는 여러 의미로 사용된다는 것이다. 여기서는 기술적으로 정의된 hue의 번역어로만 간주한다.

'채도saturation'는 색이 '맑고 탁한' 정도로 위에서 말하긴 했지만 사실 그것이 채도와 같은 뜻인지 확신은 없다. 국어 사전을 보면 색의 "선명한 정도"라고 나와 있는데, 그것도 아주 직접적인 설명인 것 같지는 않다. 어쨌든, 채도는 어떤 색에 무채색(흰색·회색·검은색)을 더하면 낮아지는 그런 것이다. 빨간색 페인트에 회색 페인트를 섞으면 채도가 낮아진다. 실내에 노란 촛불이 켜져 있는데, 밖에서 일광이 스며들어서 색이 옅어지면 채도가 낮아지는 것이다. 물론 밝기의 변화도 있다. 그러나 밝기로 말하자면 초를 더 켜서 밝게 할 수도 있다. 같은 초를 많이 켜서 밝아지는 것과 일광이 섞여 색이 옅어지며 밝아지는 것은 다르다. 채도는 색의 다른 두 요소에 비해 일상적으로 많이 쓰는 용어가 아닌데, 그것은 아마 지각되는 채도의 변화 폭이 다른 두 요소에 비해 작기 때문이 아닐까 생각된다.

3요소 중 마지막 '명도brightness'는 '밝기'와 같은 것이다. 물론 이 단어도 다른 의미로 쓰일 때가 있다. 그러나 색의 3요소의 하나로서 말할 때는 밝기와 같다. 색의 3요소와 관련해서는 '명도'라는 단어가 거의 항상 나오기 때문에 여기서 언급을 하지만, 앞으로는 가능한 '밝기'라는 단어를 사용할 것이다.

색의 3요소가 주관적 현상이라면 그것들에 대응하는 객관적인 물리량은 무엇인가? 우선, 밝기에 대응하는 것이 휘도luminance다. 이것에 대해서는 다음 장에서 좀 더 자세히 설명하지만 분명히 알아야 할 것은 휘도는 물리적 세기와 다르다는 사실이다. 가령, 빨간 빛과 파란 빛은 물리적 에너지가 서로 같아도 전자가 더 밝게 보인다. 즉, 전자가 휘도가 더 높다. 다만, 색(색상 및 채도)이 같다고 전제한다면 휘도는 물리적 세기에 비례한다고 할 수 있다(물론 사람이 지각할 수 있는 범위 내에서).

색상과 채도에 대응하는 물리량은 각각 "지배적 파장*dominant wavelength*"과 순도*purity*이다. 이것들에 관해서는 나중에 좀 더 보겠지만, 상당히 낯선 용어들이다. 사실, 전문 서적에서조차 자주 접하기 힘들다. 그리고 많은 책들에서 채도를 순도와 구분하지 않고 쓴다. 이 책에서도 가능한 직관적으로 이해가 되는 쪽으로 쓸 것이다.

## 2. 색 공간

색 지각에는 앞 절에서 논의한 바와 같이 3요소가 있다는 것 외에, 색 지각 현상에서 또 주요한 사실은 사람이 지각하는 색들을 유사한 것끼리 붙여서 배열을 하면 원을 이룬다는 것이다. 무지개의 색들 — 빨·주·노·초·파·남·보 — 이 일렬로 배열되어 있지만 그 양쪽 끝의 색은 서로 비슷하지 않은가?(그림 1-1) 이런 현상은 무지개의 물리적 원리만 생각했을 때는 직관적인 것이 아니다. 빨간색은 가시 영역에서 파장이 가장 긴 쪽(700nm)이고 보라색은 파장이 가장 짧은 쪽(450nm)으로서 서로 양 극단에 있다. 그렇지만 그 색들은 서로 비슷하다. 이렇게 색의 배열이 원을 이룬 것을 색상환*color circle*이라고 한다(그림 1-2). 색상들은 이렇게 원을 이루지만 채도와 명도는 원을 이루지

그림 1-1. 가시 스펙트럼

출처 : http://adc.gsfc.nasa.gov/mw/mmw_rainbow.html#visible

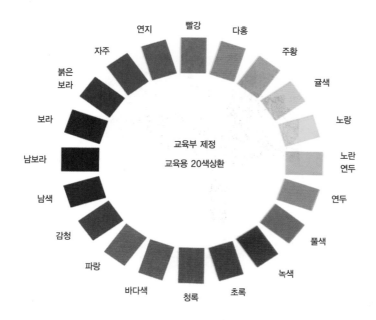

그림 1-2. 색상환

연지 빨강 다홍
자주 주황
붉은
보라 귤색
보라 노랑
남보라 교육부 제정 노란
교육용 20색상환 연두
남색 연두
감청 풀색
파랑 녹색
바다색 청록 초록

않는다. 채도나 명도는 일직선으로 점점 증가하거나 감소하는 것으로 느껴지는 그런 양이다.

　모든 색은 3요소로 이루어져 있으므로 그 3요소를 좌표로 하는 공간에 색들을 배치할 수 있다. 공간의 한 점을 x, y, z 세 좌표로 나타내듯이 말이다. 그런데 우리가 흔히 접하는 직선 좌표계(데카르트 좌표계)와 다르게, 한 좌표가 원형이다. 나머지 두 좌표는 직선이므로 그림 1-3과 같은 좌표계에 색들을 배치할 수 있다. 가운데 수직축이 명도축이고, 그 축에서의 (동서남북) 방향이 색상이며, 그 축에서의 거리가 채도가 된다. 극 좌표계가 익숙하지 않은 사람을 위해 비유를 하자면, 레이더를 보고 "10시 방향, 100m 거리에 적이 나타났다"라고 할 때 이 '방향'이 색상에 해당하는 것이고 '거리'가 채도에 해당한다. 중심 — 명도축이 있는 위치 — 에서는 채도가 0이며, 색상은

그림 1-3. 색 공간

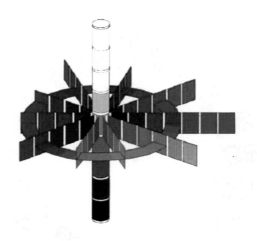

없다. 그 중심에서 멀어지면 그 멀어지는 방향이 색상이고 멀어지는 거리가 채도가 된다. 높이는 명도가 된다. 그림 1-2 같은 색상환은 그림 1-3을 수평으로 자른 한 단면(의 가장자리)이 되는 셈이다. (정확히 말하자면 수평은 아니다. 수평 면이면 높이가 같으니 명도가 모두 같아야 하는데, 그림 1-2는 명도가 일정하지 않다. 그와 같은 것을 얻으려면 비스듬하게 잘라야 한다.)

방향으로 나타내는 건 어차피 색상 하나밖에 없으니 상관없는데, 나머지 두 좌표 중에, 왜 명도는 높이로 나타내고 채도는 수평 거리로 나타내는가? 그 반대가 되면 안 되는가? 그림 1-3에서 명도와 채도가 서로 바뀌었다고 상상해 보자. 그러면 명도가 일정한 면은 가운데 축을 중심으로 한 원통 모양이 될 것이다. 가운데 축에서 수평 거리가 같은 점들을 모으면 원통이 된다. 이 원통의 면을 보면, 수직 방향으로 채도가 변한다. 제일 높은 위치가 색이 가장 선명하고 바닥은 채도가 0이 된다. 그런데 어떤 색상이든 채도가 0이 되면 색이 없어진다. 즉, 회색이 된다. 그러니 '원통' 의 하단은 어느 방향이든 —

둘레 전체에 걸쳐 — 같은 회색이다. 이런 좌표계가 수학적으로는 문제가 아닐 수도 있지만, 같은 색이면 하나의 점에, 비슷한 색이면 공간적으로 가까이에, 나타나는 게 훨씬 직관적이지 않겠는가. 채도와 명도를 바꾼 가상의 좌표계는 모든 색은 채도가 줄어들면서 시각적으로 비슷해진다는 것을 직접적으로 보여 주지 못하는 것이다.

"모든 색은 채도가 0이 되면서 한 점에서 만난다"라는 말을 보면, 채도가 색상과 완전히 독립적이지 않다는 느낌이 든다. 그 둘이 독립적이라면 채도가 아무리 변해도 색상은 그대로 있을 수 있어야 한다. 그런데 채도가 0이 되면 색상도 같이 없어진다. 그런 면에서 채도는 명도에 비해 색상과 밀접한 관계에 있다고 할 수 있다. 실제로 일상 생활에서 밝은 빨강과 어두운 빨강은 같은 색이라고 보통 말하지만, 빨강과 분홍은 (빨간색의 채도를 낮추면 분홍이 된다) 같은 색이라고 말하는 경우가 드물다. 즉, 채도가 변하면 색도 변한다는 — 독립적이지 않다는 — 것이다. 색 체계에서 색상과 채도를 합쳐서 '색도(色度 chromaticity)'라고 하는 경우가 많은데, 이런 것을 생각하면 이해가될 것이다. 비디오 신호에서 Y/C라는 것을 들어봤을 것이다. 여기서 C는 채도가 포함된 chromaticity(색도)의 개념이다. '색'이란 단어의 다양한 용법을 다시 정리하면 다음과 같다. '색'은 색상만 의미하는 때가 있다. 그리고 '색도'에서처럼 채도를 포함하여 '색'이라고 할 때도 있다. 그리고 '색의 3요소'라고 할 때처럼 명도까지 모두 포함하는 경우도 있다(좀 혼란스럽게 여겨지기도 하지만, 대개 문맥에서 그 의미가 파악될 것이다).

그림 1—3처럼, 색들을 3차원 공간 좌표에 나타낸 것을 색 공간 color space이라고 한다. 최초의 본격적인 색 공간은 1905년에 앨버트 먼셀Albert Munsell이 고안하였는데, 여기서는 각 좌표에 색들을 지각되는

단계로 배열했다. 여기서 "지각되는 단계로 배열했다"는 것은 주관적으로 지각되는 단계에 의해, 다시 말하면 좌표의 한 칸 혹은 한 눈금은 색 공간의 어디서나 같은 시각적 차이를 의미하게끔 배열했다는 뜻이다. 이런 것을 "시각적으로 균등uniform하다"라고 한다. 먼셀 공간이 완전히 균등하지는 않다는 게 밝혀졌지만 대략 그런 개념에 바탕을 두고 있다. 먼셀 공간에 비해 좀 더 객관적인 방식으로 고안된 것이 CIE 색 공간인데, 이에 대해서는 다음에서 자세히 논의할 것이다. 다른 분야에서는 먼셀 체계가 아직 사용되지만 비디오에서는 CIE 체계가 사용된다.

## 3. 색 이론

앞에서는 — 휘도나 지배적 파장 등을 잠시 언급한 부분을 제외하면 — 색 지각의 드러난 현상만을 중심으로 논의하였다. 색상·채도·명도라는 3요소도 그렇고, 그 요소들로 먼셀 공간을 만드는 것도 특정한 색 이론, 즉 사람의 색 지각 메커니즘에 관한 특정한 이론에 바탕을 두고 있지 않다. 여기서는 그 이론에 대해 논의하고자 한다.

오늘날에는 사람의 망막에 빛에 대한 반응성이 서로 다른 3종류의 색지각 신경 세포, 즉 원추 세포cone가 있다는 것이 밝혀졌지만, 이미 2세기 전에 사람 눈에는 세 종류의 색 감각 기관이 있다는 이론이 제시되었다. 그 세 기관은 빨강, 초록, 파랑이라는 이른바 '3원색'을 각각 지각한다는 것이다. 이렇게 세 종류의 색 감각 기관을 상정하는 것을 3색, 이론trichromatic theory 또는 3자극 이론tristimulus theory이라고 한다. 이런 3색 이론이 나오게 된 가장 큰 이유는 R, G, B 세 색을 적절한 비율로 혼합하면 거의 모든 색을 만들어 낼 수 있다는 경험적 사실 때문이었을 것이다. 그 외에, 색에 3요소 — 색상, 채도, 명도 — 가 있다는 현상학적 사실도 그런 이론을 뒷받침하였을 것이다. 또한 3색 이론은 색맹 현상을 잘 설명할 수 있다. 부분 색맹에는 세 가지 형태가 있는데, 그것을 세 색 감각 기관 중 하나에 문제가 있는 것으로 설명할 수 있다.

3색 이론이 매우 성공적이긴 하지만, 중요한 색 지각 현상을 모두 설명하지는 못한다. 색맹 현상만 보더라도, 색맹은 항상 보색 관계에 있는 두 색을 구별하지 못하는데, 이것은 단순한 3색 이론으로 설명이 잘 안 된다. 예를 들어, 적록 색맹은 빨간색과 녹색을 서로 구분하지 못한다. 그런데 3색 이론이 옳다면 빨간색이나 녹색 하나만 보지 못하는 (무채색으로 보이는) 그런 색맹이 있어야 할 텐데, 그런 것은 존재하지 않는다. 또 하나 3색 이론으로 설명이 잘 안 되는 것은 노란색이다. R, G, B가 '원색*primary colors*'이라는 것은 어떤 이론을 떠나서, 보통 사람이 눈으로 보기에도 이해가 되는 것이다. 그 색들은 두 색이 섞인 것으로 지각되지 않다. 예를 들어, 보라색이 빨간색과 파란색, 청록색이 파란색과 녹색이 섞인 것으로 보이는 것과는 다르다는 말이다. 그런데 노란색은 두 색의 혼합으로 보이지 않는다. 그래서 그것은 R, G, B와 마찬가지로 원색인 것처럼 보인다. 그렇다면 색 감각 기관은 3개인데, 왜 현상적으로는 원색이 하나 더 있는 것인가? 3색 이론은 쉽게 설명하지 못한다. 핵심만 말하자면, 3색 이론은 빨간색과 녹색, 그리고 파란색과 노란색이 서로 반대라는 — 둘을 섞으면 두 색 모두 사라진다는 — 중요한 현상을 포괄하고 있지 않은 것이다. 3색 이론이 근본적으로 잘못된 것은 물론 아니다. 현재의 이론에 따르면 색의 지각은 두 단계로 이루어진다고 한다. 처음은 3색 이론에서와 마찬가지로 세 종류의 원추 세포가 빛을 받아들이고, 그 다음에 위에 언급한 것과 같은 보색 관계를 만들어 내는 과정을 거친다. 이 책의 목적상, 그 첫 단계 이상의 과정에 대해 더 논할 필요는 없을 것 같다. 다만, 색 지각이 단순하지 않다는 것은 알아두는 게 좋을 것이다. 3색 이론 자체에 대해서는 다음 절에서 더 자세히 설명하고자 한다.

'3요소'와 '3원색'이란 말이 서로 비슷한데, 전자는 색 지각 현상의 모든 요소를 말하는 것이고, 후자는 색(색상 혹은 색상+채도) 중에서 가장 중요한, 근본이 되는 색들을 말하는 것이다. 앞서 색상과 채도가 완전히 독립적이지 않다는 것에 대해 얘기하긴 했지만, 일반적으로 '요소'들은 서로 독립적이다. 어떤 클럽의 회원이 되기 위해서 재산, 지위, 용모 세 가지가 필요하다면, 그 요소들은 비교적 서로 독립적이다. 어떤 사람은 그 중 하나만 가지고 나머진 없을 수 있고, 또 어떤 사람은 모든 요소를 다 가질 수도 있다. 그러나 3원색은 그렇지 않다. 예를 들어, 빨강과 초록은 서로 독립적이지 않다. 어떤 표면이 녹색이 돌면서 동시에 불그스름할 수가 없는 것이다.

3원색에 '요소'적인 특징이 전혀 없지는 않다. 빨강과 파랑은 따로도 존재하고 섞인 것도 있다(보라색같이). 그리고 무엇보다, 물리적인 의미에서는 그 세 빛은 서로 독립적이면서 포괄적이다. 현상적으로는 빨강, 파랑, 녹색이 섞인 것이 존재하지 않지만, 그 세 빛을 얼마든지 섞을 수 있고 거의 모든 색을 만들어낼 수 있다. 그래서 물리적인 의미에서는 3원색을 '3요소'라고 불러 줄 만하다. 색상, 채도, 명도는 색 지각 심리의 3요소라면, 3원색은 색 지각 생리*physiology*의 3요소라고 할 수 있다.

## 4. 3색 이론

앞 절에서 "3원색을 적절한 비율로 혼합하면 거의 모든 색을 만들어 낼 수 있다"라고 했다. 그리고 이것은 물론 3색 이론의 한 핵심이다. 그렇다면 3원색은 정확히 어떤 색들인가? 물론 빨강, 초록, 파랑이지만 이는 너무 애매하다. 원색을 찾는 방법은 두 가지가 있을 수 있다. 그 하나는 주관적인 방법이다. 사람들로 하여금 가장 '순수한'(이 단어는 채도가 높다는 의미로 쓸 수 있지만 여기서는 그 뜻이 아니다) 색, 즉 다른 색이 섞이지 않은 색을 찾도록 하는 것이다. 예를 들어, 빨강이라면 노랑이나 파랑의 기미가 전혀 없는 빨강을 찾는 것이다. 사람마다 상당한 차이가 있겠지만 이런 방법으로 어느 정도 원색을 찾을 수 있다. 그런데 문제는 이 3원색 빛들의 혼합으로 모든 색을 만들어낼 수 없다는 사실이다.

원색을 찾는 또 하나의 방법은 혼합함으로써 실제로 모든 색을 만들어 낼 수 있는 3색을 찾는 것이다. 그런데 역시 이런 3색의 세트도 존재하지 않는다. 그렇다면 — 모든 색을 만들어 낼 수 있는 세 빛이 존재하지 않는다면 — 대체 3색 이론이란 무엇인가? A, B, C라는 세 가지 색깔의 빛이 있고 그것들을 가지고 Q라는 색을 만들고자 한다고 해 보자. 상식적으로 혼합해서는 어떤 비율로 해도 Q가 나오지 않지만, A와 B를 어떤 비율로 더한 것과 Q에 C를 약간 더한 것이 같아진다면 어떨까? 즉, C를 A, B와 혼합하지 않고 Q에 혼합하는 것이다. 이렇게 하여 같아진다면 수학적으로 표현해서 $A + B = Q + C$가 된다. 이것을 다르게 표현하면 $A + B - C = Q$다. 즉, C를 A, B에 더하지 않고 뺀다면 Q라는 색을 만들 수 있게 된다. 실제로 실험을 수행하는 차원에서는 색을 뺀다는 게 불가능해서 C를 반대쪽에 더했지만 개념적으로는 같다고 할 수 있다.

'혼합'의 개념에 이런 '음陰의 혼합negative mixing'을 포함한다면, 실제로 세 빛의 혼합으로 모든 색을 만들어 낼 수 있다. 그림 1-4를 보자. 삼각형의 세 꼭지점은 혼합하는 세 가지 색을 나타낸다. 그리고 삼각형 내부의 각 점은 그 세 색이 혼합된 색을 나타내는데, 그 점에서 각 변으로 내린 수직선의 길이가 혼합 비율이 된다. (수직선 길이의 합, 즉 a+b+c는 항상 일정하다.) 예를 들면, 그림에서 보는 바와 같이 점 P는 A빛을 a, B빛을 b, C빛을 c만큼 혼합한 색을 나타내는 것이 된다. 이런 식으로 하면 세 빛을 혼합하여 나올 수 있는 모든 색은 삼각형 내부에 표시된다. 그런데 음의 혼합도 허용한다면 삼각형 외부도 포함할 수 있다. 예를 들어 그림에서 점 Q는 A빛을 a′, B빛을 b′, C빛을 -c′만큼 혼합한 색이 되는 것이다.

"3원색으로 거의 모든 색을 만들어 낼 수 있다"라고 했는데,

그림 1-4. 음의 혼합(Q)

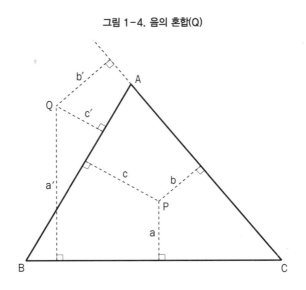

'거의'라고 한 것은 세 색을 적절히 선택하면 전부는 아니지만 실제로 아주 많은 색을 만들어낼 수 있다는 사실 때문이다. 그런데 또 다른 이유는 바로 이 '음의 혼합'의 개념이다. 혼합의 개념을 확장하면 모든 색을 만들 수 있다. 다시 말해 "3원색으로 모든 색을 만들어 낼 수 있다"라는 말은 일상 용어의 의미를 좀 확장하면 사실이 될 수 있는 것이다. 그래서 앞서 "모든 색을 만들어낼 수 있는 세 빛이 존재하지 않는다면 대체 3색 이론이란 무엇인가?"라고 물었는데, 그 대답은 "혼합의 개념을 좀 넓히면 된다"이다.

물론 그렇게 개념을 확장하는 것에 문제가 없지는 않다. 대개의 경우 '음의 혼합'을 실제로 수행할 수 없기 때문이다.[2] 그러나 그 개념에는 다른 차원의 의미가 있다. 이 개념을 좀 더 넓은 맥락에서 살펴보자.

3색 이론은 세 개의 색 감각 기관을 상정한다. 그 각각을 $\alpha$, $\beta$, $\gamma$라고 하자. 그리고 $\alpha$만을 자극하는 빛을 X, $\beta$만을 자극하는 빛을 Y, 그리고 $\gamma$만을 자극하는 빛을 Z라고 하자. 그러면 X, Y, Z 세 빛으로는 음의 혼합을 하지 않고도 어떤 색도 만들어낼 수 있다는 것은 명백하다. 세상의 가능한 모든 색은 $\alpha$, $\beta$, $\gamma$를 적절한 비율로 자극함으로써 만들어 낼 수 있고 그것은 바로 X, Y, Z를 적절한 비율로 혼합함으로써 가능하기 때문이다. 그런데 문제는 현실적으로 X, Y, Z가 존재하지 않는 것이다. 세 기관 중 하나만 자극하는 빛은 없고, 모든 빛은 적어도 두 기관을 조금씩은 동시에 자극하는 것이다. 현실에

---

2. A＋B－C＝Q라는 등식이 성립한다 하더라도, 대개의 경우 우리는 Q를 '만들' 수 없다는 말이다. 가령 C가 700nm의 빛인데, A나 B에는 그런 파장이 없다면 빼려고 해도 뺄 수가 없다. C를 Q에 더하는 방법으로 위 등식을 확인할 수는 있지만 그것은 Q를 '만드는' 행위는 아니다. 앞으로도 '만들다'란 말을 계속 쓰겠지만, 음의 혼합이 개입될 경우는 정말 만든다기보다 위와 같은 등식이 성립한다는 뜻으로 이해하기 바란다.

존재하는 빛 중에 X, Y, Z에 가장 가까운 빛을 A, B, C라고 하고 그
것들은 각각 아래와 같은 관계에 있다고 하자. (1.0이 최대치이고, 상대값을
나타낸 것이다. 그리고 X, Y, Z 대신에 각각 $\alpha$, $\beta$, $\gamma$를 대입해도 상관없다. 그러면 그 세
기관을 그런 비율로 자극한다는 뜻이다.)

$$A = 0.8X + 0.1Y + 0.1Z$$
$$B = 0.1X + 0.8Y + 0.1Z$$
$$C = 0.1X + 0.1Y + 0.8Z$$

그런데 D라는 빛이 있는데, 이것은 $0X + 0.5Y + 0.5Z$라고 한다
면 이 D 색은 A, B, C의 정상적 혼합으로 만들 수 없다. D는 $\alpha$를 전
혀 자극하지 않는데 A, B, C는 모두 조금씩은 자극하기 때문이다.
그림 1-5는 각 포인트를 삼각 좌표에 나타낸 것인데, D는 삼각형
ABC 바깥에 있는 것을 볼 수 있다. 그런데 음의 혼합을 허용하면 대
략 $D = -0.143A + 0.572B + 0.572C$와 같은 등식이 성립한다. D뿐 아
니라, 현실적으로 존재하지 않는 X, Y, Z도 가능하다. 예를 들어, X
$= 1.287A - 0.143B - 0.143C$가 된다. X, Y, Z와 A, B, C 사이에 간단
한 변환이 가능한 것이다.

　　모든 색은 삼각형 XYZ 안에 들어오므로 X, Y, Z를 진정한 3원
색이라고 할 수 있다. 이 세 색들은 물론 실재하지는 않는다. 그러나
그 각각에 대응하는 '감각 기관' $\alpha$, $\beta$, $\gamma$는 분명 존재한다. 그래서 우
리는 3색 이론을 "어떤 세 빛으로 모든 색을 만들어낼 수 있다"가 아
니라, "어떤 세 색각 기관으로 모든 색을 만들어낼 수 있다"라는 뜻
으로 해석할 수 있다. 그런 의미에서 '3색 이론*trichromatic theory*' 보다 '3자
극 이론*tristimulus theory*' 이 더 적당한 용어라고 본다. 세 색각 기관을 적

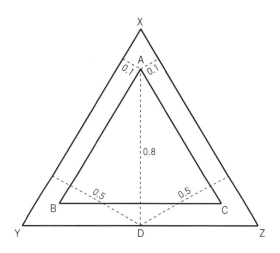

그림 1-5. 이상적 3원색(XYZ)과 현실의 3원색(ABC)

절한 비율로 자극함으로써 모든 색을 만들 수 있다.

　　그러나 감각 기관이나 자극에 초점을 맞추는 것은 이론적으로
는 흠이 없다 해도 실용적인 면에서 크게 도움이 안 된다. 컬러 모니
터를 만들든, 프린터를 만들든, 우리는 사람 눈의 신경 세포를 직접
자극할 수는 없다. 색과 빛에 관한 논의를 회피할 수는 없는 것이다.
기관/자극이 아니라 색/빛의 영역에서도 "3으로 충분하다"라는 말
을 할 수 없을까? 여기서 바로 '음의 혼합'이 동원된다. 이것을 허용
하면 세 빛으로 모든 색을 만들 수 있는 것이다. 그리고 그런 허용에
문제가 있음에도 의미가 있다고 한 이유는 그 근저에 3기관/자극이
자리하기 때문이다. 사실, "세 빛을 (확장된 의미에서) 혼합하여 모든 색
을 만들 수 있다"라는 말은 "색각 기관이 세 개 있다"는 것을 달리
표현한 것에 불과하다. 전자는 A, B, C, 후자는 X, Y, Z인데, 그 상
호간에 변환이 가능함을 보았다.

가령, 색각 기관이 하나 더 있어서 네 개라면, 음의 혼합을 허용한다고 해도 세 빛으로 모든 색을 절대 만들 수 없다. 색각 기관이 하나 더 있다면 가능한 색들을 모두 표시하기 위해서는 그림 1−4나 1−5 같은 평면이 아니라 입체가 필요한데(여기서 '색'은 명도를 제외한 개념이다. 명도를 포함하면 3자극 이론에서도 입체가 필요하다), 세 빛으로는 음의 혼합을 한다 해도 평면일 수밖에 없기 때문이다. 그래서 3색 이론 혹은 3자극 이론은 모든 색(명도를 제외한)을 한 평면에 표시할 수 있다는 뜻도 된다. 어떤 점에서는 이것이 3색/자극 이론의 본질이라고도 할 수 있을 것이다. 사람이 지각하는 모든 색을 한 줄에, 명도를 포함한다면 한 평면에 나타낼 수 있었다면 2자극 이론이 나왔을 것이다. 실제로 부분 색맹이 그렇다.

그러나 여전히 의문은 남아 있다. '혼합'의 의미를 좀 확장함으로써 "3색으로 충분하다"라는 말을 할 수 있고 그리고 그것이 3색 이론이라는 것을 인정한다 해도, 실용성의 문제는 여전히 있다. 컬러 모니터를 만드는데, 음의 혼합 방식을 활용할 수는 없는 것이다. 사실, 음의 혼합을 허용한다면 어떤 세 색으로도 — 그들이 그림 1−4나 1−5 같은 좌표계에서 한 직선에 있지만 않으면 — 모든 색을 만들어낼 수 있다. 굳이 R, G, B가 아니어도 된다는 말이다. 그래서 3색 이론은 수학적으로는 산뜻하지만 실천적으로는 한계가 있다. 일직선에 있지만 않으면 어떤 세 색도 3색 이론의 '3색'이 될 수 있다면, 다시 묻게 된다. 대체 원색*primary colors*이란 무엇인가? 이것은 정확한 정의를 찾기가 힘든데, 대략 다음과 같은 의미들로 사용된다.

(1) 현상적으로 '순수하게,' 즉 다른 색과 섞인 것으로 보이지 않는 색
(2) 혼합하여 실제로 모든 색을 만들어낼 수 있는 세 색 (실재하지 않음)

(3) 음의 혼합도 허용하여 모든 색을 만들어낼 수 있는 세 색 (너무 많음)

(4) 전부는 아니지만 최대한 많은 색을 만들어낼 수 있는 세 색 (R, G, B)

(5) 모니터의 인광 물질같이, 어떤 구체적 색 재현 장치에 사용되고 있는 색

(4)와 (5) 항목은 서로 비슷하다고 할 수 있지만, (4)는 비용 같은 것을 고려하지 않은 이상적인 3색을 말하고, (5)는 실제로 장치에 사용되는 색들로서 시스템마다 다를 수 있는 것을 말한다.

이 장에서 지금까지 '섞다,' '혼합하다' 라고 했을 때는 거의 항상 빛의 혼합, 즉 가색 혼합*additive mixing*을 의미한 것이었다. 예외적인 경우의 하나는 빨강과 파랑을 섞으면 보라색이라고 한 것인데, 가색법으로 섞으면 마젠타*magenta*가 되지만 이는 우리말에서 잘 쓰이지 않기 때문에 '보라색'이라고 한 것이다. 마젠타도 빨강과 파랑이 (주관적으로) 섞여 보이기 때문에 마젠타라고 해도 사실 전혀 상관없다. '섞다,' '혼합하다'를 감색 혼합의 의미로 해석하면 전혀 안 된다는 것은 아니다. 사실 대부분 그렇게 해석해도 틀리지 않는다. 다만, 일부 그렇지 않은 경우가 있어서 통일하기 위해 그런 것이다. 감색 혼합*subtractive mixing*에 대해서는 마지막 절에서 다시 논의할 것이다.

## 5. CIE 색 체계

A와 B 두 빛에 C라는 빛을 '빼면' Q라는 다른 빛과 색이 같아지는지 확인하려면, C를 Q쪽에 더해 보면 된다. 그리고 이런 음의 혼합을 허용하면 세 빛으로 모든 색을 만들 수 있다. 여기서 '만든다' 는 말에

약간의 문제가 있는데도 그 말을 계속 쓰는 것은 우리의 큰 관심의 하나가 세상에 존재하는 수많은 색들을 몇 소수의 색으로 재현하는 — 만들어 내는 — 것이고, 그러다 보니 그런 표현이 우리에게 익숙하기 때문이다. 그러나 이 절에서는 경우에 따라, '맞춰 본다' 혹은 '일치시킨다' 같은 표현을 사용할 것이다. 예를 들어, A, B에 C를 '빼면' Q와 같은지 '맞춰 보는' 것이다. 영어로 말하면 'matching' 이다. 음의 혼합이 아닌 정상적 혼합일 경우도 당연히 같은 용어를 쓸 수 있다.

특정 세 빛을 조합하여 사람의 가시 영역의 모든 빛과 그렇게 맞춰 본 결과를 '색대응 함수color matching function'라고 한다. 그림 1-6은 700.0, 546.1, 435.8nm 의 세 빛을 사용하여 얻어진 색대응 함수를 보여 준다. 그 세 빛은 각각 빨강, 녹색, 파랑이다. 한 쪽은 이 세 빛의 혼합이고 비교하는 다른 쪽은 특정한 파장의 빛, 즉 단색광monochromatic light이므로 양 쪽의 빛의 구성이 다르다. 이렇게 서로 스펙트럼 분포가 다름

그림 1-6. 색대응 함수

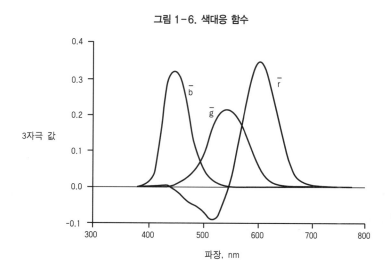

에도 같은 색으로 지각되는 빛을 메타머metamer라고 한다. 색대응 함수
는 세 빛을 가지고 어떻게 조합하면 단색광의 메타머가 되는지를 나
타낸 것이다. 그림을 보면 빨간 빛에 해당하는 곡선이 일부 구간에서
0 이하로 내려가는 것을 볼 수 있다. 그것은 그 구간에서는 빨간 빛
을 '빼야' 한다는 의미이다. 예를 들어, 520nm의 단색광과 일치시키
려면 대략 $r = -0.09$, $g = 0.19$, $b = 0.01$로 '혼합' 해야 한다. (단위는 모
든 파장이 같은 에너지로 섞여 있는 빛 — 백색광 — 과 '일치' 시켰을 때 $r = g = b$가 되도
록 조정된 것이다.)

그림 1−6은 CIE(국제조명위원회)에서 1931년에 만든 색 체계의 기
준이 되는 것이다. 이 그래프는 실제로 많은 사람들을 대상으로 실험
을 한 후 평균치를 그린 것인데, 두 색(세 빛을 혼합한 것과 어떤 단색광)을
바로 옆에 나란히 두고 비교한다고 해도 같아 보이는지 아닌지는 사
람마다 다를 수 있기 때문이다. 이 평균치를 CIE '표준 관찰자Standard
Observer' 라고 한다. 이 표준 관찰자의 색 지각에 바탕을 두고 1931년의
CIE 색체계가 만들어졌다.

그림 1−6의 결과를 그림 1−4와 비슷한 3각 좌표로 나타낼 수
도 있다. 그것이 그림 1−7이다. 이것이 그림 1−4와 좀 다른 점은 직
각 삼각형이라는 점이다. 직각 좌표를 쓰는 것은 그것이 훨씬 직관적
이고 이해하기 쉽기 때문이다. 그래도 $r$, $g$, $b$의 합이 일정한 것은 마
찬가지다. 여기서 그 합은 1로 설정되어 있다. 수평축은 $r$, 수직축은
$g$값을 나타내는데, $b$값을 나타내는 축은 필요가 없는 것이, $r$, $g$값이
정해지면 $b$는 자동으로 정해지기 때문이다. 예를 들어, 삼각형 안에
있는 점 P를 보면 그것의 $r = 0.2$, $g = 0.4$이므로 $b$값은 자연히 0.4가
된다. 원점, 즉 꼭지점 B는 $r = g = 0$, $b = 1$인 점이다.

그림 1−7에는 약 550에서 700nm까지의 대응 함수를 나타냈는

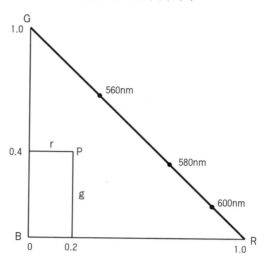

그림 1-7. 색도도(직각 좌표)

데, 빗변을 따라 굵게 그려진 선이 그것이다(나머지는 그림 1-8에서 볼 수 있다). 빗변은 r+g=1인 직선이다. 다시 말해, b=0다. 그래서 이것은 550에서 700nm에서는 대응 함수가 거의 b=0이라는 뜻이다. 그림 1-6을 봐도 그 구간에서 b=0인 것을 볼 수 있다. 이해를 위해 한 점만 더 보자. 약 570nm 지점을 보면 선의 가운데쯤이므로 대략 r=g=0.5이다. 역시 그림 1-6을 보면 그 파장에서 r=g인 것을 볼 수 있다. 그림 1-7의 선은 그림 1-6의 그 구간과 같은 정보를 담고 있는 것이다. (말했듯이 단위는 다르게 조정된 것이므로 r, g, b의 값 자체는 다르다.) 그림 1-8에는 가시 영역 전 구간을 나타냈는데, 보는 것처럼 말발굽 모양으로 휜 곡선이다. 그림 1-6에서도 보았듯이 약 550nm 이하에서는 r 값이 마이너스가 되는 것을 볼 수 있다. 그러나 그 구간에서도 r+g+b=1의 관계는 유지된다.

그런데 이 전체 곡선의 안쪽이 의미하는 것은 무엇일까? 예를

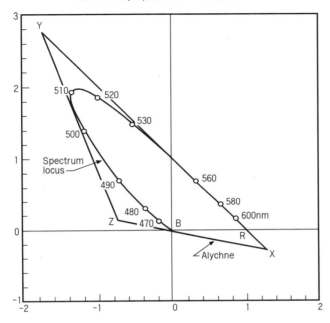

그림 1-8. R, G, B를 축으로 한 CIE 색도도

출처: Whitaker & Benson, 2장 p.22.

들어, 그림 1-7의 점 P가 의미하는 것은? 이것은 물론 r = 0.2, g = 0.4, b = 0.4로 섞인 색을 나타내는 것이지만, 대응 함수를 나타내는 곡선상에 있지 않으므로 이것은 단색광 — 특정 한 파장의 빛 — 중에는 같은 색이 없다는 뜻도 된다. (정확히 하자면, 여기서 '색'은 채도가 포함된 개념이다.) 색대응 함수는 R, G, B의 혼합과 '단색광'과의 대응을 나타낸 것이기 때문이다. 대부분의 물체 표면은 단색광이 아니라 많은 파장이 섞여 있는 빛을 내거나 반사한다. P같이 곡선 내부에 있는 점들은 그런 색을 나타내는 것이다.[3] 여러 파장이 섞여 있는 빛이 혹시 이 곡선 외부에 있을 수는 없는가? 그럴 수는 없다. 어떤 빛이 예를 들어 490nm와 560nm 두 파장의 혼합이라면, 그것은 이 곡선의 490nm

지점과 560nm 지점을 이은 선상에 있게 된다. 그러니 모든 실재하는 빛은 곡선 내부에 있을 수밖에 없다. 이것은 그림 1−4에서 설명한 바와도 같다. 다만 거기서는 세 빛의 혼합에 대해서만 얘기한 것이 다르다. 한편, 그 곡선 자체에는 단색광들만 있으므로, 그것을 '단색광 궤적spectrum locus' 이라고 부른다.

그런데 '내부' 라고는 했지만 사실 그 궤적은 닫혀 있지 않다. 파장이 가장 짧은 데(B 근처)에서 가장 긴 데(R 근처)까지 열린 곡선이다. 그림에는 두 끝을 직선으로 이어 놓았지만 그것에 해당하는 단색광이 있다는 뜻은 아니다. 그 직선을 '암선(暗線, Alychne)' 이라고 하는데, "두 끝을 이었다"라는 말은 사실 좀 애매하다. 가시 스펙트럼의 끝이 아주 어두운 것은 사실이다. 그러나 그것이 '가시可視' 인 한 보이기는 할 것이다. '암선' 은 가시 영역과 비가시 — 눈에 보이지 않는 — 영역의 경계라고 할 수 있다.

그림 1−8에는 또 X, Y, Z라는 점들이 있는데, 이것에 대해 설명하겠다. 위에서도 말했듯이, R, G, B로 모든 색을 만들려면 경우에 따라 음의 혼합을 해야 한다. 다시 말해, 모든 색을 r, g, b 세 변수로 나타내려면 변수가 음이 되는 경우가 있는 것이다. 이것은 어떤 색 표시 체계를 만드는 데 있어서 별로 바람직하지 않다. 수학적으로야 아무런 문제가 없지만 별로 정확하지 않은 것이다. 그래서 X, Y, Z 세 점을 설정하게 되었다. 이 점들은 단색광 궤적 바깥에 있으므로 실재하는 색은 아니지만, 그 삼각형 안에 모든 색을 포함한다. 따라서 x, y, z로 어떤 색을 나타낼 때는 변수가 항상 양이다. 그 세 '색' 이 실재하

---

3. 두 개 이상의 파장이 섞여 있으면 무조건 곡선 내부에 있게 된다는 말은 아니다. 그 곡선 자체가 (단색광을 나타내는 것이지만 동시에) R, G, B의 일정한 혼합을 나타내는 것이 아니던가? 하지만 일반적으로는 여러 파장이 섞이면 곡선 내부에 있게 된다고 말할 수 있다.

지 않는 가상의 것이라는 사실은 상관이 없다. 그림 1–5에서도 봤듯이 r, g, b와 x, y, z 사이에 완전한 변환이 가능하기 때문이다.

X, Y, Z 세 '빛'에 있어서 한 가지 주요한 특징은 X와 Z를 이은 선이 암선 위에 있다는 사실이다. 이것은 그 두 '빛'은 눈에 보이지 않는다는 것을 의미한다. 다시 말해, 그 두 빛의 휘도는 0이다. 눈에 보이지도 않는 빛들로 어떻게 다른 모든 색(빛)들을 만들어 낼 수 있을까? 일상적인 3원색을 생각하면 이상하게 여겨질지도 모르나 이렇게 생각해 보자. 세 개의 색각 기관 $x$, $\psi$, $\omega$가 있고 그 각각은 X, Y, Z에 반응한다고 하자. 그런데 그 중 $x$와 $\omega$는 X와 Z에 각각 반응은 하지만 $\psi$가 죽어(말하자면) 있을 때는 주관적으로 느껴지지 않는다. 즉, Y = 0일 때는 $x$와 $\omega$가 아무리 반응해도 지각되지 않는 것이다. 인체에 있는 모든 신경의 활동을 사람이 느끼는 게 아니므로 이건 전혀 이상한 설정이 아니다. 그런데 $\psi$가 반응하기 시작하면 비로소 $x$와 $\omega$가 실제적 역할을 하는 것이다. 방에 아무리 색칠이 되어 있어도 불을 켜야 볼 수 있는 것과도 비슷하다. 어쨌든, Y가 있어야만 그리고 Y에 의해서만 X, Y, Z의 혼합이 휘도를 가지므로, Y의 세기가 바로 휘도가 된다.

그림 1–8은 R, G, B를 축으로 한 색 표시 체계인데, 그 대신 위와 같은 X, Y, Z를 축으로 하는 체계를 만들려는 게 최종 목적이다. 그 결과가 그림 1–10이다. 하지만 그 먼저, 그림 1–8이 그림 1–6과 같은 색대응 함수에 바탕을 둔 것처럼, 그림 1–10을 만들려면 그에 상응하는 색대응 함수 데이터가 있어야 한다. 그것이 그림 1–9다. 이 그림은 실제 실험을 통해서 얻어진 게 아니고 (X, Y, Z가 존재하지 않으니 그건 불가능하다!) 그림 1–6을 수학적으로 변환한 것이다. 예상대로 x, y, z가 항상 양인 것을 볼 수 있다. 그리고 y는 (대략) 녹

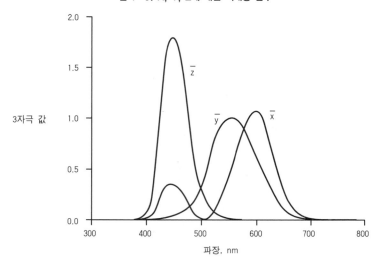

그림 1-9. X, Y, Z에 대한 색대응 함수

색의 비중을 나타내는 것이기도 하지만, 말한 대로 상대 휘도를 나타내는 것도 된다.

그런데 이 그림 1-9가 변수들을 양으로 하기 위한 의도에서 나온 것이긴 하지만, 혹시 실제로 어떤 물리적 의미를 갖는 것은 아닐까? 실제로 사람 눈의 세 색각 기관이 위의 $x$, $\psi$, $\omega$와 같이 작동하지 않을까? 그랬으면 좋겠지만 그렇게 생각할 근거는 충분하지 않아 보인다. 우선, 그림 1-8에서 X, Y, Z 세 점을 정하는 과정 자체가 상당히 임의적이다. '변수를 양으로 한다' 라는 목적만 보자면 단색광 궤적을 모두 포함하는 한 그 세 점을 어떻게 정해도 상관이 없다. CIE에서는 단색광 궤적을 가장 빠듯하게 둘러싸는 삼각형을 선택했다고 볼 수 있는데, 그것만으로 생물학적 의미를 부여하기는 힘들다. 그리고 실제로 세 원추 세포의 각 파장에 대한 반응을 실험한 결과가 있는데(그림 1-11), 그림 1-9와 아주 다르다. 물론 원추 세포는 눈에

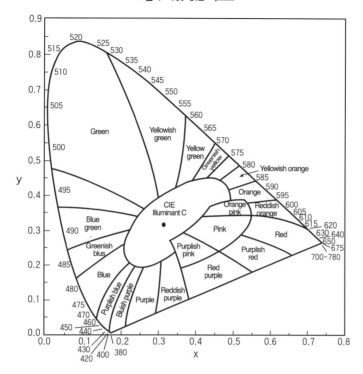

그림 1-10. CIE 색도도

출처 : Whitaker & Benson, 2장 p.28.

서 뇌까지 이르는, 아직 빙산의 일각밖에 알려져 있지 않은, 복잡한 시지각 과정의 첫 단계에 불과하다. 그림 1-11이 3자극 이론의 전부가 아닐 수 있다는 말이다. 그렇다 해도 CIE의 X, Y, Z가 특별한 생리학적 의미를 갖는 것 같진 않다. X, Y, Z에 생리적 의미가 없다는 것이 색 지각 모델로서 문제가 있다는 말은 물론 아니다. 이론적으로는 문제가 없으며 R, G, B와 변환이 되기만 하면 되는 것이다.

좀 먼 길을 돌아온 느낌이 있지만, 그림 1-10이 우리가 자주 접하는 CIE 색도도(色度圖, *chromaticity diagram*)이다. 그림 1-8이나 1-10 같

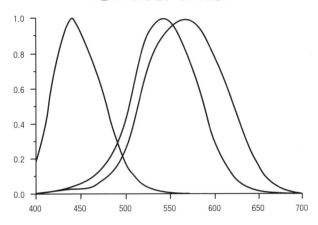

그림 1-11. 세 원추 세포의 반응도

은 색도도의 한 특징은 두 빛을 혼합한 색은 그 두 빛을 이은 직선상
에 있다는 것이다. 앞에서 490과 560nm의 단색광을 섞는 것에 관해
얘기한 적이 있지만, 단색광뿐 아니라 도표에 표시된 모든 색(빛)들
사이에 그런 관계가 성립한다. 이런 관계는 모든 종류의 색 공간에
적용되는 건 아니다. 먼셀 공간이나 그림 1-2 같은 색상환에서는 두
지점의 색을 혼합한 색은 일반적으로 그 두 점을 이은 직선상에 있지
않다.

　　그림 1-10에 대해 기본적인 사항들을 몇 가지 더 말하자면 우
선, 가운데 x, y, z가 비슷한 값(1/3)을 갖는 근처에 흰색이 표시된다.
보는 바와 같이 상당히 많은 '종류'의 흰색이 있다. 그리고 흰색에서
바깥쪽으로 ― 단색광 궤적 쪽으로 ― 선을 그었다고 생각했을 때,
그 선상의 색들은 끝에 있는 단색광과 백색광의 혼합에 의한 것으로
간주할 수 있다. 1절에서 '지배적 파장'에 대해 언급한 바 있는데,
이 단색광의 파장이 그 선상의 색들의 지배적 파장이다. 즉, 그 선의

색들은 지배적 파장이 같다. 그리고 그 단색광과 백색광과의 혼합 비율이 순도다. '색의 3요소'로 말하자면, 그 선상의 색들은 색상이 같고 바깥쪽으로 갈수록 채도가 증가하는 것이다. 단, 그림에서도 보듯이 자주색은 가시 스펙트럼 양끝의 빛의 혼합에 의해서만 만들어지고 거기에 해당하는 단색광이 없으므로 '지배적 파장'의 개념을 적용하기 어렵다. CIE 1931년 색도도의 또 하나 특징은 시각적으로 균등*uniform*하지 않다는 점이다. 가령, 도표 위쪽의 눈금 한 칸과 아래쪽의 눈금 한 칸이 같은 '차이'로 느껴지지 않는 것이다. 다르게 표현하면, 어느 부분에는 비슷한 색들이 넓은 영역에 퍼져 있고, 또 다른 부분에는 좁은 영역에 많은 색이 몰려있는 것으로 보이는 것이다. 1976년에 CIE는 균등성을 향상한 새로운 색체계를 만들게 된다.

그림 1−8이나 1−10 같은(그림 1−4, 1−5 등도 마찬가지) 색도도 *chromaticity diagram*는 휘도를 전혀 표시하지 못한다. 예를 들어, 그림 1−10에서 $x=1/3$, $y=1/3$(따라서 z도 1/3)인 점을 보자. 이 점은 X, Y, Z라는 세 빛이 같은 비율로 섞여 있다는 것만 말할 뿐 절대치가 얼마인지는 말하지 않는다. X, Y, Z의 세기가 각각 10, 10, 10인 빛이나 각각 100, 100, 100인 빛이나 모두 그 한 점이 표시하는 것이다. 즉, 모든 무채색을 한 점이 대변한다. 이렇게 색도도의 각 점은 특정 색 ─ 색상과 채도가 포함된 개념, 즉 '크로마' ─ 을 나타낼 뿐 휘도는 무시한다. 그래서 색도도의 서로 다른 두 점, 두 색의 휘도를 비교하는 것도 그 자체로는 말이 안 된다. 다만, 같은 에너지, 다시 말해 X+Y+Z가 같다고 전제할 경우는 비교할 수 있다. 앞에서 y를 상대 휘도라고 한 것도 그런 의미다. y값은 크로마가 서로 다른 ─ 그러나 에너지는 같은 ─ 빛 사이의 상대 휘도를 말해 준다.

## 6. 감색 혼합

앞에서도 말했듯이 지금까지 '혼합'은 거의 항상 가색 혼합을 의미했다. 가색 혼합은 빛에다 빛을 더해서 다른 색을 만들어 내는 것이다. 반면 감색 혼합은 흡수하고 남은 빛을 다시 일부 흡수함으로써 다른 색을 만든다. A와 B 두 개의 필터를 '더한다'는 것은 어떤 빛 — 보통 백색광 — 을 A로 한 번 흡수하고 남은 빛을 다시 B로 흡수한다는 말이다. 그렇게 흡수해서 남은 색이 그 두 필터를 '더한' 색이다. 이것은 근본적인 차이다. 그림 1-10 같은 색도도는 가색 혼합에서만 가능하다. 여기서는 예를 들어 노란색(빛)이라면 그것의 구체적 스펙트럼 분포가 어떠하든 상관이 없다. 그 도표 상에서 A+노란색=B라는 관계가 있다면 그것은 항상 적용된다. 다시 말해, 색도도는 모든 메타머에 대해서 동등하다.

그러나 감색 혼합은 그렇지 않다. 두 개의 노란색 필터가 있다고 하자. YF1은 백색광에서 노란 단색광(570nm 근처)만 통과시키고 다른 빛을 모두 흡수하는 것이고, YF2는 백색광에서 빨강과 녹색 빛만을 통과시키는 (이 둘의 가색 혼합은 노란색이다) 것이다. 이 두 필터는 흰 바탕에 대고 보면 같은 색으로 보인다. 그러나 다른 필터와 더했을 때의 결과는 완전히 다를 수 있다. 가령 빨간색 필터를 겹쳐 보자. 이것은 빨간 빛 — 700nm와 그 근처 — 만 통과시키므로 첫 번째 노란 필터와 겹치면 결과는 검게 된다. 그러나 두 번째 노란 필터와 겹치면 녹색 빛은 흡수하지만 빨간 빛이 통과하므로 빨간색으로 보인다. 하나 더 예를 들어보자. 이것은 지금까지 얘기한 '음의 혼합'이 감색 혼합을 말하는 게 아니라는 것을 설명하는 것도 된다. A-파란색=B가 되는지 보기 위해 파란빛을 B에 더할 때는, 색만 같으면 그 파란 빛의 스펙트럼이 어떻든 결과는 같다. 그러나 A빛에서 파란색을 실제로 빼기 위해 노란 필터를 쓴다면(노랑과 파랑은 보색이다) YF1을 쓰느냐 YF2를 쓰느냐에 따라 일반적으로 결과는 달라진다.

그래서 감색 혼합을 전제했을 때는 그림 1-10과 같은 일반적인 색 표시 체계를 만들 수 없다. 비디오에서는 감색 혼합은 거의 관계가 없다. 다만, 컬러 카메라에서 3색으로 분해할 때 필터가 사용이 되는데, 이에 대해서는 3장에서 논의한다.

# 2 비디오 신호

## 1. 비유를 통해 본 비디오 신호

갑이란 사람이 벽에 전시되어 있는 어떤 인물 사진을 보고 있는데, 그 내용을 100미터쯤 떨어져 있는 을에게 전해 준다고 하자. 어떤 방법이 있을까. 일단, 육성으로 하기에는 거리가 머니까 휴대폰으로 사진의 내용을 알려 줄 수 있다. "30세쯤 되어 보이는 여자고, 머리는 짧고, 옷은 ……." 하지만 이것은 너무 주관적이다. 그래서 갑은 마침 옆에 있는 수도를 사용하기로 한다. 우선, 긴 호스를 수도꼭지에 연결해서 을이 있는 데까지 가게 한다. 그리곤 가는 원통을 하나 준비하여 그것을 왼손으로 잡고 사진을 왼쪽 위에서부터 그 구멍으로 들여다보면서 가로로 훑어 나간다. 그와 동시에 그는 오른손으로 수도꼭지를 잡고, 들여다 본 부분이 밝으면 수도를 세게 틀고, 어두우면 수도를 약하게 튼다. 가로로 한 줄이 끝나면 다시 한 '칸' 내려와서 왼쪽부터 시작한다(그림 2-1). 그렇게 구멍을 통해 사진을 연속적으로 훑어 나가면서 수도를 열었다 닫았다 하는 것이다. 여기서 시간에 따른 물의 압력의 변화를 그려보면 그림 2-2와 같다. 압력이 높은 부분이 사진의 밝은 부분, 압력이 낮은 부분이 사진의 어두운 부분에 해당한다.

그림 2-1. 수돗물을 이용한 그림 정보 전달

한편, 을은 호스의 끝에서 나오는 물에 손을 대고 있다. 그러면 그는 물의 압력의 변화를 느낄 수 있을 것이고, 그 변화에 따라 가로로 한 줄씩 — 압력이 세면 희게, 압력이 약하면 검게 — 그림을 그리면 원래의 사진의 내용이 재현될 것이다. 물이 쉴새없이 나오므로, 그림도 쉴새없이, 즉 '실시간으로' 그려야 할 것이다.

여기서 "한 줄씩 그림을 그린다"라고 했지만, 사실 한 줄에는 그림이 없다. 갑이 원통 구멍으로 들여다봤을 때 (구멍의 크기가 0이 아닌 이상) 좌우뿐 아니라 상하로도 밝기 차이가 있을 수 있다. 그러나 수도꼭지는 하나뿐이고 그것은 가로 방향의 밝기 변화를 표시해야 하기 때문에, 구멍 내 상하의 차이는 나타낼 수가 없다. 평균값을 표시할 수밖에 없는 것이다. 그래서 그림을 상세히 전달하고 재현하려면, 원통이 가늘어야 하고, 따라서 상하로 '칸'이 많아지게 된다. 이 '칸'이 이른바 주사선走査線이다. 자세한 것은 나중에 설명하겠지만,

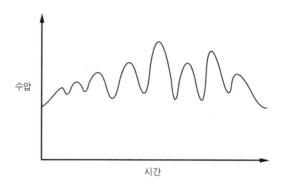

그림 2-2. 시간에 따른 수압의 변화

수압

시간

이 주사선의 개수가 수직 방향의 해상도를 좌우하게 된다.

화면을 이렇게 일정 수의 주사선으로 나눠서 전달하는 것은 좀 다르게 표현하면 2차원의 정보를 1차원으로 바꾸는 것이라고 할 수 있다. 그림이나 사진은 가로와 세로가 있는 2차원이다. 그러나 수도 호스 또는 전선은 하나의 선, 즉 1차원이다. 선을 동시에 여러 개 사용한다 하더라도 2차원이 되는 것은 아니다. 수학적 의미의 선은 길이만 있고 폭은 없기 때문에 선이 많다고 폭이 늘어나지는 않는다. 화면의 세로 방향으로는 — 가로도 물론 마찬가지지만 — 무한히 많은 점들이 있고 주사선을 아무리 많이 한들 그것을 다 표현할 수는 없다. 일정 수의 주사선을 정하고, 각 선 근처의 '평균값'을 취할 수밖에 없다. 사람 눈의 해상력에도 한계가 있기 때문에 주사선 수가 어느 정도 이상이 되면 실제로는 물론 충분하지만, 어쨌든 주사선이라는 것은 2차원의 정보를 1차원의 전달 매체에 담아야 하는 데서 생겼다.

그림의 수직 방향의 해상도는 주사선의 개수에 따라 정해진다면, 수평 방향의 해상도는 어떤가? 역시 수평 방향의 '칸'의 수에 의해 결정이 될까? 하지만 수평 방향으로는 칸의 개념이 없다. 값은 원통을 연속적으로 움직이고 수도꼭지도 연속적으로 틀었다 잠갔다 하기 때문이다. 가령 사진의 가로가 1m고 원통의 지름이 1cm라고 해서, 가로로 100개의 칸이 있는 것은 아니다. 원통으로 그림을 연속적으로 훑어나가기 때문에 어떤 단위 같은 것이 있을 수 없다. 물론 원통이 가늘 필요는 있다. 하지만 현실적으로 더 중요한 것은 수도꼭지를 잡은 오른손이 얼마나 빨리 움직여 주는가 하는 것이다.

　　내용을 전달해야 할 사진에 그림 2-3 (a)처럼 검은색과 흰색의 경계 부분이 있다고 하자. 왼쪽에서 오른쪽으로 훑어나간다면 그 경계에 이르기 전에는 수도꼭지는 잠겨 있을 것이다. 그리고 흰 부분에서는 수도꼭지를 열어야 한다. 그런데 그 경계에서 갑이 아무리 빨리 수도꼭지를 틀어도 일정한 시간이 소모될 수밖에 없다. 2-3 (b)는 빨리 틀었을 때의 수압의 변화를 나타낸 것이고, 2-3 (c)는 느리게 틀었을 때의 그림이다. 오른손의 반응 속도가 해상도 혹은 선명도에 결정적인 영향을 미친다는 것을 알 수 있다.

그림 2-3. 반응 속도에 의한 차이

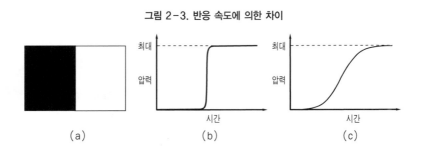

(a)　　　　　　　　(b)　　　　　　　　(c)

　　갑이 수도꼭지를 완전히 잠근 상태에서 끝까지 틀거나 그 반대로 하는 데 최소한 0.5초가 걸린다고 하자. 그러면 그가 최대한 빨리 물을 틀었다 잠갔다 반복한다면 시간에 따른 수압의 변화는 그림

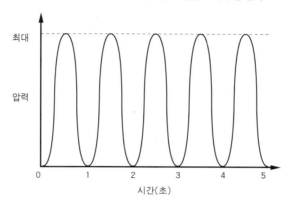

그림 2-4. 1Hz의 속도로 물을 틀고 잠글 때의 수압 변화

2-4와 같이 될 것이다. 이것은 다시 말하면, 1초에 (검은 바탕에) 흰 선 하나를 표현할 수 있다는 뜻이다. 가령 사진의 가로 한 줄 전체를 훑는 데 1분이 걸린다면 가로로 60개의 흰 선을 나타내는 것이 갑이 할 수 있는 최대인 것이다. 바탕의 검은색도 선으로 계산한다면 가로로 120개의 선이 된다. 그보다 선이 더 많으면 갑은 그것을 제대로 전달할 수가 없다. 갑의 반응 속도를 수치로 표현한다면 1초에 1사이클, 즉 1Hz가 된다. (여기서 한 사이클은 잠근 상태에서 틀었다가 다시 잠근 상태로 돌아오는 주기를 말한다.) 비디오 신호는 물론 전기 신호이므로 수돗물에 비유하는 것에는 한계가 있지만, 이와 비슷하게 비디오 신호에서도 주파수가 해상도를 좌우하게 된다.

　실제의 비디오 신호에 대해 살펴보기 전에 '수돗물 신호'와 관련하여 동기 신호의 개념을 설명하고자 한다. 그림 2-2와 같은 신호를 받는 을은 한 줄이 끝났다는 것을 어떻게 알까? 갑이 신호를 내보낼 때 줄이 바뀌는 동안에는 (원통을 다시 왼쪽 끝으로 이동해야 하니) 잠시 오른손을 멈출 것이다. 그러나 그 순간에도 시간은 계속 흐르고 있다. 을의 입장에서는 그 순간이 줄이 바뀌는 것을 의미하는지, 아니면 그냥 그림 정보의 변화가 없는 것을 의미하는지 알 수가 없다.

한 가지 방법은 한 줄의 소요 시간을 서로 약속하는 것이다. 가령 1분으로 정한다면, 갑은 1분 동안에 한 줄에 대한 정보를 내보내고, 을도 1분 동안 한 줄을 그리는 것이다. 그러나 두 사람의 시계가 완전히 일치한다는 보장이 어디 있는가? 아주 작은 오차가 있어도 그것은 점점 쌓여간다. 두 사람의 시계에 0.1%의 오차가 있다면, 주사선이 500개라고 할 경우, 한 장이 끝났을 때 이미 50%의 차이가 난다. 갑은 한 줄의 중간을 내보내고 있는데, 을은 다음 줄로 넘어가고 있는 것이다!

소요 시간을 약속하는 방법은 현실성이 없으므로, 그림 2-2와 같은 신호 자체에 줄이 바뀐다는 신호가 들어가야 한다. 이것이 동기 신호이다. 물론 그 신호는 화면 내용을 전달하는 신호와 구분이 되어야 한다. 구분하는 방법은 몇 가지가 있을 수 있으나 실제의 비디오 신호와 유사한 방법을 생각하자면, 동기 신호는 수압을 마이너스로 한다. 즉, 갑은 한 줄이 끝나면 순간적으로 펌프를 작동시켜 물을 빨아들이는 것이다. 그러면 호스 끝에 손을 대고 있는 을은 손이 빨려들어가는 느낌을 받을 것이고 그래서 줄이 바뀐다는 것을 알게 된다. 화면 내용을 담은 신호 부분은 수압이 0보다 크고 동기 신호는 수압이 0보다 작은 것이다.

지금까지 설명한 동기 신호는 정확히 말해서 수평 동기 신호 *horizontal sync pulse*이다. 한 줄, 즉 수평 방향으로 그리기가 끝났으니 (한 칸 아래) 왼쪽으로 원위치하라는 신호다. 컴퓨터의 문서 작성 프로그램으로 치자면 리턴 키에 해당한다. 이와 달리 수직 동기 신호*vertical sync pulse*는 한 페이지를 다 그렸으니 위로 원위치하라는 신호이다. 이 신호는 물론 수평 동기 신호와 구분이 되어야 하는데, 신호의 크기나 길이로 충분히 구분 가능하다.

## 2. 비디오 신호의 구조

실제의 비디오 신호는 전기를 사용하지만 기본 개념은 수돗물과 같다. 화면의 밝고 어두움이 수압 대신에 전기의 압력, 즉 전압으로 표현되는 것이 다르다. 그림 2-5는 두 줄의 주사선에 해당하는 비디오 신호를 보여 준다. 이 신호는 크게 세 부분으로 나눠 생각할 수 있는데, 실제로 그림 정보를 담고 있는 부분, 공백 신호*blanking pulse* 부분, 그리고 동기 신호*sync pulse* 부분이 그것이다.[1] 그림만 보면 동기 신호는 공백 신호의 일부분이지 독자적인 부분이 아니라고 생각될지 모르겠

그림 2-5. 컴포지트 비디오 신호

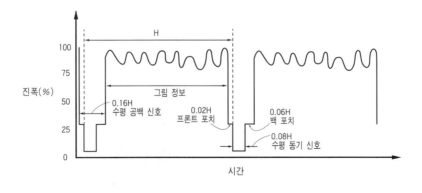

1. 'blank' 또는 'blanking'을 '공백'이라고 번역하는 것이 썩 마음에 들지는 않는다. '백'은 희다는 뜻인데, 비디오에서 'blank'은 검다는 느낌이 더 강하다. 그러나 더 적절한 용어가 없는 것 같고, 일부에서 사용하고 있는 '소거'보다는 나은 것 같다.

다. 그러나 이 세 부분은 한 번에 생겨나는 것이 아니고, 먼저 카메라에서 그림 정보 부분이 발생하고 거기에 공백 신호가 삽입이 되고, 그 다음에 (공백 신호 중간에) 동기 신호가 더해지는 것이므로 각각을 독립적으로 생각할 수가 있다. 이렇게 세 신호가 합쳐진 것을 컴포지트 *composite* 비디오 신호라고 한다.

이 신호에 대해서 더 자세히 살펴보기 전에 먼저, 이 신호를 받아서 화면을 재생하는 과정을 알 필요가 있다. 그림 2-6에서 보는 것처럼 텔레비전 브라운관은 뒤쪽에 전자총이 있어서 왼쪽에서 오른쪽로 그리고 위에서 아래로 움직이며 전자빔을 발사하는데, 이 빔의 세기는 매 순간의 비디오 신호의 전압에 의해 결정이 된다. 그리고 이 빔을 받는 브라운관 안쪽 면에는 인광 물질이 코팅되어 있으며, 이것이 그 전자빔에 의해 빛을 내는데, 빔이 세면 빛을 많이 내고 빔이 약하면 빛을 적게 낸다. 따라서 결국 ― 전체 과정을 보자면 ― 카메라에선 빛의 세기가 전압으로 변환이 되고, 브라운관에서는 전압이 빛의 세기로 다시 변환이 되는 것이다.

그림 2-5를 다시 보자. 신호에서 그림 정보 부분은 전자빔이

그림 2-6. CRT 모니터에서 전자빔의 움직임

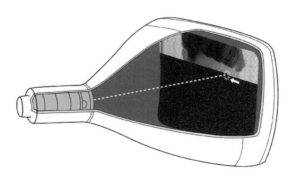

수평으로 — 왼쪽에서 오른쪽으로 — 움직이며 한 줄을 '그리는' 시간에 해당한다. 그러다가 신호가 공백 레벨*blanking level*이 되면 전자빔은 꺼지게 된다. 즉, 전자를 쏘지 않는다. 하지만 빔은(전자총은) 계속 같은 방향으로 움직이고 있다. 공백이 되었으나 아직 동기 신호를 만나기 전의 이 기간을 '프론트 포치*front porch*'라고 부른다. 수평 동기 신호를 만나면 비로소 빔은 왼쪽으로 되돌아가는데, 이것을 수평 회귀 *horizontal retrace*라고 한다. 회귀하는 시간은 한 줄을 그리는 시간보다 훨씬 짧다. 한 줄을 그리고 다시 왼쪽으로 원위치하는 한 사이클을 H라고 했을 때, 수평 공백 기간은 약 0.16H다. 실제 회귀는 이 공백 기간에 들어서서 약간 있다가 시작하고, 또 이 기간이 끝나기 전에 끝나므로 실제로 회귀 소요 시간은 0.16H보다 더 작다. 어쨌든, 공백 기간에는 전자빔이 꺼져 있으므로 그 사이에 회귀를 시작해서 끝내야 하는 것이다.

프론트 포치는 동기 신호를 그림 신호와 분리하기 위해서 있는 것이다. 동기 신호의 시작이 그림 신호의 끝과 맞닿아 있으면 경계가 불분명해 타이밍이 정확하지 않을 수 있기 때문이다. 백 포치*back porch*는 TV마다 수평 회귀 소요 시간이 좀 다를 수 있어서 여유를 준 것이다. 이런 구간들로 인해 한 줄을 그린 직후와 그리기 직전에 약간의 검은 부분이 있게 된다. 비디오 신호에서 그림 정보 부분은 0.84H이지만 전자빔이 왼쪽에서 오른쪽으로 — 그림을 그리는 방향으로 — 움직이는 시간은 백 포치의 중간 정도부터 프론트 포치가 끝날 때까지이다. 그래서 하나의 주사선 길이 전체에 그림 정보가 표시되는 게 아니고 앞뒤에 — 왼쪽과 오른쪽에 — 그림 정보가 없는 검은 부분이 있게 된다.

왜 전자빔이 왼쪽에서 오른쪽으로, 즉 그림을 그릴 때의 방향으

로 갈 때는 천천히 가고, 반대로 돌아갈 때는 빨리 갈까? 정방향으로
갈 때도 빨리 가면 시간당 더 많은 주사선을 만들 수 있지 않은가?
그것은 아마 인광 물질의 반응성 때문이었을 것이다. 전자빔이 너무
빨리 지나가 버리면 사람이 볼 정도의 충분한 빛을 내지 못한다.

주사선 하나의 주기를 H라고 했는데, 실제로 그 시간이 얼마일
까? 한국, 미국, 일본 등에서 채용하고 있는 방송 표준인 NTSC에서
는 1초에 30개의 프레임이 있고(29.97이 더 정확하지만 여기서는 별 상관이 없으
므로 편의상 30으로 계산하기로 한다), 한 프레임의 주사선은 525개다. 그래
서 주사선 하나당 시간을 계산하면 다음과 같다.

$$1/30/525초 = 1/15750초 = 63.5마이크로초$$

위에서 말했듯이, 이 중에 그림 정보 부분은 84%이므로 약
53.3마이크로초가 된다. 즉, 53.3마이크로초 동안에 실제의 그림 한
줄을 그리는 것이다. 수평 공백 기간은 그 나머지 시간인 약 10.2마
이크로초이다.

공백과 '검은색black'의 차이를 알 필요가 있다. 공백은 지금까
지 설명했듯이 전자빔이 완전히 꺼지는 것이고, 회귀하는 동안에 빔
이 보이지 않게 하기 위한 것이다. 반면, 검은색은 그림 정보 중에서
제일 어두운 부분을 말하는 것이다. 그림 2-7은 흰색, 검은색이 반
복되는 패턴에 대한 비디오 신호를 나타낸 것인데, 보는 바와 같이
검은 부분의 신호 레벨은 공백 레벨보다 약간 높다. 정확히 말하면,
7.5IRE에 맞춰져 있다. (공백 레벨은 0IRE다.) 이것은 전자빔이 완전히 꺼
지지 않는다는 것을 의미하고, 이것은 그림의 재생에 있어서 바람직
한 것이 아니다. 더 진한 검은색이 있는데도 불구하고 사용하지 않는

그림 2-7. 비디오의 흰색와 검은색의 레벨

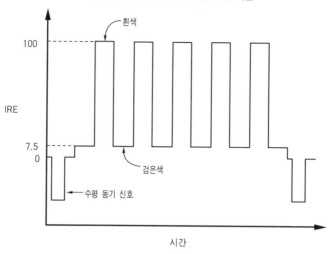

다는 뜻이기 때문이다. 그럼에도 검은색 레벨이 높게 맞춰져 있는 것은, 특히 컬러 비디오의 경우 그림 신호가 동기 신호에 영향을 주지 않도록 하기 위한 것이라고 한다.

IRE는 무선 기술자 협회*Institute of Radio Engineers*[2]의 약자로서 여기서는 비디오 신호 레벨을 나타내는 단위를 의미한다. 각 신호의 IRE값을 보자면, 말했듯이 공백은 0, 검은색은 7.5이고, 최대 흰색은 100, 동기 신호는 -40으로 표준화되어 있다.

지금까지는 주로 주사선 하나 그리고 수평 공백을 중심으로 설명하였으나 이제 프레임 전체와 수직 공백에 대하여 설명하고자 한다. 앞서 말한 바와 같이 NTSC 비디오는 한 프레임에 525개의 주사선이 있다. 그런데 이 선들이 순차적으로 주사되는 — 그려지는 —

2. 미국 무선 기술자 협회는 1963년에 Institute of Electrical and Electronic Engineers(IEEE)로 개칭되었다.

것이 아니고, 그림 2−8에서 보는 것처럼 홀수 선들이 한 차례 주사되고 다시 짝수 선들이 주사된다. 이렇게 홀짝으로 나눠서 교차로 주사하는 방식을 비월 주사*interlaced scanning*라고 한다. 그리고 그렇게 두 개로 나눠진 각각을 필드*field*라고 하며, 홀수 선으로 이루어진 필드를 오드*odd* 필드 혹은 어퍼*upper* 필드, 짝수 선으로 이루어진 필드를 이븐 *even* 필드 혹은 로워*lower* 필드라고 한다. 이 두 개의 필드가 합쳐져야 하나의 프레임이 되는 것이다. 여기서 염두에 두어야 할 것은 그림 2−8에는 주사선 하나에도 세부적인 그림이 있는 것처럼 되어 있지만 실제로는 그렇지 않다는 것이다. 주사선 하나에는 좌우로는 명암의 구분이 있어도 상하로는 있을 수 없다. 그림 2−8은 개념을 전달하기 위해 편의상 그렇게 나타내었을 뿐이다.

필드 하나에 소요되는 시간은 프레임의 절반이므로 1/60초(정확하게는 1.001/60초)다. 여기에는 전자빔이 밑에까지 내려왔다가 위로 돌아가는, 즉 수직 회귀*vertical retrace*하는 시간도 포함된다. 수평 회귀 때와 마찬가지로 이 수직 회귀 기간에는 빔이 꺼져 있어야 하므로 각 필드에는 공백 기간 — 수직 공백 기간*vertical blanking interval* — 이 있게 된다. 사실, 비월 주사라는 방식을 쓰는 이유는 이 공백의 빈도를 증가시키기 위한 것이다. 공백이란 빔이 꺼지는 기간이므로 그때마다 화면이 깜박거리게 된다. 그런데 이 공백이 각 필드마다 있으면 1초

그림 2-8. 비월 주사

에 60번 깜박거리게 되는데, 비월 주사하지 않고 한 프레임을 순차적으로 주사한 후에 (회귀를 위한) 공백이 들어간다면 1초에 30번 깜박거리게 될 것이다. 깜박거림은 빈도가 낮을수록 지각이 잘 되므로 빈도를 높이기 위해 한 프레임을 두 개의 필드로 나누는 방식을 썼다.

수직 공백 기간의 길이는 필드 주기 1/60초의 8% 정도 된다. 필드 하나가 262.5라인이므로 그 8%면 21개 라인이다. 한 프레임 전체로 보면 42개의 주사선이 '공백'이 되는, 즉 보이지 않게 되는 것이다. 그런데, 수평 공백 때와 마찬가지로, 수직 공백 기간 전체가 다 수직 회귀하는 데 사용되지는 않는다. 수직 공백 기간에 들어서서도 몇 개의 주사선을 ─ 공백 주사선을 ─ 그린 후에야 수직 동기 신호를 만나서 회귀를 시작한다. 그리고 역시 공백 기간이 끝나기 전에 회귀가 끝나서, 몇 줄의 공백 주사선을 화면 상단에 그린 후에 실제 그림이 나오게 된다. 그래서 실제 그림 정보가 표시되는 위아래로 검은 부분이 있게 된다.

공백 기간에도 주사선은 똑같은 빈도로 그려진다. 다만, 안 보일 뿐이다. 전자총이 아래로 움직이고 있는 동안에는 ─ 위에서 말한 "위아래의 검은 부분"을 포함하여 ─ 주사의 패턴은 항상 같다. 전자총이 위로 회귀하는 동안에도 좌우로 움직이는 속도는 같다. 다만 수직 속도가 훨씬 빠르다. 좌우로 일정한 속도로 왕복하는 펜을 후미에 장착한 장난감 자동차가 어떤 종이 위를 나아가고 있다고 생각해 보자. 차가 천천히 가다가 빨리 가면 종이에 그려지는 선의 기울기가 커질 것이다. 그러나 펜의 왕복 속도가 달라진 것은 아니다. 마찬가지로, 수직 회귀할 때 주사선의 기울기는 크지만 빈도는 같다.

그림 2─9는 단순하게 하기 위해 프레임당 주사선이 21개, 따라서 필드당 10.5개인 가상적인 비디오의 주사선을 그려본 것이다. 왼

쪽은 홀수 필드, 오른쪽은 짝수 필드다. 다만, 번호는 일반적으로 책에 나와 있는 방식과 다르게 실제로 주사되는 순서대로 붙였다. 그것이 전체 과정을 더 잘 이해할 수 있을 것이라고 보았기 때문이다. 먼저 홀수 필드를 보면, 10번 라인이 끝나기 전에 화면 하단에 이르는데, 그 회귀 지점을 10.5번 라인이 시작하는 점이라고 볼 수 있을 것이다. 그때부터 위로 회귀하는데, 그 기간은 (오른쪽으로 0.5 가고, 왼쪽으로 회귀한 다음에 다시 오른쪽으로 0.5 갔으므로) 한 사이클이다. 그 수직 회귀가 끝난 지점이 11.5라인이 시작하는 점이라고 볼 수 있는데, 그때부터 짝수 필드가 시작된다. 짝수 필드는 주사선 중간에서 시작하지만 그림에서 보듯이 끝날 때는 20번째 사이클이 마무리된다. 마지막 21번은 수직 회귀 라인이다. 그래서 다시 홀수 필드의 시작점으로 돌아온 것이다.

그림 2-9에서 위아래 한 줄 정도를 점선으로 그린 것은 공백선이라는 것을 나타내기 위한 것이다. 그림 정보가 없는 부분이다. 그리고 같은 공백선이라도 회귀선은 짧은 점선으로 표시하여 구분하였다. 실제 NTSC 비디오에 공백 구간이 이와 같은 비율로 있다는 뜻은 아니다. 그리고 회귀 기간이 그림 2-9와 같은 비율이라는 것도 물론

그림 2-9. 비월 주사의 상세한 모습

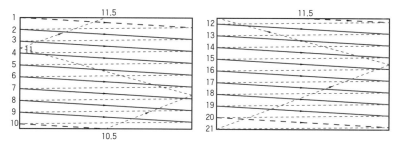

아니다. 하지만 전체적인 모양새는 실제와 같다. 특히, 한 필드가 0.5라인에서 끝나야 하는 이유를 보여 준다. 그래야 그 다음 필드의 주사선들이 앞 필드의 주사선들 사이에 들어가게 된다. 즉, '섞어 짜기 *interlace*'가 되는 것이다. 또 하나는 주사선을 '수평'이라고 말하지만 그림에서 보듯이 완전한 수평은 아니라는 것이다. 하지만 그 기운 정도가 주사선 하나의 높이밖에 안 되므로 눈에 띨 정도는 아니다.


## 3. 해상도

1절에서 비디오의 수평 해상도는 '주파수'에 좌우된다고 하였다. 거기서는 물론 손이 수도를 틀었다 잠갔다 하는 속도를 의미한 것이지만, 실제 비디오에서도 전기 — 교류 전기 — 의 주파수에 따라 해상도가 좌우된다. 그림 2-4나 2-7에서도 볼 수 있듯이 그림의 세밀한 부분을 재현할 수 있으려면 전압이 빨리 변할 수 있어야 하고, 이것은 바로 비디오 신호의 주파수가 높아야 한다는 것을 의미한다.

　　물리에 좀 관심이 있는 (그렇지만 물리학이나 수학을 전공하지는 않은) 사람이라면 그림 2-7과 같이 파형이 직각 형태인 것에 대해 궁금하게 생각할 것이다. 그 그림에 가로로 흑백이 다섯 번 반복되므로 5사이클이다. 그리고 앞서 하나의 주사선에서 그림 정보가 차지하는 시간은 53.3마이크로초(= 0.0000533초)라고 했으므로, 그 패턴을 주파수로 나타내면 5/0.0000533초 = 93.8KHz가 된다. 그런데 정말 이런 주파수로 그림 2-7과 같은 신호를 만들 수 있는가? 흑에서 백으로 또는 그 반대로 바뀌는 경계를 보자. 순간적으로 바뀐다. 이것은 수돗물의 비유로 다시 돌아가자면 순간적으로 물을 틀거나 잠근다는 의미이다. 문자 그대로 순간적이라면, 이것은 속도, 즉 주파수가 무한대라는 것을 의미한다. 그래서 실제로 그림 2-7과 같은 직각파형은 그 경계가 완전히 직각일 수는 없으며, 그 경계가 선명한 정도는 최대 주파수에 따라 정해진다. 어쨌든 그림 2-7과 같은 파형을 만들려면 93.8KHz보다 — 이 주파수도 필요하지만 — 훨씬 높은 주파수의 전기가 필요하다. 93.8KHz로만 된 신호는 그림 2-10과 같은 사인*sine*파다. 그래서 수평 해상도와 관련해서 '선' 혹은 '라인*line*'을 이야기할 때는 엄격히 말하자면 그림 2-10과 같은 것을 전제해야 맞다.

이제 실제로 NTSC TV의 해상도가 어느 정도 되는지 계산을 해보도록 하자. 비디오 신호를 방송하는 과정에 대해서는 다음 장에서 좀 더 설명하겠지만, 방송상의 한계 때문에 최대 주파수는 4.2MHz로 제한되어 있다. 주사선 하나에서 그림 정보의 시간은 53.3마이크로초라고 했으므로,

4,200,000사이클/초 × 0.0000533초 = 224사이클

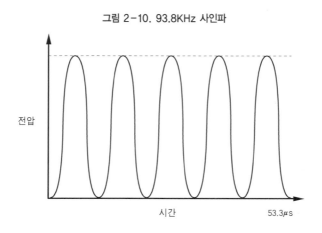

그림 2-10. 93.8KHz 사인파

전압

시간                          53.3μs

이 가로 한 줄에 들어갈 수 있는 최대치인 것이다. 한 사이클에는 흑과 백이 있으므로 관례에 따라 각각을 하나의 '선'으로 계산하면 수평 해상도는 448라인이 되는 셈이다. 그런데, 여기서 한 가지 혼동하지 말아야 할 것은 'TV 라인'이라는 개념이다. 이것은 화면 가로 전체가 아니라, 화면의 높이와 같은 가로 폭 안에 들어오는 라인 수를 말한다. 보통 TV가 4:3 화면이니까 448라인 중에서 높이와 같은 폭 안에는 $448 \times 3 / 4 = 336$라인이 들어간다. '336 TV 라인'인 것이다. 실제로 이 개념이 더 많이 사용되고 있는 것 같다. TV 등의 사양에 표시된 수평 해상도는 대부분 이 TV 라인을 말하는 것이다. VHS라는 비디오 포맷의 수평 해상도가 240라인이라고 말할 때도 그렇다. 단, 디지털인 경우는 다르다. 가령 컴퓨터 모니터의 해상도가 $1024 \times 768$이라고 하면 가로 및 세로 전체의 픽셀 수를 말한다.

비디오 신호가 사용하는 이 주파수의 폭 4.2MHz를 대역폭 *bandwidth*라고 한다. 대역폭은 대역*band*과 폭*width*이 합쳐진 말에 불과하다. 이것은 어떤 시스템이 담고 있거나 감당할 수 있는 주파수의 범위에 대해 일반적으로 쓰는 용어다. 한편, 대역폭이 크다는 것은 해상도와 관련한 논의에서도 알 수 있듯이 정보를 많이 담을 수 있다는 의미도 된다. 예를 들어, HDTV는 대역폭이 훨씬 크다. 말했듯이 NTSC의 4.2MHz라는 폭은 방송 채널의 한계에서 나왔는데, 이와 관련하여 다음 장에서 대역폭에 대해 다시 언급할 것이다.

지금까지는 수평 해상도에 대해 설명하였는데, 수직 해상도는 어떻게 되는가? NTSC는 주사선이 525개고 그 중에 42개가 공백이라고 하였으므로 그림 정보를 표시할 수 있는 것은 483개가 된다. 그러면 수직 해상도는 483라인인가? 어떤 면에서는 그렇다고 할 수 있을 것이다. 가령, (흑, 백 포함) 정확하게 483개의 수평선을 촬영하면 이론적으로 483개 라인이 모두 제대로 재생될 수도 있을 것이다. 그러나 예를 들어 선 하나가 두 개의 주사선에 걸쳐 있다면 어떻게 될까? 그 선의 폭(높이)은 주사선 하나의 폭과 같다고 하자. 그러면 그 선의 위는 위 주사선에 반쯤 걸치고, 아래는 아래 주사선에 반쯤 걸칠 것이다. 그런데 한 주사선의 상하에 밝기 차이가 있을 수 없으므로, 가령 그 문제의 선의 밝기가 100이라면 대략적으로 말해 위 주사선의 밝기가 50, 아래 주사선의 밝기도 50이 될 것이다. 즉, 피사체는 주사선 하나 폭의 흰색 선이었는데, 결과는 주사선 두 개 폭의 회색 선이 되는 것이다. 이 같은 이유 등으로 인해 일반적으로 주사선 수만큼의 수직 해상도가 나오지 않는다. 실제 해상도는, 경우에 따라 상당히 차이가 나지만 주사선 수의 70% 정도 된다. 이 비율을 켈 인수Kell Factor라고 한다. 483의 70%면 338이다. 이것은 수평 해상도와 거의 같은 수치인데, 이것이 NTSC TV를 처음 디자인할 때부터 계획된 것인지는 확실하지 않다.

수평 해상도에서는 그와 유사한 문제가 없는데, 수평 방향으로는 주사선이 연속이기 때문이다. 여기서는 '둘 사이에 걸친'이란 개념이 없다. 나중에 CCD 카메라를 설명할 때는 수평 방향으로도 그런 문제가 있다는 설명을 하겠지만, 아날로그 비디오 신호라는 전기 신호 자체만 봤을 때는 수평 방향으로는 어떤 단계 또는 '칸'이 없다. 이와 달리 수직 방향으로는 주사선이 칸으로 나뉘져 있는 것이다. 비교하자면 디지털 비디오에서는 가로, 세로 모두 '칸'이 있다. 아날로그 비디오도 수직 방향으로는 그런 면에서 디지털과 유사하다. 디지털 그림에서 사선이 지그재그로 나오는 것처럼 아날로그 TV에서도 그와 비슷한 것을 지각할 수 있다.

한 가지 유의할 것은 지금까지 비디오 신호 자체만의 수평 해상도를 논했다는 것이다. '비디오 신호의 해상도'란 말이 좀 이상하다면, 해상도를 담을 수 있는 능력이라고 해도 좋다. 어쨌든 카메라나 모니터 등의 해상도는 논외로 한 것이었다. 카메라에 대해서는 마지막 절에서 살펴보도록 하고 여기서는 모니터의 해상도에 대해 잠시 논의하고자 한다. 앞서 수평 해상도에서는 피사체 디테일이 '둘 사이에 걸치는' 문제가 없다고 했지만 모니터의 경우는 다르다. LCD 모니터는 물론이지만 CRT 모니터도 빛을 내는 단위(도트*dot*)들 사이에 간격이 있다. 즉, '칸'이 있는 것이다. 그래서 그 도트들의 수보다 해상도는 낮다. 어떤 모니터의 해상도가 400라인이라면 (같은 폭 안에) 실제로 도트들은 그보다 더 많이 있다.

그리고 '해상도'가 전부가 아님을 알 필요가 있다. 위에서 TV 신호의 수평 해상도가 336 TV 라인이라고 하였는데, 어떤 모니터의 수평 해상도가 400라인이라고 하자. 그러면 그것으로 충분한가? 별로 그렇지 못하다. 해상도 수치만으로 우리가 일반적으로 이미지에서 느끼는 선명도를 다 대변할 수 없다. 일반적으로 카메라나 모니터의 '해상도'란 어떤 폭 내에서 최대로 구분 가능한 선의 수를 말하는 것일 뿐이다. 두 모니터의 수평 해상도가 400라인이라면 (화면 높이와 같은 폭 안에) 400라인을 간신히 구분할 수 있다는 뜻이고 그 점에서는

그림 2-11. 같은 TV 라인에서 반응도의 차이

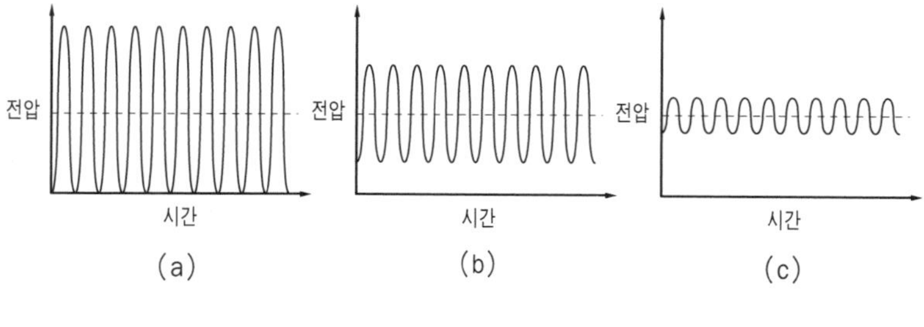

전압

시간

(a)

전압

시간

(b)

전압

시간

(c)

둘이 같다고 할 수 있을 것이다. 그러나 예를 들어, 300라인에서는 둘이 상당히 다를 수 있다. 그림 2-11을 보자. 2-11 (a)는 모니터로 들어가는 300 TV 라인의 비디오 신호를 나타냈다. 그런데 그 신호를 화면에 재생했을 때 한 모니터는 그림 2-11 (b)와 같이 되고 다른 모니터는 2-11 (c)와 같이 된다면 ((b)와 (c)는, 물론, 전압 레벨이 아니라 화면에 나타난 밝기 레벨을 표시한 것이다) 보는 사람이 느끼는 것은 분명 다르다. 전자가 더 선명하게 보일 것이다.

## 4. 휘도

'밝기*brightness*'는 앞 장에서 말했듯이 사람이 주관적으로 느끼는 밝기를 말한다. 이 주관적 밝기는 여러 가지 요인에 의해 결정된다. 그 중에서 제일 큰 것은 물론 물체 표면에 반사되어 눈으로 오는 빛의 세기다. 그러나 빛의 물리적 세기를 밝기와 바로 연관시키기에는 문제가 있다. 가령 적외선을 보자. 그 '빛'은 아무리 세어도 사람 눈에 보이지는 않는다. 다른 형태로 사람에게 영향을 미칠 수는 있지만 밝게 보이지는 않는다는 것이다. 사람 눈에 보이는 빛 즉, 가시 영역의 빛에 한해서 봐도 문제는 있다. 같은 에너지의 빛이라도 노란 빛은 파란 빛에 비해 훨씬 밝게 보인다. 그림 2-12는 각 파장의 빛에 대한 밝기를 나타낸 것이다. 다시 말하지만 밝기는 주관적이다. 일정한 세기의 여러 파장의 빛들을 사람에게 보여 주고 어떻게 보이냐고 물어봐서 (물론 실제 실험은 훨씬 체계적이겠지만) 그림 2-12가 나온 것이다. 그래서 사람마다 차이가 조금 있을 수 있다. 그러나 큰 차이는 없으며, 이 그림은 평균치라고 보면 된다. 그림에서 보듯이 사람 눈은 연두색

에 제일 민감하다.[3]

휘도는 빛의 물리적 세기에 그림 2-12와 같은 가중치를 곱한 것이다. 예를 들어, 이 그림에서 최고점인 555nm의 밝기 값을 1이라고 했을 때 510nm의 밝기 값은 (대략) 0.5이므로, 똑같은 에너지를 가진 그 두 개의 빛이 있다면 전자의 휘도는 후자의 휘도의 두 배가 된다. 반대로, 같은 휘도가 되려면 510nm의 빛은 555nm보다 두 배의 에너지가 필요하다.

빛의 물리적 세기만 가지고는 밝기가 어떨지 알 수 없었는데, 그와 달리 휘도는 밝기와 거의 바로 비례하는 수치가 된다. 여기서 "거의"라고 한 것은 휘도는 객관적 수치고, 밝기는 어디까지나 주관적 현상이기 때문이다. 그 둘이 완전하게 비례할 수는 없다. 휘도가 그림 2-12와 같은 주관적 현상을 고려한 것이 아니냐고 할지 모르지만, 그 그림은 말했듯이 사람마다 다르고, 때마다 다르고, 주변 환경마

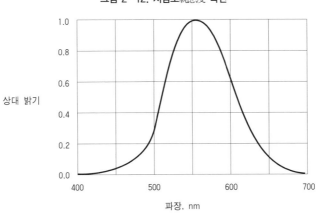

그림 2-12. 시감도視感度 곡선

상대 밝기

파장, nm

--------------------------------------------------------

3. 여담이지만, 여기에는 어떤 진화론적 이유가 있을 것 같다. 녹색은 먹을 것과 밀접한 관계가 있지 않은가? 그 중에 연두색은 더욱 신선하다. 그래서 동물은 녹색 혹은 연두색에 가장 민감해졌을 것이다.

다 다를 수 있는 것을 어느 정도 임의적으로 하나로 표준화한 것이다.

휘도가 밝기와 완전하게 비례할 수는 없다 해도 그것에 가장 가까운 것이기 때문에, '밝기'가 주관적 밝기라면 휘도는 '객관적 밝기'라고 할 수 있다. 어쨌든 휘도는 밝기라는 주관적 현상을 객관화하려는 목적에서 나왔다. 이런 것을 정신 물리량*psychophysical quantity*이라고 한다.

어떤 피사체의 휘도를 제대로 기록하고 재생하려면 구체적으로 어떻게 해야 하는가? 우선 흑백 TV 카메라나 흑백 필름을 생각해 보자. 이 경우에는 감광 장치의 반응이 그림 2−12와 비슷한 모양을 해야 한다. 즉, 흑백 TV 카메라의 경우, 각 파장의 빛을 받았을 때의 전기적 반응의 세기가 그 그림과 같은 분포를 이루어야 한다. 실제로 상당한 차이가 있고 그것을 보는 사람도 별로 이상하게 느끼지는 않지만, 어쨌든 이상적으로는 그렇다. 컬러인 경우는 어떤가. 컬러 카메라는 피사체에서 오는 빛을 3원색(R, G, B)으로 분해해서 기록하는데, 이때도 그림 2−12처럼 반응할까? 즉, 녹색을 기록하는 부분이 제일 민감하고, 그 다음이 적색이고, 하는 식으로? 얼핏 그렇게 생각이 들지 모르나 그것은 오해다. 흑백에서 카메라는 휘도를 기록하지만, 컬러에서는 세 개의 색을 기록한다. 파란색이 상대적으로 — 같은 에너지의 다른 색에 비해 — 더 어둡게 보인다고 미리 약하게 기록해서는 안 된다. 나중에 시청자가 그 기록된 파란색을 어둡게 지각할 것이기 때문이다! 흑백에서는 개별 색에 대한 그림 2−12와 같은 반응을 카메라가 미리 해 버리고, 컬러에서는 그것을 시청자가 하는 것이다.

물론 컬러 비디오에 휘도 신호가 있다. 그러나 이 신호는 흑백 TV에서는 그대로 사용이 되지만, 컬러 TV에서는 최종적으로 R, G, B

로 환원되어 재생된다. 자세한 과정은 다음 장에서 설명할 것이다.

다음 절로 넘어가기 전에, 비디오의 휘도 신호 — 흔히 Y로 표기하는 — 가 엄밀히 말해서 휘도luminance가 아니라는 견해에 대해 살펴보겠다. CIE에서 규정한 휘도는 (색이 같을 경우) 빛의 물리적 세기에 직접 비례한다. 여기서 '비례'라는 말은 단순히 x가 커지면 y도 커진다는 차원이 아니라, x가 두 배가 되면 y도 두 배가 되는 수학적 의미의 정비례를 말한다. 이런 관계에서는 일정한 크기의 x의 변화(Δx)는 항상 일정한 크기의 y의 변화(Δy)를 낳는다. 예를 들어, y = 2x라는 관계식을 보면 x가 1에서 2로 변해도(Δx = 1) y의 변화는 2이고, x가 100에서 101로 변해도 y의 변화는 2다. 이런 관계를 선형적linear 관계라고 한다.

그러나 휘도와 주관적 밝기와의 관계는 그렇지 않다. 휘도가 1에서 2로 변하면 밝기 차이는 아주 뚜렷하다. 물리적으로 두 배나 되기 때문이다. 그러나 휘도가 100에서 101로 변하는 것은 거의 눈에 띄지도 않는다. 즉, 일정한 휘도 차이가 일정한 밝기 차이를 낳지 않는 것이다. 그런데, 비디오의 '휘도' 신호는 실제로 밝기와 거의 선형적 관계에 있다. 그래서 이 신호를 정확한 의미의 휘도와 구분하기 위해 '루마luma'라는 용어를 사용하고자 한다.

휘도luminance가 아니라, 루마가 밝기와 선형적 관계에 있는 것이라면, "휘도는 밝기와 바로 비례한다"라고 앞서 한 말은 잘못된 것인가? 한글에서의 '비례'의 용법에 대한 확신이 없지만, 엄밀히 말하면 그렇다고 해야 한다. 그러나 그 상황에서 더 알맞은 표현을 찾을 수 없어서 그렇게 하였다. 선형적 관계는 아니지만 휘도와 밝기 사이에는 확실한 상관 관계가 있다. 예를 들어, y = √x라는 관계를 보면 선형적은 아니지만 상관 관계는 분명하다. 그래서 "비디오가 휘도를 기록하고 재생한다"와 같은 말이 별로 잘못된 것이라고 생각하지 않는다. 비디오 시스템 내에서 'Y'라는 이름의 신호가 어떻게 계산이 되든지, 최종 목적은 장면의 휘도 분포를 (최대한 가깝게) 모니터 화면 위에 재현하는 것이라고 볼 수 있다. 일부 아주 소수의 책 외에는 루마를 휘도와 구분하지 않고 있고, 이 책도 개론적인 성격이기 때문에 혼동을 초래하지 않는 한 직관적인 용어들을 사용하고자 한다.

## 5. CCD 카메라

앞 절까지는 주로 비디오 신호 자체에 대해 설명하였는데, 이 절에서는 그 신호가 카메라에서 처음 생성되는 과정에 대해 살펴보고자 한다. 예전의 비디오 카메라는 픽업(소리나 빛을 전기로 바꾸는) 장치로서 진공관*tube*을 사용하였으나 요즘은 거의 대부분 CCD를 사용하기 때문에 여기서는 CCD에 대해서만 얘기하기로 한다. 2절에서 TV 화면이 주사되는 과정을 설명했는데, 진공관 카메라에서 비디오 신호가 생성되는 과정은 (방향은 반대지만) 이와 아주 유사하다. 그러나 CCD는 상당히 다르다.

그림 2−13에서 보는 것처럼 CCD 칩에는 가로 세로로 많은 포토다이오드*photodiode*가 배열되어 있다. 이 포토다이오드가 실제로 빛을 받아서 전기로 바꿔 주는 역할을 한다. 렌즈에 의한 상像이 칩 위에 맺히면, 각 부분의 광량에 비례하여 다이오드는 전하*charge*를 생성한다. 그림에서 '게이트*gate*'는 각 포토다이오드에 축적된 전하가 통과하는 문이다. 전하를 축적하는 동안에는 닫혀 있다가 수직 공백 기간에 열리면서 그 옆의 수직 레지스터*vertical register*로 전하가 이동한다.

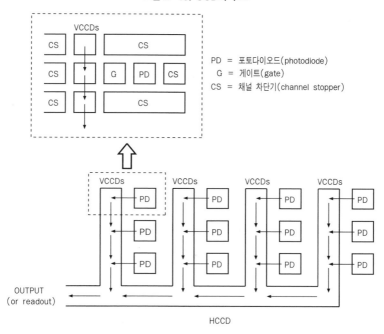

그림 2-13. CCD의 구조

PD = 포토다이오드(photodiode)
G = 게이트(gate)
CS = 채널 차단기(channel stopper)

출처: Grob & Herndon, p.70.

레지스터는 임시 저장소라고 보면 된다. 이제, 비디오 신호가 생성되는 과정을 순차적으로 보자.

　짝수 필드가 끝난 시점부터 보자. 그 필드가 끝나고 수직 공백 기간에 들어서면 홀수 줄의 게이트가 모두 열리면서 축적된 전하들이 그 옆 수직 레지스터로 이동한다. 그리고 그 중 맨 윗줄의 것들이 아래로 내려와 수평 레지스터(HCCD)에 저장된다. 공백이 끝나고 첫 주사선이 시작될 때 수평 레지스터에 저장된 전하들이 차례로 밖으로 나가게 된다. 2절에서 보았듯이, 한 주사선에서 그림 정보는 53.3마이크로초였다. 이 시간에 걸쳐 수평 레지스터에 있던 것들이 나가는 것이다. 첫 줄이 나간 다음의 수평 공백 기간에 두 번째 홀수 줄의 전하가 내려와 수평 레지스터에 다시 저장된다. 공백이 끝나면 다시 53.3 마이크로초 동안 밖으로 내보낸다. 이렇게 홀수 줄이 모두 끝나면 새로운 수직 공백 기간을 만나게 될 것이다. 이때 이번에는 짝수 줄의 게이트가 모두 열리며 수직 레지스터에 저장되고, 홀수 필드 때와 같은 방식으로 한 줄씩 나가게 된다.

한 필드는 1/60초지만, 각 포토다이오드의 노출 시간은 1/30초이다. 홀수(혹은 짝수) 줄의 다이오드는 한 번 전하를 비우고 나면 — 레지스터에 저장하고 나면 — 다음 홀수(혹은 짝수) 필드가 올 때까지 전하를 축적할 시간을 갖기 때문이다. 노출 시간이 1/30초보다 길 수 없다는 것은 알 수 있을 것이다. 그 시간마다 내보내야 하기 때문이다. 일부 디지털 비디오 카메라에서는 반복 리듬(클럭)을 그보다 느리게 할 수 있는 특별한 CCD를 사용함으로서 셔터 속도를 길게 하기도 한다. 그러나 이런 카메라도 NTSC인 이상, 1/60초마다 한 필드를 내보내야 하기 때문에 프레임 버퍼를 사용해야 하고 따라서 아날로그에서는 가능하지 않다. 그러나 저가의 아날로그 카메라라 해도 노출 시간을 짧게 하는 것은 가능하다. 비디오 카메라에 셔터가 원래 필요한 것은 아니지만 노출 시간을 줄이기 위해 쓸 수 있다.

참고로 영화 카메라와 비교해 볼 필요가 있다. 필름 카메라에서는 셔터가 필수적이다. 노출된 다음에 필름이 한 프레임 이동할 때 가려 줘야 하기 때문이다. 그래서 가령 수평으로 빠르게 지나가는 불빛을 촬영했다면, 필름에서는 한 프레임과 그 다음 프레임을 겹쳐 봤을 때 불빛이 한 줄로 이어지지가 않고 공백이 있다. 필름 카메라를 빠르게 패닝하면 스트로보 같은 현상이 생기는 것은 이 때문이다. 그러나 비디오에서는 그런 현상이 없다(물론 셔터 속도를 짧게 하지 않는다면).

CCD 카메라가 촬상관 카메라와 크게 다른 점은 가로로 픽셀이 있다는 것이다. 세로 방향으로는 어떤 방식이든 어차피 주사선으로 나뉘게 되지만, 촬상관을 쓰는 방식에서는 수평 방향으로는 연속이다. CCD가 픽셀로 나눠져 있기 때문에 아날로그 카메라라 하더라도 디지털적인 면을 가지게 된다. 이른바 '앨리어싱*aliasing*' 현상이 있는 것이다. 3절에서 실제 피사체를 촬영하면 주사선만큼의 수직 해상도가 안 나온다고 했는데, 마찬가지로 CCD 카메라에서는 가로로도 픽셀 수만큼의 (수평) 해상도가 나오지 않는다.

　　CCD의 해상도를 증가시키기 위해 여러 가지 방법을 쓰는데, 그중에 '공간적 오프셋*spatial offset*'이 있다. 컬러 카메라의 3CCD 중에서 하나를 다른 것들과 1/2픽셀 간격만큼 어긋나게 — 사이사이에 — 배치하는 것이다. 그래서 — 색이 다르다는 것을 잠시 잊는다면 — 해상도가 두 배로 증가하는 셈이 된다. 이것은 편법이라고 할 수 있을지 모르지만 어차피 사람 눈의 색에 대한 해상력은 낮기 때문에 생각보다 좋은 결과를 낳는다. 한 예로 소니의 UVW 100 베타캠 카메라를 보면 가로로 768픽셀인데, '오프셋' 방법을 쓰지 않는다면 해상도는 $768 \times 3/4 = 576$ TV라인 미만일 것이다. 그러나 실제 사양은 700 TV라인이라고 나와 있다. '오프셋' 방법을 쓰기 때문에 가능한 것이다. 지금까지 CCD의 해상도에 대해 설명했는데, 한 가지 주의할 것은, 실제로 구분할 수 있는 선의 수가 아니라 그냥 픽셀 수를 '해상도'라고 하는 경우도 있다는 것이다. 그래서 이럴 때는 구분하기 위해 '픽셀 해상도*pixel resolution*'라는 말을 쓰기도 한다.

　　CCD가 디지털적인 면이 있다고 했지만 거기서 나오는 신호가 디지털이란 말은 아니다. 그림 2-13에서 출력되는 신호는 아날로그다. 거기에 공백 신호, 동기 신호 등이 더해지면 컴포지트 신호가 완성된다. (CCD에서 나올 때는 공백 '기간'만 있지 '신호*pulse*'가 있는 것은 아니다.) 끝으로, CCD는 Charge Coupled Device의 약자로서 수직 및 수평 레지스터에 사용되는 장치를 말한다. 전자는 VCCD, 후자는 HCCD다. '레지스터'란 말이 기능이나 목적을 지칭한다면, CCD는 그것을 구체적으로 구현하는 장치의 이름이라고 보면 된다.

# 3 컬러 비디오

## 1. 카메라와 모니터의 3원색

그림 3-1의 CIE 색도도에 그려진 삼각형은 1982년에 SMPTE가 컬러 모니터 3원색의 표준으로 정한 색을 나타낸다. 모니터에 사용되는 세 인광 물질의 색인 것이다. 나중에 HDTV를 위해 좀 변경된 표준이 나오기는 했으나 거의 비슷하다. 이 3원색의 좌표 값은 표 3-1과 같다. 괄호 안은 HDTV를 위한 CCIR 709 표준이다. 이 3원색을 사용하는 모니터는 물론 그 삼각형 내의 색들만 낼 수 있는데, 이것은 전체 단색광 궤적 범위 내에서 너무 좁은 영역이라고 생각할지 모르겠다. 그러나 우리가 일상적으로 접하는 물감, 염료 등도 대략 이 범위에 있기 때문에 일상적 장면을 기록하고 재생하는 데 큰 문제는 없다. 그리고 1장 끝에서도 말했듯이 1931년 CIE 색도도는 지각적으로 균등하지 않기 때문에, 삼각형 바깥의 면적만 보고 모니터가 낼 수 없는 색이 많다고 간단히 말할 수는 없다.

**표 3-1. 그림 3-1의 3원색의 좌표 값**

|   | R | G | B |
|---|---|---|---|
| x | 0.630 (0.640) | 0.310 (0.300) | 0.155 (0.150) |
| y | 0.340 (0.330) | 03595 (0.600) | 0.070 (0.060) |

그림 3-1. 컬러 모니터의 3원색

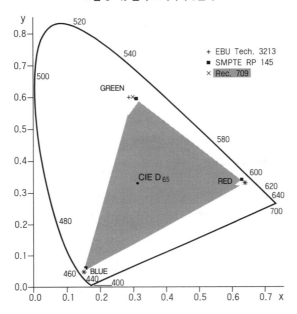

출처: Poynton, p.237.

표 3-2는 CIE 색도도를 위한 데이터를 얻는 실험에 사용된 세 빛의 좌표 값들이다. 실제로 색대응 함수를 얻는 데 사용된 것은 이 RGB이지만 XYZ의 색대응 함수를 만들 수 있었던 것처럼(그림 1-9 참조) 마찬가지로 표 3-1 RGB의 색대응 함수도 수학적 변환을 통해 얻을 수 있다. 그것이 그림 3-2다. 표 3-1과 3-2의 값이 비슷한 것만큼 이 그림은 표 3-2 RGB의 색대응 함수(그림 1-6)와 비슷한 것을

표 3-2. CIE 색도도의 기초가 된 3원색의 좌표 값

|   | 700.0nm(R) | 546.1nm(G) | 435.8nm(B) |
|---|---|---|---|
| x | 0.73469 | 0.27368 | 0.16654 |
| y | 0.26531 | 0.71743 | 0.00888 |

볼 수 있다. 이 그림이 갖는 실용적 의미는 컬러 비디오 카메라의 세 색감지 장치의 기준이 된다는 사실이다. 구체적으로는, 렌즈를 통과한 빛이 세 가닥으로 나뉘어 각각 R, G, B 필터를 통과한 후 각 센서 — 보통 CCD — 에 이르므로 그림 3-2는 이 필터들의 기준이 되는 것이다. 세 필터의 가시 스펙트럼에 대한 반응 곡선이 그림 3-2와 같다면 가장 이상적인 것이 된다. (필터에 대해서는 보통 흡수 곡선을 그리지만

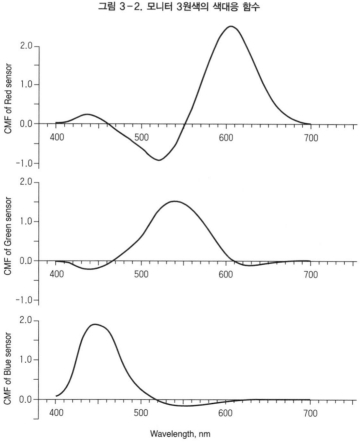

그림 3-2. 모니터 3원색의 색대응 함수

출처: Poynton, p.246.

이 그림은 그 반대인 투과 곡선이라고 보면 된다.) 그런데 문제는 그림 3-2의 곡선에는 음의 부분이 있다는 것이다. 이것은 실제로 필터에서 구현할 수가 없다. 그러나 일단 CCD가 감지한 후에 전기적으로 '매트릭스*matrix*'라고 부르는 과정을 통해 약간 조정이 가능하다. 그림 3-3이 필터들의 반응 곡선이고 3-4가 매트릭스 과정을 거친 것이다. 그림 3-2와는 많이 다르지만 어느 정도 흉내를 내었다고 할 수 있다. 그림

그림 3-3. 실제 카메라의 3원색 센서들의 감도 곡선

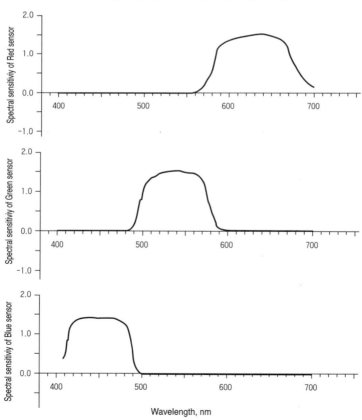

출처: Poynton, p.248.

3-4를 보면 짐작을 하겠지만, '매트릭스'는 특별한 과정이 아니고 예를 들어 R 센서의 반응에서 G 센서의 반응을 좀 빼 준다든지 하는 것이다. 이 과정은 카메라 내에서 이루어지는 색 보정*color correction*이라고 할 수 있다.

그림 3-4. 매트릭스를 거친 후의 센서들의 감도 곡선

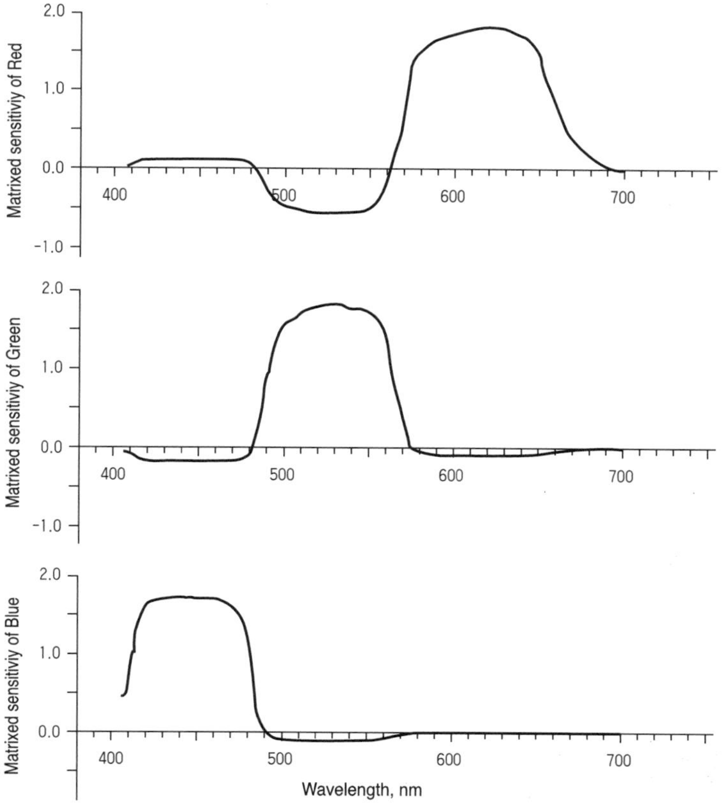

출처: Poynton, p.249.

## 2. 컬러 인코딩

위와 같은 보정 과정을 거친 R, G, B 전기 신호는 Y′, U, V 포맷으로 바뀌는데, 그 전에 이 신호들을 감마 보정*gamma correction*한다. 이것은 앞 장에서 '루마'의 개념을 설명할 때 말한 것과 같은 것이다. 센서에서 출력되는 신호는 감지한 빛의 세기에 비례하지만, 감마 보정된 신호는 사람의 밝기 지각과 비례한다. 이렇게 감마 보정된 R, G, B를 구분하기 위해 관행에 따라 R′, G′, B′라고 하겠다. 이것들로부터 Y′는 다음과 같이 계산된다. Y′라고 한 것은 휘도를 보통 뜻하는 Y와 구분하기 위해서고 이것이 바로 루마다. 계산은 역시 매트릭스를 통해 이루어진다.

$$Y' = 0.299R' + 0.587G' + 0.114B' \qquad (1)$$

밝기 정보를 담고 있는 Y′가 R′, G′, B′의 균등한 합이 아니고 각각의 비중이 다른 것은 앞 장에서 설명하였듯이 사람 눈에 각 색이 다른 밝기로 보이기 때문이다. 실제로 표 3—1에서 R, G, B 세 점의 y 값(상대 휘도)이 각각 위의 계수들과 비슷한 것을 볼 수 있다.

Y′UV에서 U, V는 색차*color difference* 신호라고 하며 다음을 의미한다.

$$U = R' - Y'$$
$$V = B' - Y'$$

색차란 무엇인가? R, G, B가 어떤 비율로 섞여 있는 색이 있다면 그것의 밝기는 구성하고 있는 R, G, B 각각의 밝기의 합이다. 위

식 (1)은 바로 그것을 표현한 것이다. 좀 느슨하게 말하자면 밝기는 '색들의 합'이다. 색차는 이것에 대비되는 개념으로 볼 수 있다. 말 그대로 '색들의 차差'인 것이다. 색의 합이 크다는 것은 밝다는 것이고 작다는 건 어둡다는 뜻이다. 한편, 색차가 크다는 것은 R, G, B 값 상호간의 차이가 크다는 뜻이고 이것은 채도가 높다는 의미다. 그리고 색차가 없다는 것은 R, G, B 값들이 서로 같다는 뜻이고 이것은 무채색, 즉 밝기만 있다는 의미가 된다. 색차의 구체적 형태 — R이 G보다 큰지, G가 R보다 큰지 하는 — 와 크기에 따라 색이 정해지므로 U, V 두 변수는 색상과 채도를 결정하게 된다.

좀 더 구체적으로 보자. 가령 $U=0$, 즉 $R'=Y'$가 의미하는 바가 무엇일까. 위 식 (1)에서 오른쪽의 첫째 항 $0.299R'$은 $R'$ 성분의 밝기다. 그런데 $R'=Y'$이므로 그것은 $0.299Y'$와 같다.

$R'$ 성분의 밝기 = $0.299Y'$

다시 쓰면,

$R'$ 성분의 밝기$/Y' = 0.299$

즉, 혼합된 전체 밝기($Y'$)에서 $R'$ 성분이 29.9%라는 뜻이 된다. 그런데 이것은 무채색에서의 $R'$ 성분의 크기와 같다. (무채색은 $R'=G'=B'$이고 이것을 (1)식에 넣어 보면 금방 알 수 있다.) 다시 말하면, $U=0$은 $R'$가 밝기에서 차지하는 비중이 백색광에서와 같다는 뜻이다. $R'$의 밝기 비중이 백색광보다 크면 $U>0$, 작으면 $U<0$이다. 느슨하게 말하면, U는 백색광을 기준으로 그보다 빨강이 많으면 +, 적으면 −, 같으면

0이다. '느슨하다' 라고 한 것은 '많다' 라는 단어에 오해의 소지가 있기 때문이다. 여기서 많음은 밝기의 많음이지 에너지의 많음이 아니다. 전자는 빨강의 밝기 비중이 29.9%보다 크다는 것이고 후자는 빨강의 에너지 비중이 1/3보다 크다는 것이다. 그 둘은 서로 다르다.[1]

빨강 성분이 '백색보다 많거나 적다' 가 느슨한 건 사실이지만 그게 U 색차의 개념을 정확하게 설명하는 것이라고 생각된다. 마찬가지로 V는 파랑 성분이 백색에서보다 많거나 적은 것을 나타낸다. U, V를 동시에 생각하면 어떨까. 가령 둘 다 +라면 빨강과 파랑이 백색에서보다 많은 것이고 이것은 대략 마젠타 계통이 될 것이다. U가 +고 V가 −라면 대략 $R' > G' > B'$일 테니 오렌지색 정도 될 것이다. U, V 둘 다 0이면? 이것은 $R'$, $B'$ 둘 다 백색광에서와 같이 들어 있다는 뜻이고 그러면 당연히 $G'$도 백색광에서와 같이 들어 있고, 따라서 실제로 백색광이란 의미가 된다. 채도가 0인 것이다.

이번에는 반대로, 색을 먼저 지정하고 거기에 대한 U, V값이 어떻게 되는지 보자. 그런데 여기서 먼저 알아야 할 것은 색차를 흔히 'R−Y,' 'B−Y' 라고 쓰긴 하지만 사실은 그것은 기본 개념이고, 실제 값을 정할 때는 일반적으로 스케일의 조정이 있게 된다. NTSC의 U, V값은 다음과 같이 정확히 정의된다.

$$U = 0.877(R' - Y')$$
$$V = 0.493(B' - Y')$$

---

1. 예를 들어, R이 1/3, G가 2/3 섞여 있는 빛 1과 R이 1/3 B가 2/3 섞여 있는 빛 2가 있다고 하자. 그러면 빛 1에서는 — G가 R보다 두 배 정도 밝은데 두 배가 들어 있으므로 — G 성분과 R 성분이 밝기에서 차지하는 비중은 약 4:1이 된다. R의 밝기 비중이 약 20%이다. 반면 빛 2에서는 — R이 B보다 두 배 이상 밝으므로 B가 두 배 들어 있어도 — R의 밝기 비중이 50%가 넘는다. R이 백색광에서처럼 1/3 들어 있어도 밝기 비중은 백색광(29.9%)보다 클 수도, 작을 수도 있는 것이다.

이제 순수한 빨강색에 대한 U, V값을 보자면, $G' = B' = 0$이므로 위의 식들과 식 (1)에서 간단히 U=0.615, V=−0.147이 됨을 알 수 있다. (R'=1로 설정하였음. 밑에 G, B'의 경우도 같음.) 마찬가지로 순수 녹색의 U, V는 각각 −0.515, −0.289, 순수 파란색은 각각 −0.100, 0.437이다. 이것들을 U, V 직각 좌표에 나타내보면 그림 3−5와 같다. 색상환에서처럼, 원점을 중심으로 방향은 색상, 거리는 채도가 되는 걸 볼 수 있다. 이 그림에 대한 설명은 아래에서 좀 더 할 것이다.

R', G', B'값들로부터 Y', U, V값들이 계산되면 그 다음 과정은 U, V를 합쳐서 '크로마Chroma' 또는 줄여서 'C'라는 하나의 신호를 만드는 것이다. 여기에 사용되는 것이 3.58MHz의 전기 신호인데, 이 것을 색 부반송파color subcarrier라고 한다. 반송搬送은 '실어서 보내다'라는 뜻이다. 즉, 색 정보를 실어서 보내는 것이다. '부sub'자가 첨부되어 있는 것은 그냥 반송파라고 하면 TV 방송파처럼 비디오 신호 전체를 실어 보내는 것을 대개 의미하기 때문이다. 비디오 신호 전체를

그림 3−5. UV 좌표에 표시한 3원색

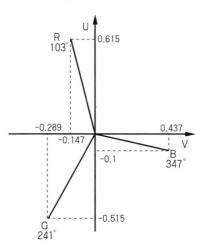

담은 반송파를 기차라고 한다면 색 신호를 담은 부반송파는 그 기차 안에 있는 휠체어라 할 수 있다. 컴포지트 비디오 신호에는 색 신호 (C) 외에도 휘도 신호(Y'), 동기 신호 등이 들어 있는데, 다른 것들은 '독자적으로' 있지만 색 정보는 3.58MHz 신호에 '실려' 있다.

휠체어가 두 명이 탈 수 있는 것이라고 해 보자. 한 명의 이름 은 U고, 또 한 명의 이름은 V다. 그리고 '색 정보'에 해당하는 것이 각자의 몸무게라고 하자. 그러면 이 휠체어가 U, V의 몸무게 정보를 어떻게 '담을' 수 있을까? 우선 의자 밑에 스프링이 있다면 그것이 눌러지는 정도는 둘의 몸무게의 합에 의해 결정될 것이다. 즉, 휠체 어의 높이가 U, V의 합을 나타내는 셈이다. 그리고 둘이 나란히 앉 아 있다면 무게 차이에 따라 한 쪽으로 기울 것이다. 즉, 휠체어의 기 울기가 U, V의 차이를 나타낼 수 있다. 그렇게 휠체어는 둘의 몸무 게 정보를 '담고' 있는 것이다. 이렇게 어떤 운반체 — 반송파 — 에 변화를 줌으로써 정보를 싣는 것을 변조*modulation*라고 한다. 이 휠체어 의 경우라면, 그것의 높이와 기울기를 '변조'하여 U, V의 몸무게라 는 정보를 '운반'하는 것이다.

그럼 실제로 U, V에 의해 3.58MHz 파동이 어떻게 변조되는지 보자. 먼저 U, V를 따로 서로 다른 3.58MHz 파동에 싣는다. 그 각각 을 Usc, Vsc라고 하자('sc'=subcarrier). 이것들은 U, V에 의해 각각 진폭 변조*amplitude modulation*된다. 다시 말해, Usc의 진폭은 U에 비례하고, Vsc 의 진폭은 V에 비례한다. 그런데 이 두 Usc, Vsc 파동은 위상*phase*이 서 로 90° 차이 나게 하였다.[2] U나 V가 음이라서 그 중 하나 혹은 둘 다 위상이 180° 바뀌더라도 서로간에는 90° 차이가 난다. 이 두 파동을 더한 것이 C 신호다. 삼각 함수를 적용하면 잘 이해되겠지만, 주파수 가 같고 위상이 다른 두 파동을 더하면 그 결과는 그 둘의 벡터 합과

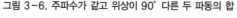
그림 3-6. 주파수가 같고 위상이 90° 다른 두 파동의 합

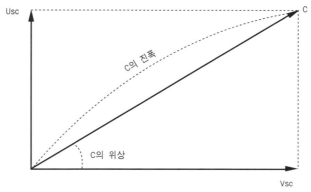

같다(그림 3-6). 그림 3-6에서 Usc와 Vsc를 나타내는 화살표들의 길이가 그 각각의 진폭이다. 그리고 편의상 Vsc의 위상을 0°, Usc의 위상을 90°로 하였다. 그러면 C의 위상과 진폭은 그림에 표시한 바와 같이 된다. 그런데 이 그림은 바로 그림 3-5와 같은 것이라는 걸 알 수 있다. 그림 3-5는 특정 색의 U, V값을 그냥 수학적으로 각도와 (원점에서의) 거리로 표현해 본 것이고, 그림 3-6은 그것을 실제로 물리적으로 구현한 것이다. 실제로 어떤 한 물리적 파동의 위상(각도)과 진폭(거리)이 U와 V값을 대변하는 것이다. 다시 말해, C 신호의 위상 변조와 진폭 변조를 통해 U, V 정보를 '반송'하는 것이다. 이 3.58MHz C 신호의 위상은 색상을 나타내고, 진폭은 채도를 나타낸다.

----

2. 익숙하지 않은 사람을 위해, 위상의 개념을 좀 설명하고자 한다. 개인적으로는 'phase'를 '위상'으로 번역하는 게 별로 탐탁치 않다. 위상位相은 '위상이 높다'라고 할 때처럼, 위치나 지위를 뜻하는 게 일반적이고, 그래서 물리학적 개념으로서의 위상은 쉽게 다가오지 않는다. 반면, 영어의 'phase'에는 지위의 의미가 거의 없다. 일상적으로 쓰이는 대표적인 예가 달이 차고 이지러지는 각 단계를 의미하는 것인데, 그건 물리학적인 의미와 아주 유사하다. 그믐, 초승, 상현, 보름, 하현, 그리고 다시 그믐으로 이어지는 달의 주기에서 각 단계가 달의 phase, 즉 위상이다. 그믐(달이 없는 날)과 보름은 위상이 180도 다른 것이고, 반달과 보름은 위상이 90도 다른 것이다.

지금까지는 색 자체에 대해서만 얘기하였고, 색의 시간적, 공간적 변화에 대해서는 언급하지 않았다. 이제 여기에 대해 살펴본다. 가령 U값이 시간적으로 — 따라서 공간적으로 — 변한다고 하자. 그러면 그 값이 얼마나 빨리 변할 수 있는가 하는 것은 주파수에 의해 결정된다. 이것은 밝기 변화의 속도가 밝기 신호($Y'$)의 주파수에 좌우되는 것과 마찬가지다. 우리가 보통 해상도라고 하는 것은 흑백이 얼마나 빨리 교차될 수 있는지, 혹은 공간적으로 말하자면, 얼마나 촘촘히 있을 수 있는지를 말하는 것이다. 그리고 앞 장에서 말했듯이, 이것은 NTSC 비디오에서 4.2MHz의 한계를 가진다. 색에 있어서 이에 해당하는 것이 색 해상도*color resolution*인데, 이것은 약 0.6MHz의 한계를 가진다. 이것은 가로 전체로 32사이클 정도밖에 안 되는 것이다. (계산법은 2–3절 참조.) 이렇게 낮게 한 것은 사람의 눈이 밝기 변화에 비해 색의 변화에는 훨씬 둔감하기 때문이다. 방송 표준이 밝기와 색을 분리하는 방식을 채택한 이유도 이렇게 함으로써 각각에 차별적으로 주파수 대역을 부여할 수 있게 되고 따라서 대역을 절약할 수 있기 때문이다.

한편, 0.6MHz의 대역폭을 가진 U, V 신호가 3.58MHz 부반송파에 '실리면,' 이 반송파도 3.58MHz를 중심으로 +/−0.6MHz의 대역을 가지게 된다. 이것을 측파대*sideband*라고 한다. 반송파의 주파수 (3.58MHz) 위 '측*side*' 과 아래 '측' 에 있는 대역이라는 뜻이다. 이 측파대를 포함하여 C 신호는 약 2.98~4.18MHz의 주파수 범위를 갖게 된다. 측파대 등의 개념에 대해 자세히 알 필요는 없을 듯하나, 다만 C 신호가 약 0.6MHz의 대역폭을 가지고 있다는 것은 알고 있으면 좋을 것이다. 그리고 혹시 궁금해 할 사람을 위해 덧붙이자면, C의 측파대는 색의 변화를 담는 데 필요하지만 그렇다고 그것의 위상, 진폭 등을 체크해야 하는 것은 아니다. 매 순간의 색은 3.58MHz파의 위상과 진폭에 담겨 있다.

컴포지트 비디오 신호를 만드는 마지막 단계는 C 신호를 (동기 신호 등이 포함된) 밝기 신호 Y′와 합치는 것이다. 여기서 궁금하게 여길 수 있는 것은, Y′ 신호의 대역이 0~4.2MHz, C 신호의 대역이 2.98~4.18MHz라면 대역이 서로 겹쳐 방해되지 않는가 하는 점이다. 여기에 대해서도 역시 자세히 알 필요는 없다고 생각되지만, 간단히 얘기하자면 주파수 대역이 어디에서 어디까지라고 해도 그 사이의 모든 주파수를 사용하지는 않는다는 것이다. 주파수는 불연속적으로 discretely 사용된다. 그래서 대역은 겹치지만 Y′ 신호와 C 신호는 서로의 빈틈에 '끼워 넣는interleave' 방식으로 합쳐진다. 그렇다 해도 서로 방해가 안 되는 것은 아니고, 그것이 바로 컴포지트 신호의 문제다. 이렇게 무리하게 보이는 방법으로 비디오 신호를 만드는 것은, 물론 방송 채널의 제한된 주파수 대역 때문이다.

어쨌든, CCD에서 포착된 R, G, B 신호로부터 이렇게 모든 게 하나의 신호로 합쳐진 컴포지트 비디오 신호를 만드는 과정을 인코딩이라고 한다. '컴포지트composite'란 단어 자체가 혼합, 복합의 뜻이다. 그렇다고 그 단어가 여기서 보통 명사로 사용되었다는 뜻은 아니다. 방송 규격에 의해 정해진 의미를 가지고 있다. 그러나 '인코딩encoding'이란 단어는 다른 맥락에서도 일반적으로 쓰이는 것으로, '표준에 따라 포맷하다' 정도의 뜻이다.

그림 3-7은 Y′ 신호(왼쪽)에 C 신호가 더해져서 컬러 컴포지트 신호가 된 것(오른쪽)을 보여 준다. 3.58MHz 신호의 평균 레벨(높이)이 휘도가 됨을 알 수 있다. 그리고 그림에는 잘 표현이 안 되었지만, R, G, B 각 색에 해당하는 C 신호의 위상과 진폭이 다르다. 컬러바에

그림 3-7. 흑백 비디오 신호(왼쪽)와 크로마 신호가 더해진 컬러 비디오 신호(오른쪽)

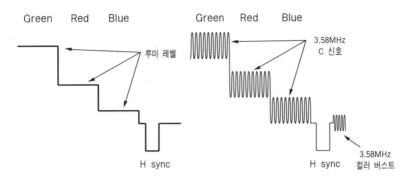

대해서는 아래에서 자세히 논의할 것이다. 컬러 컴포지트 신호의 한 요소이지만 지금까지 설명하지 않은 것이 하나 있는데, 그것은 그림에도 나와 있는 컬러 버스트_color burst_이다. 이것은 C 신호와 같은 3.58MHz이며, C 신호의 위상의 기준이 된다. 원에는 시작도 끝도 없듯이, 위상이란 것은 상대적이다. 컬러 버스트는 위상 0°의 기준이 된다. 컬러 버스트의 위상과의 차이가 C의 위상, 즉 색상인 것이다.


## 3. TV 방송

카메라에서 나온 컴포지트 비디오 신호는 그대로 방송이 되는 게 아니고 반송파_carrier_에 실려서 방송된다. 그리고 채널당 6MHz의 대역이 주어진다. 채널 2는 54에서 60MHz, 채널 3은 60~66MHz 등의 전파가 사용된다. 이 6MHz의 대역에서 비디오 반송파의 주파수는 아래쪽에서 1.25MHz 떨어져 있다. 예를 들어, 채널 3이라면 61.25MHz의 전파가 비디오를 반송하는 것이다. 비디오 신호가 이 반송파를 변조하는 방법은 진폭 변조amplitude modulation로서, U, V 신호가 3.58MHz 색부반송파를 변조할 때와 같다. 그림 3-8은 비디오 신호에 의해 반송파가 진폭 변조된 것을 보여 준다. (몇 가지 기술적인 장점이 있어서 그림에서 보듯이 비디오 신호의 레벨을 반대로 해서 — 흰색 부분이 반송파 진폭이 작고, 동기 신호 부분이 진폭이 크게 — 방송한다.)

변조된 C 신호가 측파대를 가졌던 것처럼 비디오 반송파도 측파대를 가진다. 비디오 신호의 주파수 대역은 4.2MHz이므로 (C의 3.58MHz와 그 측파대는 이 범위에 포함된다는 것은 앞 절에서 보았다.) 그 측파대는 채널 3의 경우 아래쪽은 57.05~61.25MHz, 위쪽은 61.25~65.45MHz가 된다. 그런데 채널 3은 아래쪽 한계가 60MHz이므로 아래쪽 측파대는 모두 수용할 수가 없다. 그대로 두면 채널 2에 방해가 될 것이다. 그래서 아래쪽 측파대는 대부분 자르고 채널 범위 내에서 조금만

그림 3-8. 비디오 신호(위)에 의해 변조된 방송파(아래)

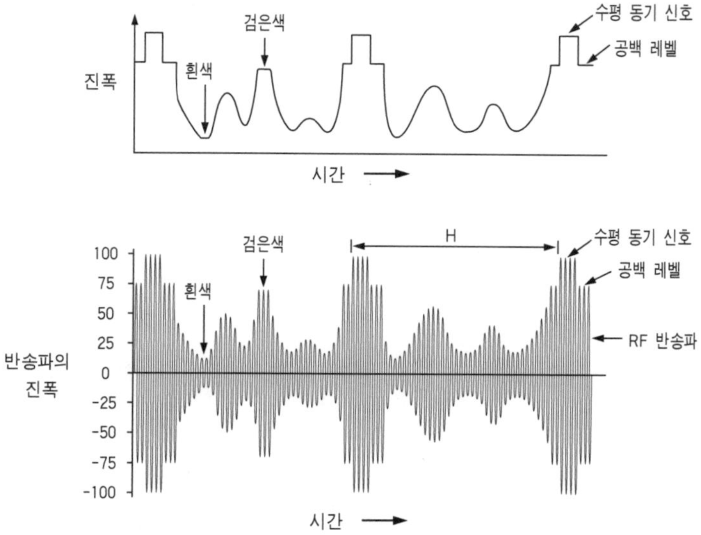

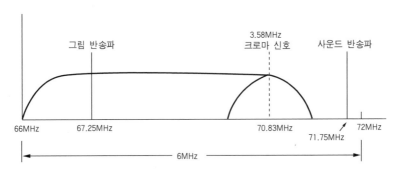

그림 3-9. 채널 3의 대역

남게 된다. 이것은 썩 바람직한 것은 아니지만 비디오 신호를 재생하는 데 큰 문제가 되지는 않는다. 위쪽 측파대는 채널 범위 안에 들어오므로 그대로 송신할 수 있다. 그림 3-9는 채널 3의 대역이 어떻게 사용되는지 보여 준다. C 신호는 앞에서도 말했듯이 색 정보(U, V)를 싣고 있긴 하지만, 자신은 방송파에 실려가므로 '부반송파'라고 한다.

　'비디오'란 단어가 가끔 사운드까지 포함할 때가 있다. "오늘 재미있는 비디오를 보았다"가 한 예가 될 수 있다. 하지만 여기서는 물론 그림 정보만을 의미한다. 위의 '비디오 반송파'도 그림 정보를 실어 나르는 전파를 말한다. 사운드에 대해서는 별도의 반송파가 사용된다. 그림 3-9에 표시되어 있듯이 사운드 반송파는 비디오 반송파에서 4.5MHz 위에 있다. 그래서 비디오 반송파의 위쪽 측파대에 방해되지 않는다. 사운드 반송파도 측파대가 있지만 그것은 크지 않다. 비디오 신호는 대역이 4.2MHz지만 사운드는 최대 20KHz밖에 안된다. 그것이 사람이 들을 수 있는 가장 높은 음인 것이다. 사운드 신호가 사운드 반송파를 변조하는 방법은 비디오와 달리 주파수 변조 *frequency modulation*이기 때문에 측파대의 크기가 20KHz보다 클 수 있다.

하지만 많이 크지는 않다. 이 사운드 반송파는 비디오 반송파와 별개로 방송된다. C 신호가 Y′ 신호와 합쳐져 하나로 되는 것과 다르다.

비디오 신호의 방송과 관련해서는 간략하게 설명했는데, 이것은 촬영, 편집 등의 작업을 하고자 하는 사람들에게 방송 기술은 크게 중요한 사항이 아니라고 생각했기 때문이다. 다만 비디오 신호의 대역을 제한하는 가장 큰 요인이 채널의 대역폭이라는 점은 알아두는 게 좋겠다. 4.2MHz라는 대역폭은 비디오 기술의 어떤 근본 한계에서 오는 게 아니라 채널의 한계에서 오는 것이다. C의 대역이 Y′의 것과 겹쳐야만 했던 것도 같은 이유이다.

## 4. 디코딩

방송된 TV 신호를 받아서 R, G, B 신호를 복원해내는 것을 디코딩이라고 한다. 반송파에서 원래의 신호를 빼내는 복조_demodulation_ 과정 등에 대한 것은 그리 중요하지 않다. 여기서는 Y′, U, V의 신호로 돌아온 상태부터 논의를 하고자 한다. 우선 흑백 수상기를 생각해 보자. 이 경우에는 U, V 신호는 완전히 무시되고 Y′ 신호만 사용된다. Y′ 신호는 흑백 방송 시절과 거의 똑같다. 즉, 컬러 방송이라 하더라도 TV가 흑백이면 흑백으로 볼 수 있는 것이다. 컬러 방송을 위해 Y′UV라는 색 포맷이 선택된 이유의 하나가 바로 이것이다. 컬러 방송을 시작할 때, 구 흑백 수상기로 컬러는 물론 안 되지만 흑백으로라도 볼 수 있게 한 것이다.

Y′ 신호를 화면에 재생하는 데 있어서 한 가지 알아 둘 것은 그것의 감마다. CCD가 빛을 받아서 전기를 출력할 때 그 전압은 그림

그림 3-10. 휘도 신호의 감마

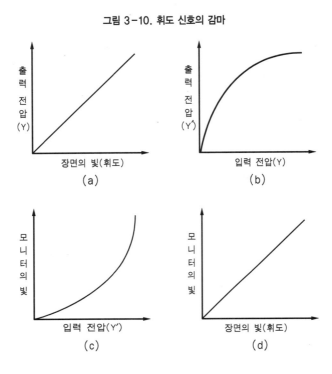

3-10 (a)처럼 빛의 휘도에 비례한다. 그래서 이 신호(Y)를 '휘도 신호' 라 한다. 그러나 전에도 말했듯이 이것은 사람의 밝기 지각에 비례하지 않는다. 그래서 감마 보정한 것(Y')이 그림 3-10 (b)다. Y'와 Y의 관계는 대략 $Y' = \sqrt{Y}$ 정도 된다. 2-4절에서도 설명했듯이, 사람 눈은 빛이 약할 때는 약간의 에너지 변화도 감지한다. 그러나 빛이 많을 때는 약간의 변화는 지각하지 못한다. 3-10 (b)는 그것을 보여 준다. 빛이 셀수록 기울기가 줄어드는 — Y'의 차이가 작아지는 — 것이다.

그러나 최종적으로 모니터에는 Y(에 비례하는 것)가 재생되어야 한다. 사람의 밝기 지각이 그림 3-10 (b)와 같지만 그것을 모니터가 미리 해 버리면 안 되는 것이다! 모니터에는 Y가 재생되고 그것을 보는 사람이 주관적으로 Y′처럼 느끼는 것이다. 그럼 왜 굳이 Y′ 형태로 신호를 만들었는가? 그것은 사람이 민감한 영역은 팽창시키고 둔감한 영역은 압축시켜 처리하는 게 좋기 때문이다. 어쨌든 최종적으론 그림 3−10 (d)와 같이 되어야 하는데, 모니터의 특성이 다행히도 그림 3−10 (b)의 거의 반대다(그림 3−10 (c)). 그래서 따로 신호 처리할 필요가 없이 Y′ 신호를 모니터에 넣어 주면 3−10 (d)와 같은 선형적 결과를 얻는다. 물론 필요에 따라 추가로 감마를 조정할 수 있지만, 기본적으로 그렇다는 것이다.

이제 컬러 TV에 대해서 보자. 여기서는 Y′ 신호는 R, G, B 값을 계산하는 데 사용되지만 최종적으로 주사하는데 직접 사용되지는 않는다. 우선 복원된 U, V 외에 G′−Y′ 신호도 만든다. 이것은 위 2절의 식 (1) 등으로부터 간단히 계산되는 것이다. 그래서 우리는 Y′ 외에 다음의 세 신호를 가지게 된다.

$$R' - Y'$$
$$B' - Y'$$
$$G' - Y'$$

이 단계에서 하나 잊지 말아야 할 것은 이 세 색차 신호들의 대역은 0.6MHz라는 점이다. 처음의 둘은 어차피 그런 대역을 가졌던 신호를 복원한 것이지만, G′−Y′는 새로 만든 것이기 때문에 Y′와 같은 대역(4.2MHz)을 갖게 할 수 있었다. 그러나 고주파를 잘라내고 다른 색차 신호들과 마찬가지의 대역을 갖게 한다. 그 이유는 곧 설명할 것이다.

이제 위 세 색차 신호 각각에 $Y'$를 더하여 $R'$, $G'$, $B'$를 최종적으로 얻게 되는데, 이때 더하는 $Y'$는 물론 4.2MHz 대역이다. 저해상도의 색차 신호에 고해상도의 밝기 신호를 더하는 것이다. 그런데 여기서 $G'-Y'$를 대역 제한하지 않았다고 하자. 그러면 좀 어설픈 느낌은 있지만, 쉽게 말해서 저해상도의 $G'$에서 고해상도의 $Y'$를 뺀 다음에 다시 고해상도의 $Y'$를 더해 주면 저해상도의 $G'$만 남지 않겠는가? 그러나 대역 제한한 $G'-Y'$에 4.2MHz의 $Y'$를 더해 주면 기형적이긴 하지만 고해상도의 $G'$ 신호를 얻게 된다.

'기형적'이라고 한 것은 4.2MHz의 대역을 갖지만 그 전부를 녹색 신호라고 할 수 없기 때문이다. 0.6MHz 이상에서는 $R'$, $G'$, $B'$ 신호들의 평균 레벨은 서로 다를 수 있어도 세부 패턴은 모두 똑같다. 빨간색과 파란색이 화면 가로로 200번 번갈아 있는 패턴을 생각해 보자. 그리고 그 두 색이 내는 빛의 물리적 세기는 서로 같다고 하자. 이것을 촬영하면 어떤 결과가 나올까. 우선 $Y'$ 신호를 보면, 그런 반복 속도(주파수)는 대역에 들어오므로 그 패턴을 포착할 수 있다. 두 색의 휘도 비율은 (에너지가 같다고 전제했으므로) 0.299:0.114이다. 그래서 레벨이 약 3:1로 왔다 갔다 하는 $Y'$ 신호가 얻어질 것이다. 반면 C 신호는 그런 반복 속도를 따라 가지 못하므로 평균색을 기록하게 된다. 두 색(빛)의 혼합은 마젠타 색이다. 그래서 결국, 결과는 화면 전체가 마젠타 색인데, 휘도만 변하는 것이 된다. 즉, 밝은 마젠타와 어두운 마젠타가 교차된다. 일종의 '모노크롬'이다. $R'$ 신호에도 세부적인, 즉 고주파의 변화가 있고, $B'$ 신호에도 세부적인 변화가 있지만 그 둘이 똑같아서 색의 변화를 줄 수 없다. 나는 빨간 전등을 가지고 있고 다른 사람은 파란 전등을 가지고 있는데, 내가 변화를 주려고 하면 상대도 똑같이 따라 하는 바람에, 둘을 더한 빛의 밝기는 변해도 색은 변하지 않는 것과 같다. R′, G′, B′가 4.2MHz의 대역을 갖지만 0.6MHz 이상에서는 색 신호라고 할 수 없는 것이 그 때문이다.

앞에서도 말했듯이, 색 신호의 대역을 이렇게 작게 한 것은 사람 눈의 색 해상도가 낮아서이다. 위에 예를 든 패턴을 실물로 본다고 하자. 상당히 가까이서 보면 빨강과 파랑이 교차되어 보일 것이다. 좀 멀어지면 밝은 마젠타와 어두운 마젠타가 교차되는 것으로 보인다. 그보다 더 멀어져야 휘도의 교차도 이제는 지각이 안 되고 모두 중간 톤으로 보이게 된다. 즉, 사람 눈의 색에 대한 해상도는 낮고 밝기에 대한 해상도는 상대적으로 높은 것이다.

R′, G′, B′가 감마 보정된 값이라는 것을 상기하자. 그래서 Y′와 Y 사이에 그림 3−10(b)와 같은 관계가 있듯이 R′와 R(빨간빛 센서에서 출력된 신호), G′와 G, B′와 B 사이에도 그런 관계가 있다. 그래서 각 색 신호를 일반 TV 모니터에 입력을 하면 흑백 수상기의 경우와 마찬가지로 그림 3−10(c)와 같은 과정을 거쳐 결과적으로 그림 3−10(d)와 같이 된다. 그런데 여기서 "감마 보정"이란 말을 쓰는 것은 모니터가 그림 3−10(c)와 같은 특성을 가지고 있기 때문에 그것을 보정한다는 뜻으로 들리기 쉽고 실제로 그런 뜻으로 많이 쓰이는 것 같다. 하지만 사람의 밝기 지각에 비례하는 Y′의 형태로 신호를 다루는 것은 앞에서도 말했듯이 그 자체의 이유가 있다. 디지털 비디오에 대한 설명에서 좀 더 자세히 알게 될 것이다.

그림 3−10(a), (b)가 흑백 카메라에 대한 것이라면 문제가 없지만 컬러 카메라라면 좀 애매한 면이 있다. 컬러 카메라에서는 휘도 센서가 있는 게 아니라 R, G, B 센서들에서 나온 신호로부터 Y 혹은 Y′를 계산한다. 그런데 Y′를 구할 때, R, G, B 들로부터 Y를 계산한

다음에 그것을 감마 보정하여 $Y'$를 얻을 수도 있고, R, G, B들을 먼저 감마 보정하여 $R'$, $G'$, $B'$ 들을 구한 다음에 그것들로부터 $Y'$를 얻을 수도 있다. 이론적으로는 전자가 더 정당한 방법이라고 하는데, 실제로는 후자의 순서로 되어 있다. 이 두 방법에 따라 그림 3−10(b)의 의미가 달라질 수 있다. 하지만 기본 개념은 같으므로 여기서는 좀 차이가 있을 수 있다는 정도만 알면 될 것 같다.

## 5. 컬러바

2절에서 소개했던 $Y'$의 식을 다시 보자. 단, 소수점 아래 셋째 자리는 반올림하였다.

$$Y' = 0.30R' + 0.59G' + 0.11B' \qquad (1)$$

$R'$, $G'$, $B'$가 각각 1씩 있다면 혼합 결과는 흰색이 되고 밝기($Y'$)는 물론 1이다. $R'$, $G'$가 각각 1이고 $B'$는 0이라면? 결과는 노란색이고 밝기는 0.89이다. $R'$만 1이고 나머지가 0이라면 물론 빨간색에 밝기는 0.30이 된다. 이렇게 세기가 각각 1인 $R'$, $G'$, $B'$ 들을 가지고 만들 수 있는 모든 색들을 밝은 것부터 배열해 보면 다음과 같다. 괄호 안은 $Y'$값이다.

흰색(1.0) 노랑(0.89) 사이안(0.60) 녹색(0.59) 마젠타(0.41) 빨강(0.30) 파랑(0.11)

그림 3-11. 컬러바의 비디오 신호

(a)

(b)

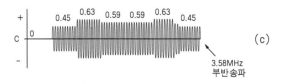

(c)

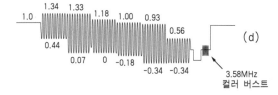

(d)

이것이 바로 우리에게 익숙한 컬러바*color-bar*의 색들이다. 그림 3-11 (a)는 컬러바 화면, 11 (b)는 그것에 해당하는 Y′ 신호를 보여 준다.

그런데 여기서 "R′, G′, B′가 각각 1"이라고 할 때, 이 1의 단위 혹은 의미에 대해 잠시 살펴보고자 한다.[3] 이 숫자는 직접적으로는 신호들의 전압 레벨을 나타낸다. 예를 들면, R′ = 1V(볼트), G′ = 1V 같은 것이다. 그런데 이 전압 레벨과 빛과의 관계는 무엇일까? R′와

---

3. 이것에 대해 의문이 든 적이 없고, 지금까지 설명한 것이 직관적으로 잘 이해가 되었다면 이 단락은 읽지 않고 넘어가도 좋다.

G'의 전압이 같다는 것은 빛의 물리적 세기가 같다는 뜻이다. 다시 말해, 카메라의 R 센서와 G 센서가 같은 에너지의 빛을 받았다는 뜻이다. 물론 R', G'는 센서에서 나온 R, G를 그림 3-10 (b)처럼 감마 보정한 것이지만, 어떻게 '보정'하든 R = G이면 R' = G'일 수밖에 없다. R ≠ B이면 사실 좀 복잡해진다. 가령 빨간 빛의 물리적 세기가 녹색 빛의 두 배였다면 R은 G의 두 배가 되지만 R'은 G'의 두 배가 안 된다. (그림 3-10b가 y = √x의 관계라면 R'은 G'의 √2배가 된다.) 그러나 어쨌든 컬러바는 전압이 같은 R', G', B' 신호들의 조합으로 만들어진 것이기 때문에 이것은 세 빛의 물리적 세기가 같다는 것을 의미한다. 그래서 컬러바를 이해하는 차원에서는 프라임 부호(')가 없는 것처럼 생각해도 된다는 것이다. 단순하게 말하면, 컬러바는 "세기가 같은 3원색 빛들로 만들 수 있는 색들"을 보여 주는 것이다. 끝으로 다시 한 번 강조하고 싶은 것은 '물리적 세기'는 휘도와 다르다는 것이다. 둘이 같다면 Y = 1/3R + 1/3G + 1/3B가 되었을 것이다. 프라임 부호가 있어도 마찬가지이다.

이제 컬러바에 대한 C(크로마) 신호를 보자. 그림 3-5에서는 삼원색에 대한 것만 나타내었고 진폭(원점에서의 거리)도 계산하지 않았는데, 그림 3-12는 다른 색들도 나타내었으며 진폭도 계산하였다(괄호 안의 숫자). 서로 보색의 관계에 있는 색들은 원점을 중심으로 서로 정확히 반대 방향에 있는 것을 볼 수 있다. 즉, 보색은 C 신호의 위상이 180° 다르고 진폭은 같다. 흰색은 원점에 표시된다. 벡터스코프*vectorscope*가 바로 그림 3-12와 같은 관계를 실제로 보여 주는 것이다. 여기서 한 가지 서로 혼동하지 말아야 할 것은 그림 3-12의 C의 진폭을 나타내는 숫자와 그림 3-11 (b)의 Y'값을 나타내는 숫자이다. 전자는 채도고 후자는 상대 밝기이다. 가령 순수한 노란색이면 — B′가 0이면 — 밝든 어둡든 C의 위상과 값(진폭)은 같다. 벡터스코프에 같은 위치에 나타난다. 하지만 B′가 섞이면 위상은 같지만 혼합 비율에 따라 진폭이 줄어든다. 채도가 낮아지는 것이다. 의문스러운 점은 왜 순수 빨강은 0.63이고 순수 노랑은 0.45인가이다. 서로 다른 색상 사이에 이 숫자의 비교는 별 의미가 없다. 빨강에서는 0.63이 채도 100%를 나타내는 것이고 노랑에서는 0.45가 채도 100%를 나타내는 것일 뿐이다.

C의 진폭은 (그 색상에서의) 채도를 나타내는 것인 반면 Y′는 휘도 혹은 밝기를 말한다. 순수 빨간색을 촬영한 어떤 비디오 신호의 Y′값이 0.30(그림 3-11 (b)에 표시된 빨간색의 Y′값)보다 크면 컬러바의 빨간색보다 그 빨간색이 더 밝다는 뜻이고, 0.30보다 작으면 컬러바의 것보다

그림 3-12. 컬러바의 각 색의 벡터값

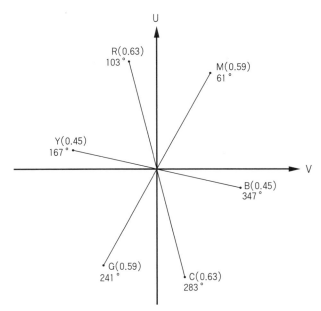

어두운 빨간색이란 뜻이다. C 값은 물론 같다.

그림 3−11 (c)는 컬러바에 해당하는 C 신호를 보여 준다. 진폭 값을 함께 표시하였다. 그림 3−11 (d)는 그 위의 Y′와 C를 합친 것이다. 우리가 파형 모니터*waveform monitor*에서 보는 것이 바로 이것이다. 그런데 3−11 (d)를 유심히 보면 흰색을 최대치(100 IRE)로 할 경우 노란색 등의 C 신호가 진동하며 그것을 초과하는 것을 볼 수 있다. 이것은 전송하는 데 무리가 있을 수 있다. 그래서 요즘에는 일반적으로 '75% 컬러바'를 사용한다. 전체적으로 조금 어두워지는 것이다. 맨 왼쪽은 최대 흰색이 아니라 75% 흰색이고 나머지 색들도 그런 비율로 어두워졌다. 식 (1)의 R′, G′, B′값에 1 대신 0.75를 썼다고 생각하면 된다. 그렇지만 채도가 75%가 되었다는 뜻은 아니다. 컬러바의 색들은 — 흰색을 제외하고 — 모두 채도가 100%다. (Y′를 줄이면 계산 상 C값도 줄어들긴 한다. 그러나 그림 3−12에서 C의 절대치는 특별한 의미가 없다. 절대치가 뭐든 컬러바의 C값들이 기준 — 채도 100% — 이 되도록 하는 것이다.)

'크로마*chroma*'는 지금까지 주로 색상과 채도가 포함된 의미로 사용했다. 즉, C 신호와 같은 의미로 사용한 것이다. 그러나 이 단어가 때때로 채도만 의미할 때가 있다. 가령, 모니터의 조절 버튼에 '색상*hue*'과 '크로마'가 따로 있으면 여기서 크로마는 채도만을 뜻하는 것이다.


## 6. 컴포넌트 신호 (아날로그)

컴포지트 신호는 밝기 정보(Y′)와 색 정보(C)가 한 줄의 전선에 합쳐진 신호다. 합치는 방법은 정해진 방송 표준에 따른다. 그런데, 조금 혼란스러운 건, VHS 같은 가정용 비디오 포맷도 흔히 '컴포지트'라고 부르긴 하지만 엄격히 말하면 다르다는 것이다. 테이프에 한 줄로 합쳐져서 기록되는 것은 마찬가진데, 합치는 구체적인 방법이 약간 다르다. 말하자면, 진짜 컴포지트의 화질 낮은 버전이라고 볼 수 있다. 가장 큰 차이는 색 부반송파의 주파수가 3.58MHz가 아니고 — 비디오 포맷에 따라 좀 다른데 — 700KHz 정도라는 것이다. 이 방법을 '컬러 언더color under'라고 부른다. 이 방식을 쓰는 것은 비디오테이프가 신호를 기록할 수 있는 능력의 한계 때문이다. 진정한 컴포지트 방식으로 기록하는 것은 방송국의 표준이라고 할 수 있는 1인치(SMPTE C) 포맷 같은 것이다.

VHS 등이 컬러 언더 방식으로 기록은 하지만, 비디오 단자(노란색)로 나가는 신호는 표준의 컴포지트 신호다. TV 같은 다른 장비들과 호환이 되어야 하기 때문이다. 내보내기 전에 NTSC 컴포지트로 바꾸어 주는 것이다.

색 부반송파의 주파수가 약간씩 다르긴 하지만, S—VHS, 8mm, Hi—8 등도 같은 방식을 사용한다. 그런데, S—VHS와 Hi—8에서 달라진 점은 해상도가 높아졌다는 것 외에, 'S—video' 단자를 채용하기 시작했다는 것이다. Y/C 단자라고 부르기도 하는데, 이것은 Y'와 C가 분리되어 나온다. (밖으로 나오는 C는 3.58MHz다.) 두 개의 전선을 사용하는 것이다. 그래서 흔히들 '컴포넌트'라고 부르기도 한다. 그러나 문제는 테이프에 기록할 때는 여전히 '한 줄'이라는 것이다. Y/C 단자로 내보낼 때만 분리가 된다. 말하자면, '트랙은 하나, 연결선은 둘'인 것이다. 이것을 무시하려는 뜻은 전혀 아니다. 한 줄로 연결하는 것보다 화질이 분명히 낫다. 하지만 '컴포넌트'라고 부르기는 좀 부족하다. 베타캠같이 (진짜) 컴포넌트 방식을 쓰는 포맷에서는 연결

선뿐 아니라 기록하는 트랙 자체도 분리되어 있다.

아날로그 컴포넌트 방식에서 사용되는 색 포맷을 Y′PbPr이라고 하는데, Pb, Pr은 U, V처럼 색차 신호이다. 그러나 구체적인 스케일이 다르다(2절 참조). 대략 Pb=0.564(B′−Y′), Pr=0.713(R′−Y′)다. 이 두 색차 신호를 테이프에 기록할 때는 일종의 압축 방법을 사용하여 하나의 트랙에 기록한다. 색을 하나의 트랙에 기록하긴 하지만 색 부반송파를 사용하는 것은 아니다. 즉, 'C'가 아닌 것이다. Y′는 별도의 트랙에 기록된다. 비디오 트랙이 이렇게 두 개지만 컴포넌트 연결 단자로는 Y′, Pb, Pr 세 줄이 나오거나 들어간다. 단자에 그냥 'R−Y,' 'B−Y' 등으로 적혀 있는 경우도 많다.

컴포넌트 방식으로 기록하는 비디오 장비라고 해도 컴포지트 단자는 모두 가지고 있다. Y/C 방식이든 컴포넌트 방식이든 이런 것은 모두, 비디오 장비들끼리 바로 연결할 때만 쓸 수 있는 것이다. 방송을 하기 위해서는 정해진 컴포지트 신호로 바꿔 줘야만 하고, 그래서 컴포지트 신호는 비디오의 가장 기본 형태이다.

이 책에서는 PAL 방식의 비디오에 대해서는 언급을 하지 않았는데, 구체적 수치들 — 예를 들어, 주사선 수, 초당 프레임 수, 색 부반송파의 주파수 등 — 을 무시한다면 골격은 NTSC와 같다. 지금까지의 설명으로 NTSC 비디오의 기본 개념들을 이해하였다면 PAL은 쉽게 접할 수 있는 다른 자료들로부터 충분히 이해할 수 있으리라고 본다. Y′IQ는 C를 인코딩할 때 Y′UV와 약간 다른 방식을 쓰는 컴포지트 신호 규격인데, 이제는 거의 사용되지 않는다고 하므로 논의에서 제외하였다.

# 4 디지털이란 무엇인가

## 1. 불연속성

아날로그와 디지털의 근본 차이는 연속적*continuous*인 것과 불연속적 *discrete*인 것의 차이다. 압력, 밝기, 온도 같은 자연의 물리량은 연속적이다(양자의 세계로 들어가면 얘기가 좀 달라지긴 하지만). 이러한 물리량을 컴퓨터를 위한 것이든 사람을 위한 것이든 숫자로 바꾸어 준 것이 디지털 데이터다. 숫자의 경우도 물론 실수*real number*는 연속적이다. 하지만 컴퓨터든 사람이든 정보 처리 또는 커뮤니케이션의 입장에서 볼 때, 실수의 세계는 감당할 수 없다. 디지털 데이터에 사용되는 숫자는 셀 수 있는 또는 불연속적 숫자이다.

수은 온도계를 생각해 보자. 그것은 대기의 온도라는 자연의 연속적인 물리량을 수은의 부피라는 또 다른 종류의 연속적인 물리량으로 나타낸다. 거기까지는 아날로그이다. 사람의 시각적 기억력이 굉장히 뛰어나다면 그것으로 충분할지도 모른다. 그러나 실제는 물론 눈금이 있다. 그 눈금을 보고 14도라고 기억을 하거나 다른 사람에게 "14도"라고 말을 해 준다면, 그것이 말하자면 디지털 데이터이다. 사람이 눈금의 도움을 받아서 수은의 부피라는 아날로그 데이터를 디지털화한 것이다. 숫자로 표현된 온도는 연속적일 수가 없다. 14도와 15도 사이에 눈금을 세분화할 수 있고, 더 정밀한 온도 측정 장치로 더욱 세분화할 수 있지만 한계가 있을 수밖에 없다. 눈금과 눈금 사이 간격이 0이 될 수는 없다. 이러한 것이 디지털의 불연속성이다.

디지털 데이터의 불연속성을 강조하는 것은, 우선 그것이 데이터의 명확성을 담보하기 때문이다. 다시 말해, 애매모호함이 없는 것이다. 예를 들어, 내가 멀리 떨어져 있는 다른 사람에게 현재 온도를 숫자로 말하지 않고 아날로그 방식으로 팔을 벌려서 표현한다고 하자. 즉, 팔을 벌리는 정도로 온도를 표현한다고 하면 상대방은 직관적으로 이해되는 면이 있겠지만 정확한 온도를 알기 힘들 것이다. 숫자로 전달한다고 해서 사실 완전히 정확하다고 할 수는 없다. 내가 온도계 눈금을 읽을 때 애매함이 있을 수 있기 때문이다. 하지만 그 이후부터는 애매함이 없다. 디지털 데이터는 전달, 복사 과정에서 손상이 거의 없는 것은 이러한 이유 때문이다.

디지털 세계의 불연속성을 강조한 더 큰 이유는 그것이 현실 시간의 제약에서 자유로울 수 있게 하기 때문이다. 어떤 용액의 온도가 10초 동안 그림 4−1 (a)처럼 변했다고 하자. 그림 4−1 (b)는 그 변화를 1초 간격으로 '숫자화*digitize*'하여 표시한 것이다. 이렇게 일단 숫자화

그림 4−1. 연속량(a)의 불연속적 숫자화(b)

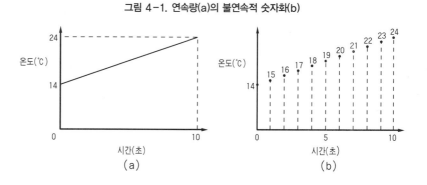

된 데이터는 다른 데에 전달할 때, 원한다면 2초 간격으로 내보낼 수도 있고 하루 간격으로 내보낼 수도 있고 아니면 0.5초 간격으로 내보낼 수도 있다. 보내는 속도를 얼마든지 조정할 수 있는 것이다. 사실 그 정도는 아날로그에서도 할 수 있을지 모르겠다. 그러나 순서를 완전히 반대로 하는 것은? 첫 숫자와 둘째 숫자를 교환하고, 넷째 숫자와 다섯째 숫자를 교환하는 것은? 아니면, 첫 숫자와 마지막 숫자를 더한 합을 다섯째 숫자에 곱하는 것은? 이런 것들을 아날로그에서 할 수 있을까? 어떤 액체의 온도 변화에 대해서 그런 조작을 할 이유가 뭐냐고 물을지 모르겠지만, 그림 4-1을 온도 변화가 아니라 비디오의 주사선 하나 혹은 픽셀들의 밝기라고 생각한다면 조작의 이유는 충분하다.

시간적으로 연속적으로 연결되어 있던 것들을 끊음으로써 자유로운 조작이 가능해지는 것이다. 그런데 사실 불연속성과 '자유로움' 사이의 관계는 여기에만 해당되는 것이 아니다. 그것은 언어라는 것 전체에 해당된다.[1]

디지털과 언어와의 관계는 '컴퓨터 프로그래밍 언어'라는 말을 쓰는 것에서도 드러난다. if, then만 알면 프로그래밍을 할 수 있다는 말이 있다. if는 분류를 전제한다. x라는 변수가 0보다 큰지 작은지 분류할 수 있어야 한다. if는 또한 상상, 가정하는 능력을 전제한다. x가 0보다 큰 상황을 상상할 수 있어야 한다. 이런 것은 바로 언어 능

---

1. 언어에 '불연속적'이란 말을 쓰는 것이 좀 어색하긴 하지만 뜻은 이런 것이다. 14°와 15° 사이에 자연적 경계가 없듯이, 비가 오는 것과 오지 않는 것 사이, 혹은 사랑하는 것과 사랑하지 않는 것 사이에도 자연적 경계는 없지만 인간은 '비,' '사랑' 같은 개념을 사용하고 있고 또한 사용해야 한다는 것이다. 사랑을 아무리 많은 단어로 수식하더라도 모든 미묘함을 다 표현할 수는 없다. 언어가 '불연속적'이라고 한 것은 그런 뜻이다. 언어가 인간을 자유롭게 한다는 것에 대해서는 별 설명이 필요 없겠지만, 그 자유로움이 연속적인 자연 현상을 '끊어서' 구분함으로써 가능해졌다.

력의 핵심이 아닌가. 우리는 비, 사랑 등의 개념을 안다. 즉, 애매한 경우가 있긴 하지만 그런 개념에 의해 분류할 수 있다. 또한, '그가 날 사랑한다'가 현실이 아닐지라도 — 그런 범주로 분류할 상황이 존재하지 않더라도 — 그 문장의 뜻은 안다. 그리고 그것은 바로 상상, 가정할 수 있는 능력이다. 정리하자면, 디지털화한다는 것은 언어라는 추상 체계에 편입되는 의미를 갖는다는 것이다.


## 2. 디지털 데이터

수은주의 높이를 "숫자로 나타낸다"라고 했는데, 그것을 실제로 물리적으로 어떻게 구현할 것인가? 상대가 가까이 있으면 '십사'라고 말로 하거나 종이에 '14'라고 써서 보여 줄 수도 있을 것이다. 그러나 우리는 전기를 사용하므로 그림 4-1 (b)의 숫자들을 전기로 전달하는 것에 대해 생각해 보자. 한 가지 구체적인 방법은 내가 만들 수 있는 최대 전압(10V라고 하자)을 수은주의 최대 높이(100도라고 하자)에 해당하는 것으로 하고 다른 온도는 그 비례에 맞추는 것이다. 그러면 온도가 14도라는 것을 전달하고 싶으면 1.4V의 전압을 가지는 신호를 보내면 된다. 하지만 여기에는 문제가 좀 있다. 전기 신호는 전송되는 도중에 충분히 왜곡될 수 있다. 가령 전압이 1.3V로 떨어질 가능성이 있는 것이다. 그러면 받는 쪽에서는 온도가 13도인 것으로 오해하게 된다. 앞 절에서 디지털의 장점은 애매 모호함이 없는 것이라고 했는데, 이래서는 디지털이라고 할 수가 없다.

　　이번에는 좀 다른 방법을 써 보자. 14라는 숫자를 1과 4라는 두 숫자로 나눠 전달하는 것이다. 그 대신 1의 단위를 1V로 한다. 그러

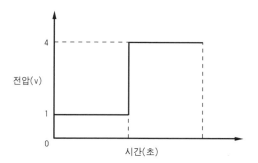

그림 4-2. 10진법에 의한 숫자화

면 14라는 숫자는 그림 4-2처럼 된다. 먼저 1V의 신호를 한 번 보내고 다음에 4V의 신호를 보내는 것이다. 이 새로운 방법을 상대가 모르고 있었다면 아마 그는 처음에는 10이었다가 다음에 40으로 숫자가 바뀐 것으로 이해할 것이다. 이 방법의 장점은 전압의 왜곡이 좀 있더라도 문제가 없다는 것이다. 가령 첫 단위의 신호(1V)가 0.1V 떨어져 0.9V가 되었다 해도 받는 쪽에서는 1로 해석하는 데 무리가 없다. 또 하나의 장점은 10V라는 전압의 한계에서도 아주 큰 숫자를 전달할 수 있다는 것이다. 가령 자릿수를 열 개로 하면 0에서 9,999,999,999까지의 숫자를 표현할 수 있다. (이 경우에 14란 숫자를 전달하려면 0을 여덟 번 보내고 나서 1V, 4V를 보내게 될 것이다.) 앞에서 말한 첫 번째 방법으로 열자리의 숫자를 전달하려면 $10^{-9}V=1$로 설정해야 하고 이런 정밀한 시스템을 만드는 건 거의 불가능할 것이다.

　여기서 아날로그와 디지털의 중요한 차이가 드러난다. 첫째 방법에서는 매 순간의 전압이 전달하고자 하는 숫자에 (조금 오차가 있을 수 있지만) 비례한다. 그런 면에서 사실 그 방법은 아날로그와 차이가 없다. 말이 '숫자를 전달한다'든지 그냥 연속적 물리량을 그대로 전달하는 것이다. 수은주의 높이라는 연속량을 전압이라는 또 다른 연속량으로 변환해 준 것이다. 그러나 둘째 방법에서는 신호의 전압 — 변화가 있으니 평균 전압 — 은 수은주의 높이와 관계가 없다. 그림 4-2는 '숫자' 14를 전달하는 것이다. 마치 종이에다 '14' 라고 써서 전달하는 것과 같다. '14' 라는 글자의 모양이나 크기가 수은주의 높이와 상관이 없듯이, 그림 4-2의 신호 모양이나 높이도 수은주의 높이와 상관이 없다. '14' 나 그림 4-2는 14라는 숫자를 '상징' 한다. 그리고 이런 상징을 이해하려면 숫자의 개념, 특히 그 중에서도 십진법을 알고 있어야 한다. 십진법이라는 추상 체계를 떠나서는 그 신호는 의미가 없다. 첫째 방법에서는 그렇지 않다. 거기서는 숫자를 아예 몰라도 전압 최대(10V)가 수은주 높이 최대를 의미한다는 정도만 알면 신호를 이해할 수 있다. 그에 비해 둘째 방법은 추상적 언어를 사용한다.

아날로그 혹은 위 첫 번째 방법에서는 숫자들이 서로 가까우면 그것의 물리적 표현들도 필연적으로 서로 가깝다. 예를 들어, 14와 15라는 두 숫자는 그들이 서로 가까운 만큼 그들의 물리적 표현도, 전압이든 다른 것이든, 서로 가까울 수밖에 없다. 그래서 위에서 말한 애매 모호함의 문제에서 근본적으로 벗어날 수 없다. 그러나 숫자를 추상적으로 표현할 경우에는 14와 15가 서로 가깝다고 해서 그 물리적 표현 — '14' 라는 글자와 '15' 라는 글자 — 들이 서로 비슷해야 할 이유는 전혀 없다. 글씨를 아주 못 쓰면 그 두 숫자가 비슷하게 보일 수도 있겠고, 발음이 나쁜 사람이 말하면 비슷하게 들릴 수도 있겠지만 최소한, 0.14와 0.15가 더 작은 차이라고 '0.14' 와 '0.15' 가 더 비슷해지지는 않는다. '0' 에서 '9' 까지 열 개의 글자들 사이에 모호함이 발생할 수는 있지만 그 이상의 모호함은 없다(어떤 큰 숫자나 작은

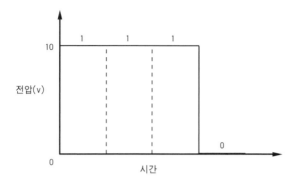

그림 4-3. 2진법에 의한 숫자화

숫자를 표현하든). 그리고 그 열 개 사이의 모호함조차 줄이는 방법이 있다. 2진법을 사용하는 것이다! 그러면 이제, 사용하는 글자는 단 둘밖에 없고 모호함의 여지는 최소화된다.

2진법을 사용하여 14라는 숫자를 표현한 것이 그림 4-3이다. 14는 2진법으로 1110이다. 그림에서 보듯이 이제는 최대 전압, 10V가 1을 나타내게 된다. 이렇게 되면 상당한 수준의 신호 왜곡이 있어도 문제가 발생하지 않는다. 어차피 1과 0밖에 없기 때문에 가령 10V의 신호가 9V로 떨어진다 해도 그것을 1로 해석하는 데는 무리가 없는 것이다. 디지털 컴퓨터가 이런 2진법을 사용해야만 하는 절대적 이유는 없다. 지금까지 얘기한 '숫자의 추상적 표현'만 구현되면 되므로 다른 숫자 체계의 디지털 컴퓨터도 가능하다. 2진법 컴퓨터가 자리를 잡은 것은, 방금 신호의 모호함이 최소화된다는 말을 했지만 그런 점 외에도 데이터에 대한 연산을 실제로 구현하는 데 있어서 2진법 체계가 가장 현실적이기 때문이었을 것이다. 데이터의 연산에 대해서는 나중에 논의하고자 한다.

그림 4-3을 보면 궁금하게 여겨지는 게 있을 것이다. 1이 세

번 반복되는데, 세 번이라는 것을 받는 사람이 어떻게 알까? 그림에서 보듯이 신호 자체는 끊김이 없이 계속되는데 어떻게 몇 번으로 나뉜다는 것을 알 수 있겠는가 하는 것이다. 물론 신호 한 번에 일정한 시간을 부여하기로 약속하면 되겠지만 그것이 간단하지는 않다. 가령, 받는 쪽의 시계가 0.01% 늦게 간다면 신호를 1만 번 보내면 그는 9999번 받게 될 것이다. (비슷한 문제가 2장에서 비디오 동기 신호의 필요성을 설명할 때 언급되었다.) 그래서 그런 문제가 생기지 않도록 주기적으로 양쪽의 시계를 '맞춰' 줄 필요가 있다. 컴퓨터에서 사용되는 시계를 흔히 '클럭clock'이라고 하는데(영어로 시계라는 뜻이지만 '시계'라고 하는 사람은 거의 없는 것 같다), 이 클럭들을 동기화시켜야 한다. 그 구체적 방법에 대해 설명하려는 것은 아니다. 다만 이런 동기화synchronization가 컴퓨터의 작용에 있어서 기본적 조건의 하나라는 것을 말하고 싶다. 그리고 또 하나, 여기서도 디지털의 특징이 드러난다는 점을 말하고 싶은데, 그것은 예를 들어 '0.9번' 같은 건 없기 때문에 모호함이 없다는 것이다. 클럭들을 동기화한다 해도 약간씩의 일시적 어긋남은 생길 수 있는데, 그것은 문제가 되지 않는다는 말이다. 앞 단락의 예에서 전압이 1V 떨어져도 '1'로 해석될 수 있었던 것과 같다.

2진법 숫자 1110은 네 자리 수다. 그래서 4비트다. 혹은, 비트가 네 개다. 비트bit는 'binary digit'의 약자로서 'binary'는 2진법을, 'digit'은 각 자리의 숫자(1 혹은 0)를 말한다. 'n비트'라고 하면 digit(1 혹은 0)이 n개 있다는 뜻이고, 이것은 다른 말로 하면 2진법에서 n자리라는 뜻이다. 비트가 많을수록 당연히 큰 숫자를 표현할 수 있다. 예를 들어, 비트가 여덟 개면 00000000에서 11111111까지 모두 $2^8 = 256$개의 숫자를 표현할 수 있다. (참고로, 십진법에서 8자리 숫자는 $10^8$개가 있다.) 그냥 '0'이라고 쓰지 않고 '00000000'이라고 쓰는 이유가 있다. 전달하고자 하는 숫자가 0이라고 그냥 '0' 이라는 비트를 하나 보내고, 그 다음 전달할 숫자가 1111이라고 이어서 '1' 이라는 비트를 네 번 보내는 식이면, 받는 사람은 어디까지가 첫 숫자인지 알 수가 없을 것이다. 그래서 보내려는 숫자가 0이든 뭐든, 숫자 하나당 비트 수가 일정해야 한다. (같은 비트가 반복되는 것을 줄이는 방법이 있긴 하지만 여기서는 일반적인 경우를 말한다.) 숫자당 8비트로 하기로 했다면 숫자가 0이라도 '0' 비트를 8번 보내야 하는 것이다.

8비트를 1바이트*byte*라고 하는데, 8비트가 한 단위가 된 것은 그것으로 영어의 알파벳과 숫자들 등 키보드의 모든 키 — 시프트 키와 함께 누르는 것 포함 — 를 표현할 수 있기 때문이다. 지금까지는 숫자에 대해서만 얘기했지만, 일정 수의 비트로 이루어진 신호가 꼭 숫자를 의미해야 할 필요는 없다. 디지털 신호는 (숫자를 표현할 때도) 숫자를 '상징' 한다. 그래서 같은 신호가 다른 것을 상징하지 못할 이유가 없다. 종이에 쓴 '15' 란 글자가 15라는 숫자가 아니라 다른 것, 예를 들어 알파벳의 첫째와 다섯째를 의미하게 할 수도 있는 것과 마찬가지다.

실제로 영어 문자가 8비트로 어떻게 표현되는지 몇 개의 예를 보자면 표 4—1과 같다. 이것은 아스키*ASCII*라는 표준에 의해 정해진 것이다. 표 4—1에 따라 'LOVE' 란 단어는 다음과 같이 32비트 또는 4바이트의 디지털 신호로 표현된다.

01001100010011110101011001000101

8비트로 영어의 모든 문자와 기호를 표현할 수 있으므로 영어로 된 문장을 디지털 데이터로 바꾸려면 문자 당 8비트를 할당하면 된다. 다른 말로 하면, 키보드에서 뭘 하나 칠 때마다 8비트가 소모가 되는 것이다. 그래서 8비트가 하나의 단위, 바이트가 되었다. 참고로, 한글은 8비트로 부족해서 글자당 2바이트를 사용하고 있다.

　　여기서 한 가지 알아둘 것은 숫자로서의 숫자와 문자로서의 숫자의 차이다. 7이라는 숫자는 2진법으로 111이다. 그런데 문자로서의 '7'은 아스키 코드로 00110111이다. 둘 다 7이라는 숫자를 상징한다는 면에서는 비슷하다. 그러나 전자는 간단한 법칙에 의해 연산이 가능한데 후자는 그렇지 않다. 예를 들어 2진법 숫자는 아래와 같은 간단한 규칙에 의해 덧셈을 할 수 있으나 문자로서의 숫자 사이에는 이런 연산을 할 수 없다.

　　0에 0을 더하면 0,

　　0에 1을 더하면 1,

　　1에 1을 더하면 0이 되고 윗자리(비트)에 1을 더한다.

　　'seven'에 'six'를 더하면 'thirteen'이 되는 어떤 규칙이 — 'v'에 's'를 더하면 'e'가 된다는 식의 — 존재하지 않는 것과 마찬가지이다. 위에 'LOVE'를 2진 부호로 나타낸 것을 다시 보자. 그 자체로서는 이것이 문자의 배열을 나타내는 것인지 숫자를 나타내는 것인지 알 수 없다. 이 신호를 보내기 전에 이것을 어떻게 해석할 건지에 관한 정보를 주어야 하는 것이다. 숫자로 해석할 경우도, 32비트 전체

표 4-1. 알파벳 L, O, V, E에 대한 아스키 코드

| | |
|---|---|
| L | 01001100 |
| O | 01001111 |
| V | 01010110 |
| E | 01000101 |

가 하나의 숫자일 수 있고, 16비트씩 두 숫자일 수도 있고, 8비트씩 네 숫자일 수도 있다. 어쨌든 숫자로 해석할 때만 그것들로 연산을 할 수 있다. 숫자 데이터 중에 갑자기 문자 — 아스키 코드 — 가 나오면 문맥이 바뀌어야 하므로 불편할 것이다. 마찬가지로 텍스트 중에 있는 숫자는 그냥 아스키 코드로, 문자로, 표현하는 게 효율적이다.

## 3. 디지털 연산

지금까지는 디지털 데이터 자체에 대해 주로 논의하였으나 이제는 그것의 연산에 대해 살펴보기로 한다. 먼저, 아날로그 방식으로 계산을 한다면 어떻게 할 수 있을지를 보자. 아날로그에서는 연속적 물리량이 숫자를 대신한다(2절에서의 '첫 번째 방법' 처럼). 2+3이라는 계산을 하고 싶다면, 예를 들어 2V의 전기와 3V의 전기를 더하는 것이다. 그래서 5V의 전기가 얻어지면 거기서 '5'라는 답을 알게 되는 것이다. 2V+3V=5V가 되는 것은 수학의 법칙이 아니라 자연의 법칙이다. 어떤 물리량 x, y가 있는데, 그 둘을 '더하면' xy라는 결과가 나온다면 이 물리량은 곱셈 계산용으로 쓸 수 있을 것이다. 이처럼 아날로그에서의 계산은 자연 현상에 의존한다. 그 현상이 어떤 수학 공식을 따른다면 그 수학 공식의 계산을 위해 그 자연 현상을 이용하는 것이다. 이것이 아날로그 컴퓨터이다.

이미 짐작했겠지만, 이런 아날로그 컴퓨터에는 결과에 모호함이 있다. 입력되는 데이터가 연속량이니 모호함이 있을 수 있고, 이용하는 자연 현상도 완벽하게 수학 공식대로 진행된다는 보장이 없겠고, 결과를 읽어 들일 때도 오차가 있을 수 있다. 아날로그 컴퓨터

그림 4-4. 논리 게이트

입력

논리 게이트

출력

입력

가 전혀 쓰이지 않는 건 아니지만, 지금은 '컴퓨터'라고 하면 바로 디지털 컴퓨터를 의미할 정도로 디지털 컴퓨터가 보편화되었다.

디지털 회로에서 가장 기본적인 요소가 논리 게이트*logic gate*라고 하는 것이다. 이것은 그림 4-4처럼 두 가지의 2진 신호를 받아서 하나의 2진 신호를 내보내는 장치다. 입력되는 두 개의 신호 각각이 0 혹은 1이라는 값을 가질 수 있어서 조합 가능성이 전부 네 가지이다. 그러나 두 신호에 어떤 순서나 구분이 있을 수 없기 때문에 1, 0과 0, 1은 실제로는 마찬가지이다. 그래서 입력에 세 종류의 상태가 있는 셈인데, 그 각 상태에 대해 게이트가 어떻게 반응 — 출력 — 하는가에 따라 그 게이트의 '논리적' 역할이 정해진다. 표 4-2는 AND, OR, XOR, NOT이라는 네 가지 논리 게이트에 대한 입력과 출력과의 관계를 보여 준다. NOT 게이트는 다른 것들과 달리 입력이 하나인 게이트이다.

표 4-2. 논리 게이트의 입력과 출력과의 관계

| AND | | OR | | XOR | | NOT | |
|---|---|---|---|---|---|---|---|
| 입력 | 출력 | 입력 | 출력 | 입력 | 출력 | 입력 | 출력 |
| 0,0 | 0 | 0,0 | 0 | 0,0 | 0 | 0 | 1 |
| 0,1 | 0 | 0,1 | 1 | 0,1 | 1 | | |
| 1,1 | 1 | 1,1 | 1 | 1,1 | 0 | 1 | 0 |

이들 게이트에 대한 설명은 주위에서 쉽게 접할 수 있으므로 생략하고, 왜 '논리 게이트'라고 불리는지 그리고 왜 이런 게 기본 요소가 되었는지에 대해 알아보자. +, − 등은 숫자들 사이에 연산을 수행하는 것이다. 그리고 그 연산에 구체적 숫자 대신 글자(문자)를 써서 여러 관계를 연구하는 것을 대수학$algebra$이라고 한다. 예를 들어, 덧셈은 순서와 상관이 없다는 것을 표현하기 위해 a+b=b+a라고 하는 것과 같은 것이다. 그러나 여기서 a, b 등은 어디까지나 숫자를 대신한다. 그런데 19세기에 조지 불$George Boole$이란 학자는 숫자가 아니라 문장, 즉 명제들 사이에 이와 비슷한 연산을 하는 것을 연구했다. 명제들 사이에 뭘 계산한다는 것인가? p, q라는 두 명제가 있는데, 그 둘을 예를 들어 and에 의해 하나로 결합했을 때 결과가 논리적으로 어떻게 되는지를 계산한다는 것이다. '논리적으로'란 말은 p나 q의 구체적 내용과는 상관없이 그들이 참인지 거짓인지에 의해서만 결정되는 것이라는 뜻이다. p를 "어제 영희를 만났다"로 하고, q를 "오늘 미숙을 만났다"로 해 보자. 그러면 p and q는 "어제 영희를 만났고, 오늘 미숙을 만났다"가 된다. 이 새 명제는 p, q 둘 다 참이어야만 참이 된다는 것을 알 수 있다. 하지만 그것은 p, q의 구체적 내용과 상관없이 '논리적으로' 결정된다는 것도 알 수 있을 것이다. 어떤 사람이 "어제 영희를 만났다"라고 말하고 이어서 "오늘 미숙을 만났다"라고 말했는데, 내가 "그럼, 어제 영희를 만났고, 오늘 미숙을 만났네?"라고 물었을 때 "아니"라고 대답했다면, 우리는 그가 '논리적으로' 앞뒤가 안 맞는다고 생각할 것이다. p, q 둘 다 참이라면 어떻게 p and q 가 참이 아닐 수 있는가?

그러한 '논리성'은 명제들이 참인지 아닌지에만 관계하므로 '참'과 '거짓'을 명제의 '논리 값$logical value$'이라고 하기도 한다. '산술적 값'arithmetic value'에 대비되는 말이라고 보면 되겠다. +, - 등은 후자에 대한 연산을 하는 (산술) 연산자이다. 이에 비해, and, or, not 등은 전자에 대한 연산을 하는 (논리) 연산자인 것이다. 대수학은 산술 값을 갖는 문자들로 산술 연산을 하는 것이라면, 불이 시작한 논리 대수학은 논리 값을 갖는 문자들로 논리 연산을 하는 것이다. 논리 대수학의 항등식을 하나 보자면 not(p and q) = (not p) or (not q)가 있다. 그리고 문자가 아닌 실제 값이 대입된 식의 예를 들자면 '참 or 거짓 = 참' 같은 것이다.[2] 일반 산수에서 '2 + 3 = 5' 같은 것에 해당한다.

논리 연산은 둘 중 하나의 값을 가지는 변수들로 연산을 하는 것이므로 2진 컴퓨터에 어울린다. 연산의 대상이 명제일 때는 표 4-2에서 '1'은 참을 의미하고 '0'은 거짓을 의미하지만, 사실 논리 연산은 가질 수 있는 값이 2개인 시스템이면 어디에나 적용될 수 있다. 표 4-2는 AND, OR, XOR, NOT이라는 네 논리 게이트가 2진 신호 — 그것이 구체적으로 무엇을 의미하든 — 에 대해 논리 연산을 실제로 어떻게 수행하는지 보여 주는 것이다. 이러한 게이트들이 디지털 컴퓨터의 기본 요소가 된 것은 이것들의 조합으로 어떠한 연산도 할 수 있기 때문이다. 다른, 복잡한 논리 연산만을 말하는 게 아니라 산술 연산도 할 수 있다는 것이다. 이것은 산술 연산이 궁극적으로 논리 연산과 다른 것이 아니라는 뜻도 된다.

가령 덧셈을 보자. 2진 숫자를 더하는 규칙은 2절 끝부분에서 얘기하였다. 그에 따라 예로서 101(십진법으로 5)과 110(십진법으로 6)을 더해 보면 다음과 같다.

---

2. "참 or 거짓 = 참"인 것이 이해가 안 되면, 표 4-2의 'OR' 부분을 보라. 구체적인 예를 들자면, "미국의 수도는 워싱턴 아니면 뉴욕이다"는 참이다. 둘 중 하나면 맞으면 되는 것이다.

$$\begin{array}{r} 101 \\ +\ 110 \\ \hline 1011 \end{array}$$

　같은 자리의 비트가 둘 다 1이면, 윗자리에 1을 더해 주는 것만 제외하면 각 자리의 합은 "서로 다르면 1, 같으면 0"이다. 그리고 이것은 표 4-2의 XOR 게이트와 같음을 알 수 있다. 따라서 우선 XOR 게이트와 둘 다 1인지 확인하는 게이트가 있어야 함을 알 수 있을 것이다. 그런데 이 후자는 바로 AND 게이트이다. 그래서 그림 4-5처럼 (같은 자리의) 두 비트를 XOR 게이트에도 입력하고 AND 게이트에도 입력한다. (그림은 입력 비트가 둘 다 1인 경우를 보여 준다.) 그렇게 해서 전자의 출력은 그 자리의 합으로 하고, 후자의 출력은 윗자리에 더하기 위해 두는 것이다. 각 자리에 모두 그런 식으로 연산을 하고 밑에서 올라온 수를 더하는 것까지 포함하는 완전한 덧셈 회로를 만들려면 꽤 복잡하다. 하지만 이 정도로도 기본 원리는 이해할 수 있을 것이다.

　덧셈뿐 아니라 뺄셈, 곱셈, 나눗셈 등 사칙 연산 모두를 이렇게 논리 게이트들의 조합으로 수행할 수 있다. 더 나아가 사칙 연산으로 표현할 수 있는 모든 수학 연산을 할 수 있다. 예를 들어, 사인 함수를 보면 다음과 같이 다항식으로 표현된다.

그림 4-5. 덧셈 회로(부분)

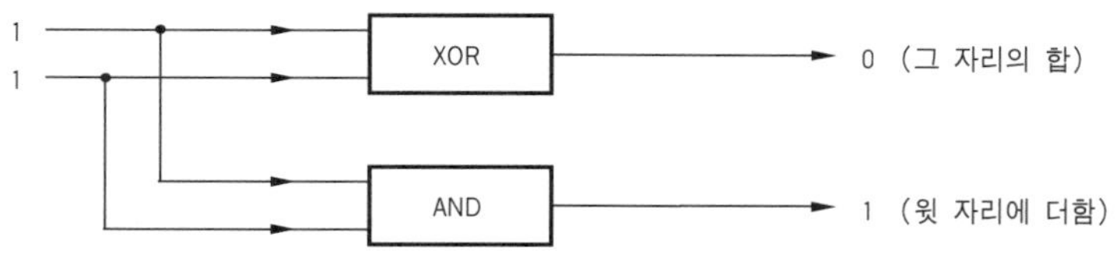

$$\sin(x) = x - x^3/3! + x^5/5! - x^7/7! + ...(x의\ 단위는\ 라디안)$$

물론 무한히 계속되는 항을 모두 계산할 수는 없지만, 필요한 만큼의 정확도로 계산할 수 있다. AND, OR, NOT 등은 일상 언어에서 출발한 것이다. 그런 것들이 이렇게 디지털 컴퓨터의 기초가 된다는 사실은, 1절에서 설명한 바와 같이 디지털 컴퓨터와 언어와의 관계를 다시 한 번 보여 준다.

이제 논리 게이트를 물리적으로 구현하는 것에 대해 살펴보자. 실제 컴퓨터에선 반도체를 사용하지만, 개념적으로는 두 개의 2진 신호를 받아서 하나의 2진 신호를 내보내는 것이면 어떤 것이라도 상관이 없으므로 그림 4-6을 보자. 전기가 흐르는 통로에 두 개의 스위치가 직렬로 연결되어 있고 두 개의 입력 신호와 각각 연결되어 있다. 입력 신호의 전압이 높으면 스위치가 닫히고 낮으면 열린다고 하자. 그러면 전압이 높은 것을 1, 낮은 것을 0으로 치면 두 입력 신호 모두 1이어야 출력 신호가 1이 되는 셈이다. 그래서 이것은 AND 게이트가 된다. 그리고 말하고 싶은 것은 디지털의 불연속성*discreteness*을 여기서도 볼 수 있다는 것이다. 입출력 신호의 정격 전압이 5V라 하더라도 스위치를 가령 4V 이상에서 닫히게 해 놓으면 '1' (5V)로 출발한 신호는 전압이 좀 떨어지더라도 '1'의 역할을 할 수 있다. 또

그림 4-6. AND 게이트를 물리적으로 구현하는 한 방법

한, 스위치는 일단 닫히면 센 힘에 의해 닫혔든 약한 힘에 의해 닫혔든 전혀 상관이 없다. 그래서 출력 신호는 입력 신호가 약해진 것에 상관없이 5V가 될 수 있다. 이러한 것들이 바로 디지털의 장점이다.

## 4. 디지타이징

'숫자로 나타낸다.' '숫자화한다' 같은 표현들을 썼는데, 이것은 영어로는 '디지타이즈*digitize*'이다. 이 단어는 물론 'digit'란 명사에 '……으로 만들다'라는 뜻의 접미사 'ize'가 붙은 것이다. 말 그대로 '숫자화하다'라는 뜻이다. 이 동사의 명사형으로서는 '디지털화'라는 비교적 익숙한 용어를 쓸 수도 있으나 개인적으로 그건 의미가 좀 다르다고 생각한다.[3] 그래서 여기선 '디지타이징'이란 단어를 쓸 것이다.

　비디오를 디지타이징하는 것에 대해서는 다음 장에서 본격적으로 다룰 것이고 여기서는 오디오의 디지타이징에 대해 살펴보고자 한다. 비디오는 2차원이지만 오디오는 1차원이라서 더 간단하다. 소리는 아는 바와 같이 공기의 진동이다. 공기가 압축, 팽창을 반복하는 것이다. 그 반복 빈도가 소리의 주파수고 주파수가 높을수록 높은 음이 된다. 그리고 압축과 팽창의 크기가 소리의 크기가 된다. 그림 4-7은 이런 소리의 파동을 나타낸 것이다. 소리의 디지타이징은 이렇게 연속적으로 변하는 공기 압력을 주기적으로 숫자화하는 것이

---

3. 우리말에서 '디지털화'는 훨씬 넓은 의미로 쓰이고 있다. '사회의 디지털화' 같은 표현이 그 한 예이다. 영어의 'digitization'은 그런 의미로는 거의 쓰이지 않는다. 구체적인 아날로그 데이터를 컴퓨터에서 읽고 작업할 수 있도록 디지털 데이터로 바꾼다는 뜻으로 쓰인다. 우리말의 '디지털화'와 쓰임이 비슷한 영어 단어는 'digitalization'인데 사실 이것은 영어 사전에 없는 신조어다.

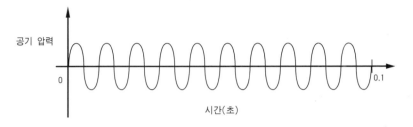

그림 4-7. 소리 파동(100Hz)

공기 압력

0                                                                    0.1

시간(초)

다. 대상은 다르지만 개념은 그림 4-1에서 본 것과 같다.

　　디지타이징은 두 단계로 이루어진다. 그 첫 번째가 샘플링 *sampling*이다. 이것은 '표본을 채취 혹은 추출하다'라는 뜻이다. 연속적으로 변하는 양은 아무리 짧은 시간 내에도 무한히 많은 변화가 있을 수 있다. 그 모든 것을 다 체크할 수 없기 때문에 '표본'을 추출하는 것이다. 그리고 그 한 표본을 — 말 그대로 — 샘플이라고 한다. 샘플링 속도*sampling rate*는 이런 샘플들을 얼마나 자주, 빨리 추출하는지를 나타내는 것이다. '샘플링 주파수'라고 하기도 한다. 1초에 한 번씩 압력을 체크한다면 샘플링 속도는 1Hz가 된다. 소리를 제대로 디지타이징하려면 샘플링 속도는 얼마여야 할까. 그림 4-7에 그려진 음파의 주파수는 100Hz이다. 이 음파를 그와 같은 주파수로 샘플링을 한다고 하면 어떻게 될까? 계속 골짜기만 표본 추출되든지 계속 등성이만 표본 추출되든지 하여, 압력 변화가 실제로 있음에도 불구하고 샘플링 결과는 변화가 없는 것처럼 나타날 것이다. 샘플링 속도가 원래의 — 아날로그 파동의 — 주파수의 두 배는 되어야 변화를 체크할 수 있다. 이것을 나이퀴스트*Nyquist* 법칙이라고 한다. 사람이 들을 수 있는 최고음은 20KHz라고 한다. 실제로 이 소리를 들을 수 있는 사람은 거의 존재하지 않지만, 어쨌든 일반적으로 그렇게 말하고 있는데, 그것의 두 배면 40KHz다. 그래서 44.1KHz(CD 오디오), 48KHz(6mm DV) 등의 샘플링 주파수가 사용되고 있다.

디지타이징의 두 번째 단계는 양자화*quantization*이다. 채취한 샘플을 실제로 숫자로 나타내는 단계다. (이렇게 말하면 혹시 샘플링을 모두 한 다음에 양자화하는 것처럼 생각될지 모르나, 그게 아니고 함께·진행되는 것이다.) 샘플이 무한히 많을 수가 없듯이 양자화도 무한히 세밀하게 할 수가 없다. 1절에서 온도계의 눈금과 눈금 사이의 간격이 0이 될 수 없다고 말한 것과 같은 것이다. 구체적으로 보면, 8비트로 양자화할 경우 가장 작은 소리는 00000000, 가장 큰 소리는 11111111이 되어 256단계가 된다. 16비트로 하면 $2^{16}$ = 65536단계로 나뉜다. 여기서 하나 알아 둘 것은 비트 수에 따라 단계는 그렇게 되지만, 최소와 최대의 실제 값이 얼마인지는 무관하다는 것이다. 가령 같은 256단계라도 1dB(데시벨)을 그렇게 나눌 수 있고, 10dB을 그렇게 나눌 수도 있다. 전자의 경우라면, 1dB가 미세한 차이이므로 256단계로 나누는 것은 불필요하다고 볼 수 있다. 보통 디지털 녹음기의 녹음 가능 폭은 90dB 정도 된다. 그런데 그 범위를 256단계로 나눈다면 이번엔 각 단계의 차이가 너무 커서 소리 변화를 부드럽게 재현하지 못하게 된다. 그렇다면 그 범위는 어느 정도로 세분하는 것이 적당할까? 일반적으로 16비트로 양자화하는데, 그 정도면 실제로는 물론 단계가 불연속적이지만 사람에게는 연속적으로 지각된다고 한다. 지그재그도 점점 작아지면 결국 사람 눈에 직선으로 보이는 것과 같다. 그래서 보통 녹음은 16비트로 한다.

이러한 샘플의 비트 수를 '샘플 크기*sample size*'라고 한다. 이 샘플 크기란 말이 좀 애매할 수 있다. 어떤 샘플이 아주 작은 소리였다면 '샘플 크기가 작다'라고 할 수 있다. 하지만 여기서는 그런 뜻이 아니다. 전에도 말했듯이, 가령 음량을 16비트로 나타내기로 하였다면 작은 소리(작은 숫자)든 큰 소리(큰 숫자)든 똑같이 16비트를 차지한다. 이것이 샘플 크기다. 그리고 이 크기에다 샘플 속도를 곱하면 데이터 속도*data rate*가 된다. 단, 스테레오일 경우는 좌, 우 두 개가 있으므로 2를 곱해 줘야 할 것이다. 그래서 16비트 스테레오 44.1KHz 오디오의 데이터 속도를 계산해 보면 아래와 같다.

$$44,100/sec \times 16bit \times 2 = 1,411,200bit/sec = 176,400 \ byte/sec$$

데이터를 저장하는 매체는, 거기다 얼마나 많이 저장할 수 있느냐 하는 것도 중요하지만, 얼마나 빨리 쓰거나 읽어 들일 수 있느냐 하는 것도 중요하다. 쓰거나 읽는 속도가 데이터 속도를 쫓아가지 못하면 '실시간으로' 작업할 수 없게 된다. 예를 들면, CD에서 음악을 바로 재생해서 들으려면 거기서 데이터를 읽어 들이는 속도가 176.4KB/sec 이상이 되어야 한다. 저장 매체뿐 아니라 데이터가 지나가는 통로도 중요하다. 가령 인터넷으로 CD 음질의 음악을 들으려면 연결 속도가 176.4KB/sec — 인터넷에서는 보통 비트 단위를 더 많이 쓰므로 1.4Mbit/sec — 이상이 되어야 한다. 단, 이것은 물론 압축을 하지 않은 경우이다. 압축을 하면 데이터 속도를 줄일 수 있다. MP3 파일은 위의 1/10 정도 된다.

## 5. 디지털 그래픽

다음 장으로 넘어가기 전에, 그래픽 이미지를 디지털로 표현하는 것에 대한 기본적인 개념들을 좀 살펴보고자 한다. (아날로그에서 '캡처' 하지 않고) 컴퓨터에서 그림을 만들어낼 때 어떻게 하는가? 여기에는 기본적으로 두 가지 방식이 있다. 그것은 'draw'와 'paint' 다. 우리말로는 둘 다 보통 '그리다'로 번역하지만 영어로는 분명히 구분된다. 전자는 선을 그으며 그리는 것이고 후자는 면을 채우면서 그리는 것이다. 정확히 말하자면 전자의 경우에도 면을 채우지 않는 것은 아니지만, 선이 우선이고 그 선들에 의해 어떤 닫힌 형태가 생기면 그 안을 칠한다. 그리고 그 '칠하는' 방법도 어떤 수학적 명령에 따른다. 반면, 후자에서는 처음부터 화면의 각 부분을 칠해 나가고, 그 방법도 단순하다.

전문적으로 말하면 전자는 벡터*vector* 이미지고 후자는 비트맵 *bitmap* 이미지다. 흰색 바탕에 빨간색 원이 있다고 하자. 벡터 이미지에서는 그 원을 수학적으로 표현한다. 예를 들어 $x^2 + y^2 = r^2$ (x, y는 원의 좌표 값, r은 반지름) 같은 것이다. 그리고 그 안을 '빨간색으로 채워라'라는 명령만 기록한다. 그냥 단순히 빨간색이 아니라 중심이 흰색이고 가장자리로 갈수록 빨간색이 짙어지는 형태라면 그 변하는 과정을 수학적으로 표현하여 기록한다. 반면 비트맵 이미지에서는 그림을 가로, 세로로 잘게 쪼개서 각 조각, 즉 픽셀의 색을 일일이 기록한다. "왼쪽 위 첫 번째 픽셀 흰색, 두 번째 픽셀 흰색, …… 백 번째 픽셀 빨간색……"과 같이 되는 것이다.

좀 단순히 설명했지만, 벡터 이미지는 파일 크기가 대체로 작다는 것을 이해할 수 있다. 벡터 이미지의 또 하나 장점은 비트맵으로 변환할 때 (모니터에 표시하기 위해서는 변환되어야 한다.) 어떤 해상도로도 할 수 있다는 것이다. 위의 원의 공식을 예로 들면, x를 1 간격으로 계산해서 (x, y) 좌표들을 구할 수도 있고, 0.1 간격으로 (x, y) 좌표들을 구할 수도 있다. 원하는 만큼 잘게 나눠서 비트맵으로 변환할 수 있다는 말이다. 처음부터 비트맵으로 만들어진 그림은 픽셀 수를 두 배로 한다 해서 원의 곡선이 더 부드러워지는 것은 아니다. 단, 빨간 원과 흰 바탕의 경계에 있는 픽셀들을 중간 값을 가지도록 함으로써 지그재그로 보이는 것을 완화하는 방법은 있다.

아주 복잡한 그림은 벡터 이미지로 표현하기 힘들다. 각 부분들의 색이 무작위로 다른 그런 그림이라면 그것을 어떻게 수학적으로 표현하겠는가? 그리고 사진이나 비디오 같은 것을 디지타이징할 때도 비트맵일 수밖에 없다. 자연의 사물을 촬영할 때 카메라가 "저 달은 지름 얼마의 원, 저 돌은 크기 얼마의 팔각형……" 하는 식으로 기록하지 않기 때문이다. 그냥 사각형 화면의 각 부분의 색과 밝기를 기록할 뿐이다. 그리고 말했듯이, 모니터에 표시할 때도 비트맵이어야 한다. 원을 나타내는 공식이 아니라 원 자체를 보여 주어야 하는 것이다. 그래서 디지털 비디오는 일반적으로 비트맵이다.

비트맵 이미지의 가로, 세로 픽셀 수를 해상도라고 하는데, 그런데 여기서 '해상도'란 용어에 대해 좀 짚고 넘어갈 필요가 있다. 휴가 가서 찍은 스냅 사진(아날로그)이 하나 있는데, 그것을 가로 1000픽셀로 디지타이징한다면 500픽셀로 하는 것에 비해 분명 해상도가 높다. 그리고 이것은 주어진 사진은 같은데 잘게 쪼갠다는 의미가 있다. 그러나 모니터의 '해상도'는 어떤가? 1024 × 768 모니터가 800 × 600 모니터보다 같은 그림을 더 세밀하게 보여 주는가? 그게 아니다. 전자는 후자보다 더 많은 것을 보여 준다. 이 경우에는 '해상도'보다 '크기'란 말이 더 어울린다고 할 수 있다. 전자가 후자보다 더 '큰' 모니터인 것이다. 같은 1024 × 768 모니터라도 실제 크기가 17인치일 수도 있고 13인치(노트북 같은 경우)일 수도 있으니, 여기서 '크다'는 물리적 의미라기보다는 더 많은 것을 — 같은 것을 더 상세하게가 아니라 — 보여 준다는 의미다.

오디오에서 샘플당 비트 수에 따라 얼마나 세밀히 — 많은 단계로 — 음량을 나타낼 수 있는지가 정해진 것처럼, 디지털 이미지에서도 픽셀당 비트 수가 그 픽셀의 색을 얼마나 세밀히 나타낼 수 있는지 결정한다. 이 비트 수를 비트 심도*bit depth*라고 한다. '샘플 크기'와 비슷한 개념이라고 볼 수도 있으나, '샘플'이란 말은 아날로그를 디지타이징할 때 해당되는 것이므로 순전히 컴퓨터에서 만들어 낸 그림에 대해서는 쓰기가 어색하다. 심도가 8비트인 이미지는 색을 256개만 표현할 수 있다. 다만 흑백 이미지일 때는 이 정도의 단계 수이면 연속적으로 지각된다고 한다. 즉, 명암만 본다면 8비트로 충분한 것이다. 컬러일 경우는 R, G, B 세 요소가 있어서 모든 색을 자연스럽게 재현하려면 각각에 8비트가 있어야 한다. 그러면 밝기가 다른 R이 256개, 밝기가 다른 G가 256개, 밝기가 다른 B가 256개 있으므로 그들의 조합으로 만들어지는 색의 수는 다음과 같다.

$$256 \times 256 \times 256 = 2^{24} = 16,777,216$$

이것을 '24비트 컬러' 혹은 '트루 컬러'라고 한다. 24비트면 3바이트인데, 비트 심도를 나타낼 때는 일반적으로 바이트 단위를 쓰지 않는다.

# 5 　디지털 비디오

## 1. 4:2:2 컴포넌트 디지털

3장에서 배웠던 컬러 비디오의 인코딩 과정을 상기해 보자. 카메라에 3원색 빛에 대한 센서가 있어서 거기서 각각 R, G, B 신호가 나온다. 그것들을 감마 보정한 것이 R′, G′, B′인데, 이것들로부터 밝기 신호 Y′와 두 색차 신호 R′−Y′와 B′−Y′를 계산한다. 컴포넌트 디지털 비디오는 이 세 신호를 디지타이징한 것이다.

　　우선 휘도(Y)가 아니라 루마(Y′)를 디지타이징하는 이유에 대해 잠시 살펴보자. Y′가 사람의 밝기 지각에 비례하는 것이라는 말은 몇 번 했지만, 이제 디지털 영역에서는 그 이유를 좀 더 쉽게 설명할 수 있다. 휘도 값을 바로 양자화한다고 하자. 그러면 가령 0에서 $100\,cd/m^2$(휘도 단위)까지를 100단계로 나누기로 했다면, 그 각 단계에 해당하는 휘도는 다음과 같이 된다.

　　0, 1, 2, 3, 4, …… 98, 99, $100\,cd/m^2$

　　이것은 무엇을 의미하는가? 디지털에는 '중간'이란 게 없으므로 어떤 픽셀이 가질 수 있는 값은 1 아니면, 2 아니면, 3 아니면……이다. 예를 들어, 어떤 픽셀의 휘도 값이 1이라면 그것이 가질 수 있는 그 다음 단계의 값은 2로서, 이것은 무려 두 배의 차이다. 반면 끝쪽을 보면, 어떤 픽셀의 휘도 값이 99라면 상대적으로 아주 조금 증가한 100이라는 값을 가질 수 있다. 위의 순서로 100개의 픽셀을 나열한다면 어두운 쪽에서는 '계단'이 뚜렷이 지각되고 밝은 쪽에서는 아주 부드럽게 넘어갈 것이다. 이것은 다른 말로 하면, 어두운 부분에서는 색들이 아주 거칠게 표현이 되고 밝은 쪽에서는 색들이 불필요할 정도로 미세하게 표현된다는 뜻이다. 그래서 이것은 휘도를 디지타이징하는 적절한 방법이라고 할 수 없다.

이번엔 휘도 값의 제곱근을 양자화한다고 해 보자. 그러면 같은 $0 \sim 100 \text{cd/m}^2$의 범위를 100단계로 나누면 다음과 같이 된다. (윗줄은 아랫줄 — 휘도 값 — 의 제곱근이다. 제곱근은 최대가 10이므로 0.1 간격으로 100단계를 만들었다.)

| 0 | 0.1 | 0.2 | 0.3 | 0.4 | ... | 9.8 | 9.9 | 10 |
|---|-----|-----|-----|-----|-----|-----|-----|-----|
| 0 | 0.01 | 0.04 | 0.09 | 0.16 | ... | 96 | 98 | 100 cd/m² |

어두운 쪽에 훨씬 단계가 많아지고 대신 밝은 쪽에 단계가 줄어든 것을 알 수 있을 것이다. $0 \sim 1 \text{cd/m}^2$ 사이를 예를 들면 전에는 더 이상의 단계가 없었으나 이제는 9개나 단계가 더 있는 것이다. 이렇게 상대적으로 어두운 쪽을 세밀하게 나누고 밝은 쪽은 듬성하게 나누기 위해서 '감마 보정'을 하는 것이다. 실제로 감마 보정할 때는 제곱근이 아닐 수 있으나 대략 비슷하다.

Y'와 색차 신호들의 디지타이징에 관한 논의로 돌아가자. 앞 장에서 사운드의 샘플링 속도에 대해 설명했는데, 비디오에도 물론 샘플링 속도가 있다. 그것은 Y'의 경우 13.5MHz다. (이것은 사운드의 300배에 달

하는 속도다.) 1초에 1350만 번 루마 값을 추출하는 것이다. 비디오의 경우는 이런 샘플링 속도를 자주 언급하지 않는 것이 사실인데, 그것은 대신 해상도 혹은 픽셀 수를 언급하기 때문이다. 다음에서 보게 되겠지만 이것은 샘플링 속도와 직결된다.

13.5MHz란 수치가 어떻게 나왔는지 살펴보자. 비디오 신호의 최대 주파수는 4.2MHz이다. 이런 신호를 샘플링하기 위해서는 샘플링 속도가 그 주파수의 최소한 두 배는 되어야 한다(이것이 나이퀴스트 정리Nyquist Theorem이다). 13.5MHz는 4.2MHz의 두 배를 충분히 넘는 수치이므로 이 조건을 만족한다. 샘플링 속도는 이 외에도 다른 조건을 만족하도록 설정되었다. 그것은 주사선 속도line rate의 정수 배가 되도록 하는 것이다. NTSC는 프레임당 주사선이 525개고, 1초에 30/1.001(약 29.97)프레임이므로, 초당 15750/1.001개의 주사선이 있다. 즉, 주사선 속도가 15750/1.001Hz다. 13.5MHz를 이것으로 나누면 정확히 858이 된다. 이것은 주사선 하나에 858개의 샘플이 있다는 뜻이다. 샘플링 속도를 주사선 속도의 정수 배로 한 것은 이렇게 주사선당 정수의 샘플이 있도록 하기 위한 것이다. 샘플에 소수 이하란 어차피 없기 때문에 정확히 말하자면 주사선당 정수의 샘플 주기period가 있도록 하기 위한 것이다. (샘플 주기＝1/샘플 속도＝약 $7.4 \times 10^{-8}$초)

샘플링 속도를 13.5MHz로 한 또 하나 이유는 PAL 비디오와 공통으로 하기 위해서이다. PAL은 초당 주사선 수가 NTSC와 다르지만, 13.5MHz는 그것에 대해서도 정수 배이다. 구체적으로 말하면 864배다. 13.5MHz는 양쪽 주사선 속도의 공배수인 것이다. 이렇게 NTSC와 PAL에 같은 샘플링 속도를 사용함으로써, 방송 표준이 서로 다르지만 호환하는 데 도움을 준다.

NTSC에 주사선당 858개의 샘플이 있지만 이 전부가 실제 그림

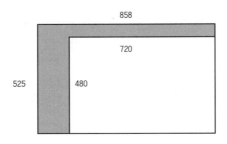

그림 5-1. Rec. 601, NTSC의 전체 샘플과 유효 샘플

정보에 해당되지는 않는다. 주사선 한 사이클에서 수평 공백 기간을
빼고 실제 그림 정보에 해당되는 구간은 약 84%다(2장 2절 참조). 그래
서 720을 실제 그림을 구성하는 유효 샘플의 수로 정한다. 그림 5-1은
전체 샘플 수와 유효 샘플 수의 관계를 보여 준다. 그림에서 보듯이
수직 방향으로는 수직 공백 기간을 빼고 480라인, 즉 샘플을 유효 수
로 정한다. 우리가 컴포넌트 디지털의 해상도를 720×480이라고 할
때는 바로 이것을 말하는 것이다. 참고로 PAL은 전체는 864×625,
유효 샘플은 720×576이다.

　　Y'의 샘플링 속도가 13.5MHz라고 했는데, 그렇다면 색차 신호
의 샘플링 속도는? 그것은 Y'의 절반이다. 즉, R'−Y'와 B'−Y'의 샘
플링 속도는 각각 6.75MHz다. 색 정보를 이렇게 적게 추출하는 이유
는 짐작할 수 있다. 3장에서도 설명했듯이, 그것은 사람 눈의 색에 대
한 해상도가 상대적으로 낮기 때문이다. R'−Y'와 B'−Y' 두 색차 신
호는 색 부반송파에 실린 C가 아님을 상기하자. 이 색차 신호들은 원
하면 고해상도로 샘플링할 수 있다.[1] 하지만 그럴 필요는 없다.

--------

1. 3장에서 색차 신호의 대역이 0.6MHz라고 했는데, 그것은 방송을 위해 대역 제한한 것이고 지금은 그
이전이다.

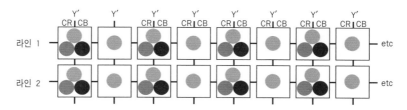

그림 5-2. 4:2:2 샘플링

라인 1

라인 2

　색차 신호의 샘플링 속도가 Y'의 절반이라고 했는데, 이것은 Y'를 두 번 추출할 때 색차를 각각 한 번씩 추출한다는 것만 의미할 뿐, 그것들의 타이밍, 다시 말해 표본을 추출하는 순간이 꼭 일치한다는 것을 의미하지는 않는다. 같은 위치(순간)에서 Y'와 색차 표본들을 추출하려면 샘플링을 관장하는 클럭들을 동기화시켜야 한다. 그림 5-2는 그렇게 동기화된 샘플링이 실제로 어떻게 이루어지는지 보여 준다. Y'가 두 번 샘플링될 때 색차가 한 번 샘플링되는데, 그 위치가 Y'와 일치하는 것을 볼 수 있다. 한 번은 Y'만, 한 번은 Y', R'−Y'(Cr), B'−Y'(Cb)를 동시에, 샘플링하는 것이다. (여기서 하나 혼동하지 말 것은, Y'와 두 색차는 서로 별개의, 서로 다른 줄의 신호들이라는 것이다. 다만 평행하게 나아갈 뿐이다. 그림 5-2는 그 세 '줄'이 겹친 것이라고 생각할 수 있다.)

　이렇게 Y'와 색차를 2:1:1의 비율로 샘플링하는 방식을 '4:2:2'라고 부른다. 4로 시작하는 것은 그냥 관행이다. 이 비율 외에, 샘플링 속도 등 이 절에서 설명하고 있는 것은 모두 'CCIR 601' 혹은 'Rec. 601'이라고 흔히 불리는 규정에 따른다. 이것은 컴포넌트 방식의 디지털 비디오의 국제 표준이다. (단, HDTV의 경우는 표준이 다르다.)

　다음으로 양자화에 대해 보자면 Rec. 601에서는 8비트 이상을 권장하고 있다. Rec. 601 비디오의 대표라고 할 수 있는 D1 포맷의 경우 샘플당 8비트로 양자화한다. 이 양자화 단계에 대해 자세히 논의할 필요는 없을 것 같은데, 다만 그 256단계 전부가 샘플의 세기(밝기, 색)를 표현하는 데 사용되지 않을 수 있다. 예를 들어, Y′ 신호라면 가장 어두운 샘플이 16(2진법으로는 00010000), 가장 밝은 샘플이 235(2진법은 11101011)하는 식이다. 어쨌든 샘플당 8비트인데, 그림 5−2에서 보듯이 한 번은 Y′ 샘플뿐이지만, 또 한 번은 샘플이 세 개이므로 평균적으로 보면 픽셀당 16비트인 셈이다. 그래서 8비트 Rec. 601 컴포넌트 디지털 비디오의 데이터 속도를 계산해 보면 다음과 같다. (29.97은 정확하게는 30/1.001임.)

$$858 \times 525 \times 29.97/sec \times 16bit = 216Mb/sec = 27MB/sec$$

여기서 $858 \times 525 \times 29.97/sec$는 바로 13.5MHz, 즉 샘플링 속도다. PAL에서도 샘플링 속도가 이와 같고 4:2:2로 샘플링하는 것도 같으므로, 27MB/sec라는 데이터 속도는 PAL에서도 마찬가지다.

물론 여기에는 앞서 봤듯이 공백 기간이 포함된다. 그림 정보가 아닌 샘플들도 포함된다. 사실 이것들은 어떤 의미에서는 샘플이라고 할 수 없다. 공백 기간의 '샘플'들은 그것에 해당하는 기간은 존재하지만 실제 데이터가 없다. 물론 그 기간에 다른 보조 데이터를 넣기는 한다. 하지만 그림의 샘플은 거기 없다.

공백 기간이 있지만, 유효 샘플을 추출하거나 전송할 때의 속도는 분명 27MB/sec이다. 자동차가 27km/hr의 속도로 가다가 잠시 섰다가 다시 가는 것을 반복하는 것과 비슷하다. 서 있을 때도 시간은 가니 평균 속도는 27km/hr보다 작을 것이다. 그러나 달릴 때는 그 속도이다. 마찬가지로, 1초 내내 유효 데이터가 전송되는 건 아니지만, 전송되는 기간에는 그 속도가 27MB/sec이다. 그래서 데이터 통로나 저장 매체 등은 이 속도를 지원할 수 있어야 한다. 한편, 유효 데이터에 대한 평균 속도를 계산해 볼 수는 있다.

$$720 \times 480 \times 29.97/\text{sec} \times 16\text{bit} = \text{약 } 20.7\text{MB/sec}$$

이러한 속도는 물론 압축을 하지 않은 데이터에 대한 것이다. D1은 이렇게 비압축으로 기록한다.[2] 한편, 소니에서 개발한 디지털 베타캠*Digital Betacam*은 10비트로 양자화하고 약 2:1의 비율로 압축하는 4:2:2 컴포넌트 비디오 포맷이다.

3장에서 아날로그 컴포넌트 비디오에 대해 설명할 때 그 각 컴포넌트를 Y′, Pb, Pr이라고 한다고 했다. 그에 비해 디지털 컴포넌트 비디오에서는 루마와 두 색차 컴포넌트를 Y′, Cb, Cr이라고 한다. 이 명칭은 꼭 Rec. 601 비디오가 아니어도 해당된다.[3]

## 2. 컴포지트 디지털

컴포지트*composite* 디지털 비디오는 아날로그 컴포지트 비디오를 디지타이징한 것이다. 2, 3장에서 보았듯이 컴포지트 비디오는 밝기 신

---

2. 사실 '압축'이란 단어가 좀 애매하게 쓰인다. 색차 신호를 루마 신호의 절반 속도로 샘플링하는 것 자체를 '압축'이라고 말하는 경우가 가끔 있다. 색 정보를 압축했다는 것이다. 그러나 이것은 우리가 보통 디지털 데이터를 압축한다고 말할 때와는 의미가 좀 다르다. 이때의 압축은 샘플링을 한 이후의 문제이다. 그래서 지금까지 설명한 27MB/sec의 속도는 (8비트 4:2:2 비디오에서) '비압축'인 것이다.

3. 루마를 Y′라고 썼지만 VTR의 연결 단자 등에 그렇게 프라임 부호가 붙어 표시되어 있다는 것은 물론 아니다. 그렇게 하는 게 바람직하다는 의견에 따른 것일 뿐이며, 실제로는 대개 그냥 Y로 부르고 또 그렇게 적혀 있다.

호, 동기 신호, 그리고 색 부반송파에 '실린' 색차 신호 등이 모두 한 줄에 합쳐진 신호다. 이것을 디지타이징할 때의 샘플링 속도는 색 부반송파 주파수의 정수 배가 바람직하다고 한다. 색 부반송파 주파수의 세 배면 10.74MHz인데, 이것은 나이퀴스트 주파수(4.2MHz × 2 = 8.4MHz)를 넘어서는 것이긴 하지만 충분하지 않으므로 네 배, 약 14.32MHz가 가장 일반적이다. 이것을 '4fsc' 라고 흔히 부른다. 'f' 는 frequency, 'sc' 는 subcarrier를 뜻한다.

컴포넌트의 경우와 달리 컴포지트 디지털에서는 샘플링 속도가 NTSC와 PAL이 서로 다르다. 여기서는 NTSC에 대해서만 설명한다. 13.5MHz의 샘플링 속도에서는 주사선당 858샘플이 있었듯이, (약) 14.32MHz의 속도에서는 주사선당 정확히 910개의 샘플이 있다. 그리고 그 중에 그림 정보에 해당하는 유효 샘플은 768개(약 84%)로 정하고 있다. 수직 방향으로는 전체 525라인 중 483개를 유효한 샘플로 정하고 있는데, 이것은 컴포넌트 경우와 약간 다르다. 주사선당 샘플 수가 다른 것은 이해가 가지만 수직으로는 어차피 주사선 수가 같은데 왜 이렇게 다르게 했을까. 2장 2절에서 설명했듯이 수직 공백 기간은 약 8%다. 그래서 525에서 8%인 42를 빼면 483이고, 이것이 가

그림 5-3. NTSC 컴포지트 디지털의 전체 샘플과 유효 샘플

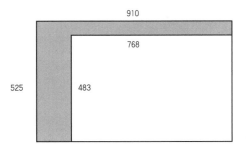

능한 최대치라고 할 수 있다. 컴포넌트에서 480을 표준으로 한 것은 PAL과 유효 샘플 속도를 비슷하게 하려는 의도가 아니었나 생각된다. 어쨌든 NTSC에서 수직 방향의 유효 샘플 수는 어떤 확실한 하나의 표준이 없는 것 같다. 그림 5-3은 컴포지트 디지털의 가로, 세로 샘플 수를 나타낸 것이다.

컴포지트 디지털 방식으로 기록하는 비디오 포맷이 D2인데, 샘플당 8비트이고 비압축이므로 데이터 속도는 $14.32MHz \times 8bit = 114.5Mb/sec = 14.32MB/sec$다. D1의 절반 정도임을 알 수 있다. 합성 등 후반 작업을 위해서는 컴포넌트 방식이 훨씬 좋기 때문에 컴포지트 디지털은 상대적으로 많이 쓰이지 않는다.


## 3. DV

흔히 '6mm'라고 불리는 DV는 1절에서 설명한 Rec. 601 비디오처럼 컴포넌트 방식의 디지털 비디오 포맷이다. Rec. 601 권장 사항과 가장 다른 점은 색차 신호의 샘플링 속도가 루마의 1/2이 아니라 1/4이라는 것이다. 그래서 DV에서 사용되는 샘플링 방식을 4:1:1이라고 부른다. 그림 5-4에서 보는 것처럼, 루마를 4번 샘플링할 때 두 색차를

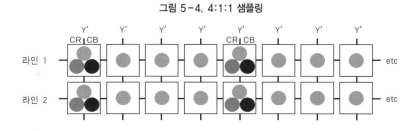

그림 5-4. 4:1:1 샘플링

— 루마와 같은 위치에서 — 한 번 샘플링하는 것이다.[4] 루마의 샘플링 속도는 Rec. 601에 따라 13.5MHz다. 그리고 가로 세로 방향의 유효 픽셀 수도 같은 기준을 따른다. 그래서 DV 포맷의 프레임당 픽셀은 720×480이다.[5]

DV의 색 해상도가 루마의 1/4밖에 안 돼서야 '고화질'이라고 할 수 있겠는가라는 의문이 들지 모른다. 그러나 컴포지트 신호에서 C(색 신호)의 대역폭은 0.6MHz로서 Y′의 대역폭 4.2MHz의 1/7밖에 되지 않았던 것을 상기해 보자. DV의 1/4은 여전히 컴포지트 비디오 — 아날로그든 디지털이든 — 보다는 훨씬 나은 것이다.

DV는 D1처럼 샘플당 8비트로 양자화하지만 다른 점은 압축을 한다는 점이다. 압축한 비디오의 데이터 속도는 25.15Mb/sec이다. (그래서 'DV25'라고 한다.) 압축 방법에 대해서는 나중에 좀 더 살펴보기로 하고 여기서는 압축비가 어떻게 되는지 계산을 해 보자. 루마 샘플 4개에 Cb 샘플 1개, Cr 샘플 1개가 있으므로, '픽셀' 4개에 6샘플이 있는 셈이다. 따라서 픽셀당 평균 1.5샘플이고 그것은 12비트이다. 그래서 압축하지 않았다면 데이터 속도는 다음과 같다.

$$720 \times 480 \times 12\text{bit} \times 29.97/\text{sec} = \text{약 } 124.3\text{Mb/sec}$$

그래서 압축비는 124.3/25.15 = 4.94, 약 5:1이 된다.

---

4. PAL에서는 약간 다른 4:2:0 방식을 쓰고 있는데 이 책의 목적상 그 차이를 자세히 알 필요는 없을 것 같다.

5. 한 가지 분명히 하고 싶은 건 720 × 480이란 픽셀 수는 어디까지나 밝기 신호를 기준으로 한 것이라는 점이다. 이것은 앞서 1절에서 '유효 샘플', '유효 픽셀' 등을 말했을 때도 마찬가지다. 색 신호를 기준으로 한다면 4:2:2 비디오는 360 × 480, 4:1:1 비디오는 180 × 480인 셈이다. '픽셀'을 말할 때 루마를 기준으로 하는 건 일종의 관행이라고 할 수 있다.

여기서, 한 가지 흥미 있는 비교를 해 볼 수 있다. 1절에서 D1 포맷에 대해 설명할 때는 공백 기간까지 포함한 전체를 데이터 속도로 계산했는데, 왜 여기서는 유효 데이터에 대해서만 속도를 계산하는가?

D1 포맷을 다시 생각해 보자. 공백 기간을 빼고 20.7MB/sec라고 한 유효 데이터만 테이프에 기록할 수는 없을까? 카메라의 CCD에서 실시간으로 나오는 신호에는 공백 기간이 있으므로, 초당 20.7MB만 기록하려면 두 가지 방법이 가능하다.

1. 공백 기간에는 테이프를 잠시 멈추고 공백 기간이 끝나면 다시 녹화를 한다.
2. 테이프는 일정한 속도로 가는 대신, 유효 데이터를 천천히 기록한다.

공백 기간이 10여 마이크로초에 불과하므로 1번은 현실적으로 불가능하다. 2번에 대해서는 어떤가? 빨랐다가(27MB/sec) 잠시 쉬었다가(공백 기간) 하는 데이터를 일정하게 천천히(20.7MB/sec) 테이프에 기록하기 위해서는 데이터를 임시 저장할 필요가 있다. 0.84초 동안에 받은 데이터를 1초 동안 내보내려면 미리 받은 것을 잠시 '가지고' 있어야 하지 않겠는가. 이런 장치가 대단한 것은 아니다. 하지만 데이터 속도와 테이프 사용량을 좀 줄이기 위해 그런 부가적 장치를 하는 것은 (D1 표준을 정할 당시에) 비효율적이었을 수 있다. 녹화 때뿐 아니라 재생할 때도 — 이번엔 반대 방향으로 — 그런 장치가 필요하니 더욱 그렇다.

그러나 DV같이 압축을 하는 포맷의 경우는 계산computing이 개입된다. 다시 말해, 데이터만 디지털인 게 아니라 컴퓨터가 개입되는 것이다. 그런데 컴퓨터가 데이터를 가지고 계산을 하려면 그것들을 잠시 '가지고' 있어야 한다. 그래서 "0.84초 동안에 받은 데이터를 1초 동안 내보내는" 건 기본적인 일이 된다. 그래서 DV의 경우 유효 데이터(및 보조 데이터)만 기록하는 게 현실적인 것이다. D1이 공백 기간도 기록하고, DV는 유효 데이터만 기록한다는 것 자체가 대단히 중요한 것은 아니다. 하지만 이것은 아날로그와 디지털의 차이를 보여준다. D1이 물론 디지털이지만 데이터의 구조 같은 게 아날로그 비디오를 그대로 닮았다. 하지만 DV의 데이터는 좀 더 '컴퓨터 같은' 혹은 컴퓨터의 파일 같은 것이다.

DV의 오디오는 샘플링 속도가 48KHz 혹은 32KHz이다. 전자의 경우는 샘플당 16비트며 채널이 두 개이다. 후자의 경우는 보통 샘플당 12비트이고 채널이 최대 4개이다. 이들의 데이터 속도를 계산해 보면 다음과 같이 서로 같다.

$$48KHz \times 16bit \times 2 = 32KHz \times 12bit \times 4 = 1.536Mb/sec$$

이것이 DV 포맷이 오디오를 기록하는 최대 속도이다. 오디오 데이터는 압축을 하지 않고 기록한다. 44.1KHz의 오디오도 기록할 수 있지만, 아날로그를 디지타이징할 때는 그 속도를 지원하지 않는다. 즉, 촬영하면서 현실음을 직접 녹음할 때는 32KHz 아니면 48KHz인 것이다. 디지털 편집기를 통해 44.1KHz의 디지털 음을 편집해 넣을 수는 있다.

그림 5-5는 DV 테이프에 신호가 어떻게 기록되는지 간략히 보여 준다. 보는 것과 같이, 프레임당 10개의 트랙이 사용되고 비디오, 오디오 외에도 다양한 보조 데이터가 기록된다. "인서트 및 트랙 정보" 부분은 아날로그 비디오테이프의 컨트롤 트랙과 비슷한 역할을

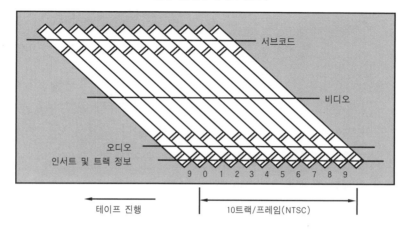

그림 5-5. DV 테이프의 트랙

하는 것으로서, 다른 부분과 상당히 성격이 다르다. 그래서 그 부분을 빼고 보면 트랙당 14.814KB가 기록된다. 프레임당 10트랙이므로 기록되는 총 데이터 속도는 다음과 같다.

$$14.814KB \times 10 \times 29.97/\sec = 4.44MB/\sec$$

DV의 데이터 속도는 일반적으로 3.6MB/sec로 알려져 있는데 어찌 된 것인가? 그러나 "IEEE 1394"라 불리는 디지털 연결 단자로 나가는 신호는 또 별개의 것이다. 위의 4.44MB/sec의 상당 부분은 오류를 정정하는 데 필요한 코드들이다. 그림 5-5에 "비디오"라고 적힌 부분은 실제로 전부 비디오 데이터가 아니라, 오류를 검출하고 정정하는 데 필요한 코드가 많이 포함되어 있다. 그런데 IEEE 1394와 같이 쌍방향 커뮤니케이션이 가능한 연결에서는 오류 검출은 물론 필요하지만 오류 정정은 필수적이지 않다. 오류가 발견되면 다시 데이터를 보내라고 하면 되기 때문이다. (테이프에 녹화된 데이터에 대해서는 그럴 수가 없다. 오류가 있다고 해서 불러 올 '원본'이 없는 것이다.) 테이프에서 발생한 오류는 이미 정정(혹은 숨김—다음 절 참조)이 된 후라는 것을 상기하자. 정정이 필요하지 않다고 한 오류는 순전히 IEEE 1394 커뮤니케이션상의 오류를 말하는 것이고, 이것은 그 자체가 가능성이 낮을 뿐 아니라 반복해서 계속 발생할 가능성은 거의 없다. 그래서 오류 정정에 관련된 코드가 생략됨으로써 IEEE 1394로 나가고 들어오는 데이터의 속도는 실제로 28.77Mb/sec = 3.6MB/sec이다. 앞서 봤듯이 그 중 순수 비디오 및 오디오 데이터는 25.15 + 1.54 = 26.69Mb/sec이므로 약 93%가 실제 A/V 데이터인 셈이다.

DV의 화질은 과연 얼마만큼 좋은 것인가? DV를 BetacamSP와 흔히 비교하는데, 여기서 그것에 대해 좀 살펴보자. 표 5-1은 소니의 BetacamSP VTR인 PVW-2800과 DVCAM VTR인 DSR-85의 주요 사양을 비교한 것이다. 밝기 신호에서는 DV가 뚜렷이 나음을 알 수 있다. (dB 폭이 적은 것이 더 엄격한 조건이다.) 색 신호에 대해서는 거의 비슷하다고 할 수 있다. 카메라(캠코더)가 아니라 VTR을 비교한 이유가 있다. 카메라는 광학 이미지를 만들어서 전기 신호로 바꾸는 카메라 부部가 있고 그것을 녹화하는 VTR 부가 있다. 그런데 카메라 부, 예를 들어 렌즈나 CCD에 의한 차이는 엄밀히 말해 '비디오 포맷'의 차이라고 하기 힘들 것이다. 그래서 VTR을 비교한 것이다. 카메라를 비

표 5-1. 베타캠과 DV의 사양 비교

| | | PVW-2800 | DSR-85 |
|---|---|---|---|
| 대역폭 | 루마 | 4.5MHz (+0.5/−4.0 dB) | 5.75MHz (+0/−3.0 dB) |
| | 색차 | 1.5MHz (+0.5/−3.0 dB) | 1.5MHz (+1/−5.0 dB) |
| S/N 비 | | 51 dB 이상 | 55 dB 이상 |

교한다면, 수천만 원짜리 베타캠 카메라는 100만 원짜리 DV 카메라 보다 화질이 더 좋을 수 있다.

표 5-1에 나온 DV의 대역폭은 어디까지나 아날로그 입출력 부분에만 의미가 있다. 디지털 신호에도 물론 대역폭이라는 게 있고 중요하기도 하지만 해상도와 직결되는 개념은 아니다. 그림 5-6의 왼쪽은 어떤 픽셀의 값이 11111111이라는 것을 나타내는 신호고 오른쪽은 어떤 픽셀의 값이 10101010이라는 것을 나타내는 신호다. 오른쪽이 분명 신호의 주파수가 높다. 그러나 그것은 해상도와는 상관이 없다(둘 다 한 픽셀의 값을 나타내는 것이므로). 표 5-1의 수치는 아날로그 컴포넌트 입력으로 고해상도 — 고주파수 — 의 신호를 넣어서 녹화한 후 재생했을 때 아날로그 컴포넌트 출력으로 어떤 수준의 신호가 나오는지를 나타내는 것이다.

지금까지 루마의 대역폭은 4.2MHz라고 했는데, 이것은 표 5-1과 어떤 관계가 있는가? 그리고 DV의 가로 픽셀 수가 720인 것과는 어떤 관계가 있을까? 우선, 4.2MHz라는 대역폭은 전에도 말했듯이 방송 채널의 한계에서 오는 것이다. 방송파에 실려 방송되는 비디오, 즉 컴포지트 신호는 대역이 그렇게 제한된다. 그러나 표 5-1은 컴포

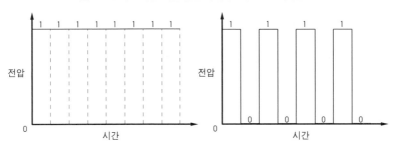

그림 5-6. 서로 다른 픽셀 값은 나타내는 두 개의 디지털 신호

넌트 방식의 비디오들이고 나중에 방송을 하게 된다면 결국 대역이 제한되겠지만 그 전까지는 상관이 없다. DV의 가로 720픽셀이라는 수치는 이미 보았듯이 샘플링 속도가 13.5MHz라는 데서 나온 것인데, 그 속도에서는 이상적으로는 그 절반인 6.75MHz의 신호를 포착할 수 있지만 실제로는 그렇지 못하다. (3장에서 CCD에 관해 얘기할 때, 그 픽셀 수만큼 해상도가 나오지 않는다고 한 것과 같은 이유다.) 그래서 표에서 보는 바와 같은 좀 낮은 수치(5.75MHz)가 나온다. 단, 이것은 아날로그 신호를 샘플링할 때를 말하며, 순전히 컴퓨터에서 그림을 만들 때는 720개의 선(흑과 백)을 그을 수 있다. 다시 말해 6.75MHz의 비디오 신호를 만들 수 있다. (모니터가 그것을 제대로 보여 줄지는 별개의 문제지만.)

그리고 한 가지 덧붙이자면, DV라는 포맷의 '픽셀'은 CCD의 픽셀과는 별개의 것이다. 표 5−1에서 VTR만 비교했듯이, 비디오 포맷 자체는 카메라의 해상도와 상관이 없다. VHS 카메라에서 나오는 신호를 DV에 녹화했다고 그것이 DV가 아닌 게 아닌 것이다. 디지털 비디오의 픽셀이라는 것은 아날로그 신호의 불연속적 샘플을 말한다. 아날로그 신호 자체에는 '픽셀'이 존재하지 않는다. 앞서 말했듯이 CCD가 일종의 샘플링을 하는 것은 맞다. 그러나 거기서 나오는 신호는 아날로그고 디지털 비디오는 그것을 다시 샘플링하는 것이다. DV 카메라의 CCD가 720 × 480픽셀 정도인 것은 사실이지만 고급 기종은 픽셀이 좀 더 많다.

DVCAM은 테이프의 주행 속도가 빠를 뿐 나머지는 DV와 똑같다. 테이프에서 오류 — 먼지라든지 드롭아웃 — 가 발생하지 않는 이상적인 상황을 가정한다면 그 둘은 전혀 차이가 없다. DVCAM의 테이프 속도는 DV의 1.5배이다. 속도가 빠르니 비트와 비트 사이의 간격이 크고 따라서 오류의 여지가 적은 것이다. DV로 1시간 녹화할 수 있는 테이프에는 DVCAM으로 40분 녹화된다. 한 테이프에서 포맷이 왔다갔다하지 않는 것이 좋다. DVCAM 포맷으로 녹화하는 장비는 소니에서만 생산한다.

## 4. 픽셀 종횡비

같은 비디오 신호라도 그것이 모니터에 표시될 때 정확히 어떻게 보일지는 순전히 그 모니터하기 나름이다. 모니터에서 공백 기간이 수평은 약 16%, 수직은 약 8%라고 하는데, 여기에 '약' 자가 들어간 것만 봐도 알 수 있다. (여기서 "약"은 π가 약 3.14라고 할 때의 "약"이 아니라 유동적이란 뜻이다.) D1은 유효 주사선을 480으로 하고, D2는 483으로 하는 것에서도 애매함은 드러난다. 그래서 D1과 DV 포맷 등에서 '유효' 픽셀이 720 × 480이라고 하지만, 그것이 정확히 어떻게 표시되어야 하는지에 대해서는 자체적인 기준이 있어야 한다. 대략 4:3 범위에서 아무렇게나 표시되어도 좋다가 아니라면 말이다.

그 기준이 픽셀 종횡비*pixel aspect ratio*다. 이것은 픽셀 하나의 가로/세로 비율을 뜻하지만, 좌우 픽셀들 사이의 간격과 상하 픽셀들 사이의 간격의 비율이라고 생각해도 된다. Rec. 601 비디오에서 그 비율은 10/11(폭/높이)이다. 종횡비는 이렇게 폭/높이로 나타내는 게 일반적인데, 그런 면에서 '종횡비'란 말은 좀 안 맞는 셈이다. '종縱'은 세로를 말하고 '횡橫'은 가로를 말하기 때문이다. 하지만 그냥 관행을 따르기로 한다.

Rec. 601 비디오처럼 픽셀 종횡비가 1이 아닌 것을 직사각형 픽셀*non-square pixel*이라고 한다. 이에 비해 일반 컴퓨터 화면에서는 종횡비가 1인 정사각형 픽셀*square pixel*을 사용한다. 그래서 포토샵 같은 프로그램에서 가령 640×480픽셀의 그림을 만들면 그 '그림'의 종횡비는 픽셀 수의 비율과 같이 4:3이 된다. 그러나 직사각형 픽셀일 경우는 그림의 종횡비는 픽셀 수의 비율과 다르다. 10/11이란 픽셀 종횡비를 적용하면 720×480픽셀 화면은 가로 세로 비율이 약 1.36:1이 된다. 그런데 이것은 4:3(1.33:1)보다 꽤 높은 비율이다! 4:3에 맞추려면 가로가 704픽셀이어야 한다. Rec. 601 비디오를 정확히 4:3 화면에 표시하려면 좌우 양단에 8픽셀씩 버리든지 해야 한다.

그런데 문제는 DV의 픽셀 종횡비가 정확히 얼마인지 애매하다는 점이다. 대부분의 자료에 D1과 같은 Rec. 601 종횡비라고 나와 있고, 그렇다면 10/11(0.909⋯⋯)이라고 보는 게 옳다고 판단된다. 그러나 예를 들어, 어도비 프리미어 프로그램을 보면 픽셀 종횡비가 0.9인 것처럼 행동한다. 픽셀 종횡비가 0.9이면 화면의 종횡비는 1.35:1이 되는데, 그래픽 프로그램에서 이런 비율로 — 가령 648×480픽셀 — 그림을 만들어야 정확히 DV 비디오 화면과 겹치는 것이다. 아비드AVID 프로그램은 그것과 또 다르다. 이것들에 대해서는 6장에서 살펴본다.

어떤 프로그램이 픽셀 종횡비가 0.9인 것처럼 행동한다고 해서, 그것을 정확한 것으로 (프로그램을 만든 사람이) 인정하는 것은 아닐 수도 있다. 0.9와 10/11은 큰 차이가 아니니, 다른 어떤 편의성 때문에 그렇게 했을 수도 있다는 것이다. 픽셀 종횡비의 궁극적인 기준은 두 가지가 있다.

(1) 카메라의 CCD의 화면 종횡비
(2) 비디오 모니터의 화면 종횡비

(1)은 CCD의 픽셀 종횡비를 말하는 게 아니다! CCD의 유효 픽셀들이 이루는 전체 화면의 종횡비를 말한다. 즉, CCD에 기록되는 광학 이미지의 종횡비를 말하는 것이다. 그 비율이 약 1.36:1이면 DV의 픽셀 종횡비는 0.91이 맞고, 그 비율이 1.35:1이라면 픽셀 종횡비는 0.9가 맞다. 그리고 그렇게 기록한 DV 비디오를 모니터에 표시할 때도 화면 종횡비가 촬영할 때와 같아야 할 것이다. 그러나 현실적으로 많은 비디오 모니터가 DV 화면을 1.33:1의 비율로 보여 준다면 어떻게 할 것인가? 특히, 카메라로 촬영한 것이 아니라 컴퓨터에서 만들어낸 화면이라면 (2)번 사항만 고려해야 하지 않겠는가?

이런 문제에 대해 어떤 결론을 내리고자 하는 건 아니다. 다만, '공식적' 종횡비가 뭐든 현실은 단순하지 않다는 것을 말하고 싶다. 사용자의 입장에선 위 1, 2의 사항들보다, 자신이 사용하는 프로그램이 어떻게 설정되어 있는지 아는 것이 중요하다고 본다.


## 5. 오류 정정

아날로그 비디오는 복사할 때마다 화질이 저하되는 것은 잘 알고 있다. 그러나 디지털은 어떤가? '거의' 화질 손상이 없다는 말은 했는데, 대체 '거의'가 구체적으로 어떤 수준인가?

아날로그 비디오는 신호 레벨이 약해진다든지 노이즈가 증가한다든지 하여 문제가 점진적으로 생긴다. 그래서 그런 경우에는 보통 오류error라는 말을 잘 쓰지 않는다. 그러나 디지털 신호는 모두 비트로 이루어져 있고, 어떤 비트가 잘못되면 그 값이 완전히 반대가 된다. 1이었으면 0, 0이었으면 1이 되는 것이다. 그래서 디지털 신호에서는 오류라는 말을 쓴다. 이 오류를 처리하는 과정은 다음과 같이 세 단계로 볼 수 있다.

(1) 오류의 검출*error detection*
(2) 오류의 정정*error correction*
(3) 오류의 숨김*error concealment*

3절에서 IEEE 1394 연결에 대해 말했던 것처럼, 쌍방향 커뮤니케이션이 가능하고 약간의 지체가 허용이 되는 데이터 전송에서는 받는 쪽에서 오류를 검출만 할 수 있어도 된다. 오류가 발견되면 다시 전송하라고 하면 되기 때문이다. 오류를 어떻게 검출하는가? 그냥 데이터만 받아서는 오류가 난 데이터인지 아닌지 알 수 없을 것이다. 그래서 보내는 쪽에서 오류를 검출하는 데 필요한 코드를 같이 보낸다. 이것을 이른바 패리티 비트라고 한다.

한편, 실시간으로 방송을 한다든지, 재전송 요구가 불가능한 조건에서는 오류를 검출하는 것만으로는 부족하다. 테이프 같은 데 저장된 데이터를 읽어 들일 때도 마찬가지이다. 읽을 때 오류가 발견되었다고 '재저장'을 요구할 수가 없다. 이런 조건에서는 검출한 오류를 정정할 수 있어야 한다. 그래서 보내거나 저장하는 쪽에서 오류 정정에 필요한 코드를 추가로 보내거나 저장하는 것이다. 그러나 물론 오류 정정이 완벽할 수는 없다. 패리티 비트를 많이 쓰면 능력을 향상시킬 수 있으나 무한정 많이 쓸 수 없을뿐더러, 모든 오류를 정정하는 방법은 있을 수 없기 때문이다.

그래서 최후로 동원되는 것이 오류 숨김이다. 가령 어떤 프레임의 정보가 복구 불능이라면 앞뒤 프레임으로부터 중간 값을 계산해

내는 인터폴레이션*interpolation* 방법을 쓰는 것이다. 이러한 오류 숨김 기술은 비디오나 오디오 같이 근사치가 허용되는 데이터에 쓸 수 있는 것이지 일반적인 컴퓨터 파일에는 쓸 수가 없다. 예를 들어, 은행의 데이터에 오류가 났을 때 오류 숨김을 하면 어떻게 되겠는가! 일반적 컴퓨터 파일에서 정정할 수 없는 오류가 발생하면 그 파일은 — 최소한 그 부분은 — 못 쓰게 된다.

"디지털 비디오도 여러 번 복사하면 나빠질 수 있다"라는 말을 가끔 듣는데, 거기에는 실제로 두 가지 측면이 있는 것으로 보인다. 하나는, 눈에 별로 띄지 않으면서 조금씩 나빠진다는 것이다. 이것은 아날로그 비디오를 복사하면 조금씩 나빠지는 것과 비슷하다. 또 하나는 파일이 "깨졌다"라고 할 때처럼 누가 봐도 뚜렷한 오류가 생기는 것이다. 디지털 비디오를 작업하는 사람들이 염려하는 것은 대부분 첫 번째와 같은 경우이다. 두 번째와 같은 경우도 걱정이 안 되는 것은 물론 아니다. 그러나 그것은 일반적인 컴퓨터 파일에 에러가 날지 걱정하는 것과 같다. 그런 에러가 가끔 발생하지만 모르고 넘어갈 리는 없다.

별로 눈에 띄지 않으면서 조금씩 나빠지는 것은 오류 숨김 때문이다. 그래서 오류 숨김에는 양면이 있다. 실시간일 때, 또는 하나밖에 없는 자료일 때, 오류를 최대한 숨겨 주는 것은 좋다. 그러나 완벽을 추구하는 사람에겐 조금씩 나빠진다는 것은 찜찜한 일이기도 하다. 다행히 오류 숨김은 디지털 방송(의 수신)이나 테이프에 녹화된 비디오 같은 데만 적용된다. 하드 디스크에 저장된 데이터에는 오류 숨김이란 없다. 오류 정정은 물론 최대한 한다.[6] 그러나 정정에 실패하면 하드 디스크는 오류 메시지를 보내고 그 부분은 포기한다. 하드 디스크에 저장된 데이터는 — 비디오든 아니든 — "적당히 수정된다"라는 게 없다. 그래서 하드 디스크에 복사하는 것은 테이프에 복사하는 것과 차원이 다르다. 디스크에 복사된 비디오, 오디오는 에러 메시지만 없으면 완벽하다고 믿어도 좋다. 정정되지도 않고 오류 메시지도 뜨지 않는 오류, 즉 그냥 통과하는 오류가 혹시 있지 않을까? 불가능하지는 않다. 그러나 한 자료에 따르면, 그 확률은 $10^{21}$비트 중의 하나라고 한다. 이것은 DV 데이터로 말하자면 100억 시간 분량을 읽었을 때 1비트의 오류가 나는 정도이다. 그런 일이 있기 전에 아마 하드 디스크의 수명이 다할 것이다.[7]

## 6. 컴퓨터 동영상

알다시피 컴퓨터에는, 컴퓨터에서 만들어진 이미지를 모니터에 표시해 주는 비디오 카드라는 게 있다. 그런데 여기서 '비디오'라는 용어는 지금까지 사용한 것과 의미가 좀 다르다. 지금까지 '비디오'는 NTSC 혹은 PAL 규격에 맞는 동영상을 의미했다. 초당 프레임 수, 프레임당 주사선, 비월 주사 등 정해진 규격에 따른 것이다. 그러나 컴퓨터에서 '비디오'는 '그래픽' 또는 '이미지' 정도의 넓은 의미이다. 이 비디오도 따지자면 동영상이다. 컴퓨터의 바탕 화면이나 일반 프

---

6. 3절에서 DV 테이프에 데이터 외에 정정 코드가 기록된다고 했는데, 하드 디스크에도 모든 데이터에 대해 정정 코드가 항상 같이 기록된다. 그러나 그것이 차지하는 용량은 '디스크 용량'에 일반적으로 포함시키지 않는다. 데이터를 쓰고 읽는 속도에도 그것은 포함시키지 않는다.

7. 하나 유의할 것은 소프트웨어적인 오류는 여기서 논의 대상이 아니라는 점이다. 흔글 2002로 만든 파일을 흔글 97로 열면 글자가 '깨지는' 거라든지, A라는 코덱으로 압축된 비디오를 B라는 코덱으로 풀면 비디오가 이상해진다든지 하는 것은 데이터 자체의 잘못이 아니므로 현재의 논의와는 관계가 없다. 데이터를 읽는 속도가 느려 비디오가 끊기는 현상도 데이터 자체의 손상을 의미하는 것은 아니다.

로그램의 창*window*에 대해 물론 '동영상'이란 말을 쓰지는 않는다. 그러나 예를 들어 커서를 생각해 보라. 깜박이고 있지 않는가? 움직임이 없는 화면도 사실은 쉴새없이 갱신되고 있다. 똑같은 화면을 그리고 또 그리고 하는 것이다. 컴퓨터의 제어판에 들어가서 디스플레이 〉설정 〉고급 〉모니터에 가면 '화면 재생 빈도*refresh rate*'라고 있는데 이것이 화면을 갱신하는 속도다. 그것이 75Hz면 초당 75번 화면을 다시 그리는 것이다. 그리고 이것이 TV 모니터의 초당 프레임 수에 상응하는 것이다. 컴퓨터 화면에 대해서는 '프레임'이란 말을 잘 안 쓸 뿐이다.

그리고 역시 제어판의 디스플레이 〉설정에 보면 '화면 해상도'도 설정하게 되어 있는데, 이것이 가령 1024 × 768이라면 768이 유효 주사선의 개수고, 1024가 주사선당 유효 픽셀 수가 되는 것이다. 이렇게 컴퓨터 모니터도 TV 모니터와 근본적으로 다를 바가 없다. 다만 TV 모니터는 대개 주사선 수 등이 고정되어 있지만, 요즘 나오는 대부분의 컴퓨터 모니터는 재생 빈도와 해상도를 여러 값 중에서 선택할 수 있는 '멀티 싱크'란 점이 큰 차이다.

보통의 컴퓨터 화면을 동영상이라고 하지 않는 이유는 물론 영화나 TV와 달리 그것은 컴퓨터와 사용자의 인터페이스 역할을 하는 것이기 때문이다. 굳이 말하자면 인터랙티브 비디오*interactive video*에 가까운 것이다. 어쨌든 이와 달리 우리가 실제로 '컴퓨터 동영상'이라고 부르는 것에 대해서 이제 살펴보자.

컴퓨터 동영상이 NTSC 비디오 같은 것과 가장 크게 다른 점은 프레임 수, 해상도, 색 등에 대한 규정이 없다는 것이다. 4장 1절에서 디지털이 현실 시간의 제약으로부터 자유롭게 한다는 말을 했다. 같은 하나의 그림 정보라 하더라도 마음대로 (원래 의도와 다를지라도) 보여 줄 수 있는 것이다. 초당 프레임 수를 다르게 보여 줄 수도 있고, 그림의 일부를 잘라서 보여 줄 수도 있고, 색을 바꿔서 보여 줄 수도 있다. 이렇게 자유스럽다는 것은 반대로 말하면, 그림 데이터 자체만 전달해서는 받는 쪽에서는 그것을 어떻게 표시해야 하는지를 모른다는 것이 된다. 그래서 그림 데이터 앞에 그것을 어떻게 표시해야 하는지에 관한 정보를 담은 헤더*header*가 첨부된다. 사실, 헤더는 동영상뿐 아니라 모든 컴퓨터 파일 앞에 붙어 있어서, 그 파일의 길이나 여러 특성들을 기술한다. 쉽게 말하면, 그 뒤에 따라오는 데이터 비트들을 어떻게 해석할 것인지를 지정하는 것이다.

컴퓨터 동영상 파일에는 AVI나 MOV 등의 포맷이 있다. 그런데 위에서 조금 언급하긴 했지만, 이런 포맷과 NTSC, PAL 같은 비디오 포맷과의 관계는 정확히 무엇인가? 그리고 베타캠, D1, DV 같은 포맷들과의 관계는? 여기서, 이런 용어들에 대해 다음과 같은 범주하에서 정리를 해 볼 필요가 있다.


(1) 비디오 포맷
(2) 비디오 녹화 포맷
(3) 동영상 파일 포맷


'비디오 포맷'은 비디오의 기본 특성들 — 초당 프레임 수, 주사선 수(혹은 해상도) 등 — 을 규정하는 것이다. 그런 면에서 NTSC와 PAL은 비디오 포맷이라고 할 수 있다. 한편 비디오 녹화 포맷은 NTSC면 NTSC, PAL이면 PAL, 특정 포맷의 비디오를 구체적으로 어떻게 녹화할 것인지에 관한 규정이다. 그런 뜻에서 베타캠, D1, DV 등을 비디오 녹화 포맷이라고 할 수 있다. 그러나 사실 이들도 흔히

'비디오 포맷'이라고 부른다. 실제로 이 책에서도 그렇게 표현해 왔다. 굳이 말하자면 이것은 넓은 의미의 비디오 포맷이라고 할 수 있다. 이 절에 한해서는 '비디오 포맷'을 좁은 의미로 사용한다.

DV 같은 디지털 포맷을 그냥 '비디오 녹화 포맷'이라고 하기엔 부적절한 면이 있는 것은 사실이다. 아날로그인 베타캠 같은 것은 그 1/2인치 카세트테이프를 떠나서는 생각하기 힘들다. 그래서 '녹화' 포맷이란 말이 적당해 보인다. 그러나 D1과 DV를 보면 그 둘은 샘플링이 4:2:2과 4:1:1로서 서로 다르고, 그런 차이는 '녹화' 방식의 차이라기보다는 '비디오 포맷'의 차이라고 하는 게 타당하다고 생각된다. 그래서 DV를 녹화 포맷이라고만 하기에는 부적절한 면이 있다는 것이다. 그러나 어쨌든 '비디오 포맷'과 '녹화 포맷'이 구분되는 것은 사실이다. 다만 DV가 두 요소를 다 가지고 있을 뿐이다. 샘플링 비율 등은 전자에 속하고 6mm(1/4인치) 테이프에 구체적으로 어떻게 기록하는지(그림 5-5)는 후자에 속한다. DV에는 중요한 요소가 사실 하나 더 있다. 그것은 그 포맷에 사용되는 구체적 압축 방법이다. 'DV 코덱'이라고 불리는 것으로서, 이것은 DV를 다른 포맷과 구분하는 기본 특징의 하나이다.

컴퓨터의 동영상 파일 포맷은 구체적 비디오 포맷은 상관하지 않는다. 다른 말로 하면, 모든 비디오 포맷을 수용하는 것이다. avi나 mov는 구체적인 비디오를 담는 그릇 같은 것이다. 데이터 비트들이 그릇 안에 담겨 있고 그릇 뚜껑에 그 비트들을 해석하는 지침이 적혀 있는 것이다. 압축된 데이터가 그릇 안에 들어 있을 수도 있다. 그럴 경우에는 뚜껑(헤더)에 압축 방식이 뭔지도 적혀 있어야 한다. 이 압축( 및 푸는) 방식을 코덱이라고 한다.

# 7. 코덱

코덱codec은 compressor+decompressor라고 볼 수도 있고, coder+decoder 라고 볼 수도 있다. 전자는 압축에 한정되어 쓰이는 경우고, 후자는 압축을 포함해서 더 넓게 쓰일 경우다. 가령 암호화하는 (그리고 그것을 푸는) 알고리즘은 압축과는 좀 다른 의미이므로 후자의 경우에 포함된다고 볼 수 있을 것이다. 여기서는 물론 압축 코덱에 대해서만 논의할 것이다. 압축은 기본적으로, 우리가 일상적으로 사용하는 데이터에는 꼭 필요하지 않은 부분이 많이 있다는 사실에서 출발한다. 예를 들어 "나는 책을 읽었다"를 "나 책 읽었다"라고 줄여도 의미는 전달된다. 이렇게 원래 데이터를 완전히 복원할 수 있는 압축을 비손실 *lossless* 압축이라 한다.

하지만 같은 문장에서 받침을 다 빼버리고 "나 채 이어다"라고 하면 — 받침을 뺀 거라는 사실을 알아도 — 원래 문장이 뭔지 정확히 알 수 없다. 이렇게 원래 데이터로 완전히 복원이 되지 않는 압축을 손실*lossy* 압축이라고 한다. 문장에 대해 이런 손실 압축을 하는 것은 비현실적이다. 의미가 비슷하게만 전달되어도 좋은 상황이라 할지라도, 예를 들어 "나는 채를 이었다"(왜 그랬는지 모르지만!)와 "나는 책을 읽었다"는 전혀 비슷하지 않기 때문이다. 반면, 가령 온도를 25.3도라고 말하는 대신 25도라고 하면 정확도는 좀 떨어지지만 큰 무리는 없는 손실 압축이다. 이렇게 연속량을 숫자화하는 데서만 손실 압축이 의미가 있다.

디지털 편집과 관련하여 또 알아둬야 할 것은 공간 압축과 시간 압축의 개념이다. 공간 압축*spatial compression*은 한 장의 그림 내에서 압축을 하는 것이다. 예를 들어 그림 5-7 (a)와 같은 10×6픽셀의 그림

그림 5-7. 10×6 픽셀의 두 프레임

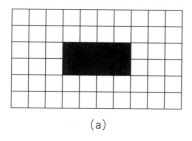 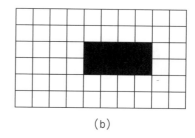

(a)                              (b)

이 있다고 하자. 이것을 "첫 줄 첫 칸 흰색, 첫 줄 둘째 칸 흰색, 첫
줄 셋째 칸 흰색…… 셋째 줄 셋째 칸 흰색, 셋째 줄 넷째 칸 검은
색……"이라고 하지 않고 "첫 줄, 둘째 줄 전부 흰색, 셋째 줄 셋째
칸까지 흰색……"이라고 하는 것이 공간 압축이다. 시간적으로 앞뒤
에 있는 그림들 — 프레임들 — 의 내용과는 상관없이, 공간적으로
인접한 픽셀들의 값이 같을 경우 그것을 압축하는 것이다. "값이 같
을 경우"라고 했지만, 사실 실제의 사진에서 인접한 픽셀들의 값이
완전히 같은 경우는 드물다. 그래서 그런 엄격한 조건에서는 압축을
별로 하지 못할 것이다. 단, 조건이 그렇게 엄격할 경우에는 원래 그
림을 완전히 복원할 수 있고 따라서 비손실 압축이 된다. 압축을 많
이 하기 위해 조건을 "픽셀들의 값이 비슷할 경우"로 완화하면 압축
후에는 원래의 값이 복원이 안 되므로 손실 압축이 된다. 예를 들면,
그림 5-7에서 첫 줄의 픽셀 몇 개가 실제로 흰색이 아니라 밝은 회
색인데, 임의로 "첫 줄 모두 흰색"이라고 하는 것이다. 얼마큼 비슷
한 것을 하나로 뭉뚱그릴지에 따라 압축률이 달라지고 화질도 달라
질 것이다.

　　공간 압축이 공간적으로 인접한 픽셀들을 비슷하면 압축하는
것인 것과 마찬가지로, 시간 압축temporal compression은 시간적으로 인접

한 — 공간적으로는 같은 위치지만 시간적으로 앞뒤로 이어지는 — 픽셀들을 변화가 없으면 압축하는 것이다. 극단적인 예를 들자면, 그림 5-7 (a)와 같은 프레임이 계속 반복되는 영상, 즉 정지 영상이라고 한다면 매번 프레임에 대한 정보를 기록할 필요가 없다. 한 프레임만 기록하고 다음부터는 "전과 같다"라고만 하면 될 것이다. 움직임이 있다 해도 대개의 경우 화면의 상당 부분은 변화가 없다. 가령 그림 5-7 (a)에서 흰 배경은 그대로 있고 검은 사각형이 오른쪽으로 움직인다고 하자. 그래서 그 다음 프레임이 그림 5-7 (b)와 같다면, 결과적으로 픽셀 몇 개만 바뀐 것이다. 이렇게 어떤 프레임을 기준으로 한 다음, 이어지는 프레임들에 대해서는 변화만 기록하는 것이 시간 압축이다. 기준이 되는 프레임에 대해서는 물론 완전한 정보가 기록되어야 한다. 이 기준 프레임을 키 프레임key frame이라고 하고 일정한 시간 간격으로 있게 된다.

공간/시간 압축과 비슷한 개념이 인트라프레임/인터프레임 압축이다. 인트라프레임intraframe 압축은 말 그대로 프레임 내(intra-)에서 압축한다는 것이다. 그래서 공간 압축과 비슷하다. 인터프레임 interframe 압축은 역시 말 그대로 프레임과 프레임 사이(inter-)에서 압축한다는 것이고 따라서 시간 압축과 비슷하다. 그러나 공간/시간의 구분과 인트라프레임/인터프레임의 구분을 똑같다고 할 수는 없는데, 이것은 한 프레임이 두 개의 필드로 이루어져 있고 그 둘 사이에 시차가 있기 때문이다. DV에서는 움직임이 클 때와 작을 때 서로 약간 다른 압축 방법을 쓰는데, 움직임이 작을 때는 필드와 필드 사이에 일종의 시간 압축을 한다. 이런 압축은 시간 압축이지만 프레임의 범위를 벗어나지 않으므로 인트라프레임이다. 편집을 하는 입장에서는 공간/시간의 구분보다 인트라프레임/인터프레임의 구분이 더 유용할 것이다. 편집을 할 때 프레임 단위로 하지 필드 단위로 하지 않기 때문이다.

디지털 편집을 하기 위해서는 동영상이 인트라프레임 방식으로 압축되어 있어야 한다. 그렇지 않으면, 예를 들어, F1, F2, F3…… 로 이어지는 프레임들이 있다 할 때 F3의 압축을 풀기 위한 정보가 F1에 있을 수 있고 그러면 그 사이를 자를 수 없게 된다. 잘라서 프레임 F1을 잃어 버리면 F3의 압축을 풀어서 볼 수 없게 되는 것이다. 물론, 자를 때 항상 키 프레임 앞에서 자르면 그런 문제는 없다. 가령 F1, F11, F21…… 등이 키 프레임이라면, 자를 때 F10과 F11 사이 혹은 F20과 F21 사이를 자르는 것이다. 하지만 이래서는 정교한 편집을 할 수 없다. 반면 인트라프레임 압축에서는 각 프레임의 압축을 풀기 위해 다른 프레임에 의존하지 않으므로 어느 프레임에서나 편집이 가능하다.

혹시 이런 의문이 들지 모르겠다. 비디오가 어떤 방식으로 압축이 되었든, 그것을 재생해서 보기 위해서는 압축을 풀어야 하는데, 그렇다면 (위의 예에서) F2와 F3 사이를 자르고 싶으면 압축을 풀어서 자른 다음에 F3을 키 프레임으로 해서 다시 압축하면 되지 않는가 하는 것이다. 물론 가능하긴 할 것이다. 그러나 그런 식으로 압축을 풀었다 다시 했다 하면 화질이 저하된다. 그리고 다시 압축하는 데 소요되는 시간 때문에 실시간으로 작업할 수 없게 될 수도 있다. 일반적으로 디지털 편집을 할 때, 그냥 잘라서 붙이는 편집만 할 경우에는 디스크에 있는 비디오 데이터를 건드리지 않는다. 필요하면 압축을 풀어서 보지만 다시 압축할 필요는 없다. 그렇기 때문에 압축된 상태에서 프레임과 프레임 사이를 임의로 자를 수 있어야 하고 그래서 인트라프레임 압축이어야 한다.

동영상 배포에 많이 사용되고 있는 **MPEG** 방식의 압축은 인터프레임 압축을 사용한다. 그래서 편집 목적으로는 부적절하다. 반면 **M-JPEG**은 인트라프레임 방식을 사용하는 것으로서, 편집 목적으로 많이 사용된다. 앞서 말했듯이 DV도 인트라프레임 방식이다. 사실, **M-JPEG**와 DV는 기본적으로 비슷한 방식의 압축 기법을 사용한다. 다만 **M-JPEG** 방식은 DV와 달리 하나의 표준이 확실히 정해져 있지 않아서, 서로 호환되지 않는 다양한 코덱들이 존재한다.

# 6 디지털 비디오 편집

## 1. 비선형 편집

톰 행크스가 주연한 〈빅Big〉이라는 영화를 보면, 그가 바닥에 놓인 커다란 피아노 건반 같이 생긴 것을 밟으며 연주하는 장면이 나온다. 그 건반의 키key 하나의 폭을 20센티로만 하더라도, 키가 20개만 되면 거리가 4미터나 된다. 그런 피아노를 한 사람이 밟으면서 연주하는 건 거의 불가능할 것이다. 키 하나를 밟고 옆으로 뛰어 가서 또 다른 키를 밟고…… 하는 식으로는 정상적인 연주가 안 될 것이기 때문이다. (사실 그 영화에서도 주인공 외에 다른 한 명이 더 있어서, 두 명이 뛰면서 연주한다.) 그런데, 그 20개의 키를 둥그렇게 배치하면 어떨까? 그러면 반지름이 60cm 정도밖에 안 되기 때문에, 그 가운데에 서서 발을 내밀며 건반을 밟을 수 있을 것이다. 그래서 키와 키 사이에 시차를 거의 두지 않고 연주를 할 수가 있다.

　　이처럼 원하는 정보, 자료에 무작위로 접근할 수 있는 것이 비선형 편집의 핵심이다. 영어로 'random access'라고 한다. 컴퓨터로 편집할 때 동영상을 하드 디스크에 저장하지 않는가? 알다시피 하드 디스크는 둥그렇게 생겼고, 거기에 있는 데이터에 접근하는 속도가 엄청 빠르다. 그래서 그 디스크의 어디에 동영상 데이터가 있어도 순식간에 가져올 수 있다. 엄격히 말하면 무작위 접근이라고 무조건 빠르다고 할 수는 없다. 그 반대인 순차적 접근도 이론적으로는 얼마든지 빠를 수 있기 때문이다. 그러나 위 건반의 예에서 보듯이 같은 매체를 사용하는 조건에서는 무작위 접근이 일반적으로 더 빠르다. 비디오 편집에서 궁극적으로 중요한 것은 속도지 접근 방식이 아니라고 할 수는 있겠지만, 현실적으로 무작위 접근만이 그 속도를 해결하는 것이다.

'피아노'의 예로 다시 돌아가서, 건반을 직선으로밖에 할 수 없다면 어떻게 될까? 그러면 악보의 음의 순서대로 키를 따로 배열을 해야 할 것이다. 가령 '솔 도 파 라……' 라면 그 순서대로 키를 배열해서 차례로 발로 밟아 나가는 것이다. 악보를 수정한다면 키의 배열을 또 바꿔야 한다. 이것이 선형 편집이다. 비디오 테이프로 편집할 때 이런 상황이 되는 것이다. 내가 편집하고자 하는 숏들이 소스*source* 테이프 여기저기에 흩어져 있다면 그것들을 찾아서 차례로 (복사하여) 이어 붙여야만 한다.[1] 그러나 말했듯이, 비선형 편집에서는 어떤 데이터에도 무작위로 즉시 접근할 수 있기 때문에, 편집하고자 하는 숏들이 하드디스크의 여기저기 흩어져 있다고 해도 그것들을 (복사하여) 이어 붙일 필요가 없다. 원형 '피아노'의 예를 들면, '솔 도 파 라……' 로 작곡(즉, 편집)한다 해도 그 순서대로 배열된 건반이 따로 있을 필요가 없다. 어떤 순서든지 즉시 연주*play*할 수 있기 때문이다. 이런 것이 비선형 편집의 장점이다.

필름으로 편집을 할 때도 일반적으로 그 형태는 비선형이다. 숏

---

1. 이것은 디지털이라고 해도 마찬가지다. 디지털 비디오라도 테이프에서 테이프로 복사하며 편집하는 것은 선형이다.

그림 6-1. 필름 바구니

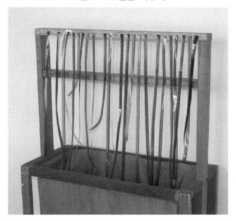

들을 잘라 놓지 않고 릴에 감아둔 상태에서 필요한 것만 필요할 때 잘라낸다고 하면 테이프 편집처럼 선형 편집이 되겠지만 보통은 그림 6-1처럼 숏들을 잘라서 바구니*bin*에 넣어놓는다. 그리고는 필요할 때 특정 숏을 가져와서 붙이는데, 잘라서 넣어 놓은 숏들에는 무작위로 접근할 수 있기 때문에 비선형 편집인 것이다.

혹시 필름 편집을 '비선형'이라고 부르기에는 뭔가 좀 부족하다고 여겨진다면 그것은 속도 때문이다. 위에서 비선형 편집의 장점은 어떤 순서든지 — 이어 붙일 필요가 없이 — 즉시 재생*play*할 수 있는 것이라고 하였다. 이 기준에서 본다면 필름 편집은 사실 '비선형'이 아니다. 필름 편집할 때는 개별 숏들에 비선형적으로 접근하는 건 맞지만 이어 붙일 필요가 없는 것은 아니기 때문이다. 숏들을 바구니에 넣어 놓은 상태 그대로 두고, 원하는 순서대로 정상 속도로(숏 사이에 갭이 느껴지지 않게) 볼 수 있는 메커니즘이 있다면 진정한 비선형 편집이라고 할 수 있겠다. 여기서 '진정한'이란 표현을 썼지만 사실 '비선형'이란 단어의 의미만 보자면 필름 편집을 비선형이라고 하지 않을 수 없다. 그래서 위에서 말한 장점을 완전히 가진 비선형 편집을 구분하고 싶다면 "디지털 비선형 편집"이라고 할 수 있다.


## 2. 하드웨어

디지털 편집에 필요한 하드웨어에 대해서는 다른 서적들에서 많이 다루고 있으므로 여기서는 일반적으로 잘 언급되지 않은 몇 가지에 대해 설명하고자 한다. 우선 캡처 카드에 관한 것인데, '캡처*capture*'의 뜻을 볼 때 이것은 아날로그 비디오를 디지타이즈하는 데서 생겨난 말이라고 생각된다. 사진에 대해서 흔히 순간을 포착*capture*한다고 하지 않는가. 그와 비슷하게, 아날로그 비디오를 샘플링한다는 것은 연속적인 흐름에서 (빠른 속도로) 순간, 순간을 포착하는 것이다. 그런데 이미 디지타이즈된, 즉 캡처된 비디오를 컴퓨터로 불러들이는 데 사용되는 것도 '캡처 카드'라고 보통 부른다. 예를 들어, DV는 이미 디지털 비디오인데, 'DV 캡처 카드'라고 한다. 이때의 '캡처'는 컴퓨터로 불러온다는 정도의 의미이다.

　여기서, '캡처'의 의미에 대해 논하고자 하는 것은 아니다. 다만 아날로그 비디오를 캡처하는 것과 디지털 비디오를 캡처하는 것은 크게 다르다는 것을 말하고 싶다. 중요한 것은, 아날로그를 캡처할 때는 사용된 하드웨어나 코덱 등에 따라서 결과 — 화질 — 가 상당히 차이 날 수 있는 것에 반해, DV 캡처 카드는 화질에 영향을 주지 않는다는 사실이다. DV 캡처 카드는 카메라나 VCR로부터 DV 신호를 받아서 컴퓨터로 넘겨 주는 통로의 역할밖에 하지 않는다. DV 비디오의 압축을 풀어서 새로 압축을 하거나 하지 않는다는 것이다.

운영 체제 혹은 프로그램에 따라서 캡처된 파일의 포맷이 avi, mov 등으로 다를 수 있지만 이것은 앞 장에서도 말했듯이 동영상 데이터를 담는 그릇이 다른 것일 뿐이다. 똑같은 내용의 문서가 마이크로소프트 워드 파일이 될 수도 있고 흔글 파일이 될 수도 있는 것과 마찬가지다.

다만 알아둘 것은 DV 카드가 항상 외부에서 DV를 받아들이는 역할만 하는 것은 아니라는 점이다. 그것이 기본 기능이긴 하지만 그 외에 아날로그 비디오를 DV로 디지털화하는 기능이 있을 수 있고, 편집 프로그램에서 어떤 새로운 DV 영상을 만들어 내려고 할 때 — 렌더링할 때 — 그것을 수행하는 기능이 있을 수도 있다. 이럴 경우에는 그 카드가 사용하는 DV 코덱에 따라 화질이 달라질 수 있다. 외부에서 DV를 받기만 할 때는 코덱은 개입되지 않는다. 카메라에서 촬영할 때 이미 DV 코덱이 사용된 것이다. 그러나 새 DV 영상을 만들 때는 코덱이 사용되고 그 구체적 코덱에 따라 결과가 약간 다를 수 있다.

정확히 말하자면, 코덱은 DV 영상을 만들 때뿐 아니라 DV 영상을 재생할 때도 필요하다. 압축된 상태에서는 그림을 볼 수 없으니 그것을 풀어야 한다. (코덱이란 압축 및 그것을 푸는 알고리즘이라는 것을 상기하자.) 그러나 DV 압축을 풀 때는 구체적 DV 코덱에 따른 차이가 없다. DV 코덱에 대한 규정에서 압축을 푸는 부분은 엄격히 정해져 있다고 한다. 그래서 규정에 따르는 DV 코덱이기만 하면 어떤 DV도 재생할 수(압축을 풀 수) 있고 결과의 차이는 없다. 그러나 위에서 말했듯이 새로 압축할 때는 — 새 DV를 만들 때는 — 특정 업체의 DV 코덱이 다른 업체의 것보다 조금 낫거나 못할 수 있다.

DV 카드가 코덱을 사용하는 것에 대해 설명했는데, 이런 경우를 하드웨어 코덱이라고 한다. 카드가 DV 압축을 수행하는 능력을 가진 것이다. 이와 달리 편집 프로그램에서 압축을 하는 경우에는 소프트웨어 코덱을 사용한다. '하드웨어 코덱'과 '소프트웨어 코덱'의 차이에 대해 말하자면, 코덱 — 압축 알고리즘 — 자체가 다른 게 아니고 그것을 구현하는 구체적 방법이 다르다. 전자는 그 코덱을 수행하는 장치 — 캡처 카드의 특정 부분 — 가 그 목적만으로 만들어짐으로써 다른 기능은 수행하지 않는다. 즉, 전용 하드웨어를 사용하는 것이다. 반면 후자는 그 코덱을 수행하는 장치가 컴퓨터의 CPU로서 이것은 압축뿐 아니라 프로그램에 따라서 — 명령에 따라서 — 온갖 업무를 수행하도록 만들어진 것이다. 따라서 압축(및 해제)만을 놓고 볼 때는 상대적으로 비효율적이라고 할 수 있다. 하지만 코덱의 업그레이드는 용이하다. 프로그램만 — 명령만 — 수정해 주면 되기 때문이다.

하드웨어 코덱이 더 빠른 것이 당연하다고 생각할 수 있으나 일부 글을 보면 요즘엔 CPU의 속도가 워낙 빨라져서 오히려 소프트웨어 코덱이 더 빠르다고 한다. 일견 논리적으로 말이 안 되는 것 같지만, 압축 코덱용 칩은 요즘의 CPU처럼 그렇게 고집적도의 것을 쓰지 않는다면 이해가 된다. 그럴 필요가 없는 것이, 일단 실시간이란 목표를 달성하면 그보다 더 빠를 필요가 없기 때문이다. 하지만 CPU는 빠를수록 좋고, "실시간 비디오 압축을 할 수 있으니 이제 됐다"가 아니다. 소프트웨어 코덱이 더 빠르다고 하드웨어 코덱이 꼭 불필요하다고는 할 수 없다. 압축 전용 하드웨어가 있으면 압축하는 동안에 CPU는 다른 일을 할 수 있기 때문이다.

캡처한 비디오는 하드 디스크에 저장하게 되는데, 이 하드 디스크의 성능도 디지털 편집에서 중요한 역할을 한다. 가장 고려해야 할 사항이 데이터 전송 속도data transfer rate라고 할 수 있는데, 이것이 그렇게 단순하지가 않다. 예를 들어, 한 하드 디스크 모델을 보면 전송 속도 사양이 다음과 같다.

내부 전송 속도 Internal Transfer Rate (Mbits/sec)  683
최대 외부 전송 속도 Max. External Transfer Rate (Mbytes/sec)  100
평균 전송 유지 속도 Avg. Sustained Transfer Rate (Mbytes/sec)  58 이상

여기서 내부 전송 속도(683Mbytes/sec = 85Mbits/sec)는 그 하드 디스크 표면에 쓰거나 거기서 읽을 수 있는 최대 속도를 말한다. 두 번째, 최대 외부 전송 속도는 하드 디스크와 본체(메인보드)와의 인터페이스가 지원하는 최대 속도이다. 실제 그런 속도가 나온다는 뜻이 아니라 하드 디스크가 아무리 빨라도 그 이상이 외부로 나갈 수 없다는 뜻이다. 세 번째 전송 유지 속도가 중요한데, 이것은 실제의 파일이 전송될 때 단순히 디스크 표면 — 섹터 — 에서 데이터를 읽는 시간 외에 헤드가 교체되는 시간 등이 추가로 소요되는 것을 고려한 것이다. 그러나 변수가 많아서, 사양에 나와 있는 수치는 '평균'이라는 단서가 있는 것에서도 보듯이 항상 보장되지는 않는다. 디스크를 정리하지 않고 오래 쓰다 보면 파일이 많이 조각날fragmented 수 있는데, 그러면 더 느려질 수 있다. 그래도 58Mbytes/sec이라는 평균 속도는 DV의 3.6Mbytes/sec를 지원하기에는 충분하다. 다만 이것은 한 번에 하나의 DV 동영상을 쓰거나 읽을 때이지, 어떤 편집 프로그램에서 가령 2개 이상의 비디오 트랙을 실시간으로 합성한다고 하면 디스크에서 그들을 동시에 읽어 들여야 하므로 7.2Mbytes/sec 또는 그 이상의 속도를 지원해야 한다. 디스크가 프로그램이 필요로 하는 속도를 지원하지 못하면 동작이 끊겨 보이는 것 등의 현상이 생길 수 있다.

위에 예를 든 하드 디스크는 IDE/ATA 인터페이스를 사용하는 것이다. 이것은 알다시피 요즘 PC의 표준 인터페이스다. 전문 워크스테이션에서는 SCSI 인터페이스를 많이 사용하고 있는데, 이것은 인터페이스 속도(위에서 말한 '외부 전송 속도')가 반드시 IDE/ATA보다 빠른 건 아니다. 그보다, SCSI 인터페이스는 시스템에 여러 개의 하드 디스크를 연결한다든지 멀티태스킹이 중요한 상황에서 장점을 발휘하는 것이다. 하나의 하드 디스크와 하나의 CD-ROM 드라이브가 연결된 간단한 시스템에서는 오히려 IDE/ATA 인터페이스가 좀 더 나을 수 있다고 한다.

## 3. 렌더링

다른 분야에서도 마찬가지지만 컴퓨터 관련해서 외래어가 많이 사용이 되고 있는데, 그러다 보니 용어의 개념이 쉽게 파악 되지 않는 경우가 많다. 그런 용어 중에 우리가 초급 단계에서 배우지 않는 영어이며 직관적으로도 이해가 잘 안되는 '렌더링rendering'에 대해 좀 설명하고자 한다.[2]

예를 들어, 디졸브dissolve로 장면 전환을 한다면, 처음엔 두 화면을 섞는 것에 관한 지침만 있고 실제로 섞인 화면은 없는 상태인데,

---

2. 영어 사전에 따르면, 'render'의 첫 번째 의미는 "……로 만들다." "……이 되게 하다"이다. 이와 조금 다르게, 'render'에는 '표현하다,' '묘사하다'라는 뜻도 있는데, 이것이 컴퓨터 그래픽과 관련해서 사용하는 전문 용어로서의 'render'에 좀 더 가까운 의미이다. 그런데 이것도 일종의 '되게 하다'로 볼 수 있다. '표현하다'는 마음속에 혹은 상상 속에 있는 것을 '눈에 보이는 것이 되게 하다'로 풀어볼 수 있기 때문이다. 이와 비슷하게, '렌더링'은 구조 혹은 설계만 있는 것을 실제로 '만드는' 것, 혹은 '눈에 보이는 것이 되게 하는' 것이다.

이것을 실제로 만들어 내는 것이 렌더링이다. 렌더링에 대체로 시간이 많이 걸리는 것은 수백, 수천만 개의 픽셀들에 대해 모두 일일이 계산을 해 줘야 하기 때문이다. 그리고 이렇게 시간이 많이 걸리는 경우, 렌더링한 영상은 따로 저장을 해야 한다. 앞서 비선형 편집에 대해 얘기할 때 어떤 순서로 편집하든 (그 순서로 이어 붙은) 새로운 동영상 파일을 만들 필요가 없다고 하였다. 그냥 자르고 붙이는 편집만 한다면 처음에 캡처한 동영상만 있으면 된다. 그러나 렌더링이라는 건 새로운 영상을 만드는 것이다. 위에서 예로 든 디졸브의 경우에 대해 말하자면, 두 화면이 합쳐진 화면은 캡처한 파일 중에는 존재하지 않으므로 새로 만들어야 한다. 색보정이나 기타 화면 효과 등도 마찬가지다. 그리고 이런 새 영상을 디스크에 저장해야 하는 이유는 컴퓨터의 제한된 메모리(RAM)에 계속 보관할 수 없기 때문이다. 다른 작업을 위해 메모리를 사용하면 앞서 만든 (예를 들어) 합성 영상은 지워질 것이고 필요하게 되면 또 다시 시간을 들여 렌더링을 해야 하는 것이다. 그래서 렌더링한 영상을 디스크에 저장하게 되는데 이 파일을 'render file,' 'preview file' 등으로 부른다.

그런데 '실시간 렌더링' 혹은 '실시간 효과' 라고 하는 것은 렌더링한 영상을 디스크에 저장하지 않아도 실시간으로 볼 수 있는 것을 말한다. 가령 컴퓨터의 속도가 아주 빨라서 두 개의 프레임을 섞는 데 1/30초가 안 걸린다고 한다면 두 동영상을 실제 속도로, 즉 초당 30프레임의 속도로 합성하며 볼 수가 있는 것이다. 이런 경우는 메모리든 디스크든 저장을 할 필요가 없다. 필요하면 그때 그때 효과를 즉시 보여 준다. 물론 문자 그대로 "즉시"는 아니지만, 새로운 프레임을 하나 렌더링하는 데 걸리는 시간이 1/30초 미만이면 된다. 이러한 실시간 렌더링은 상황에 따라 변할 수 있다. 비디오 효과의 종류에 따라 렌더링하는 시간이 다르다는 것 외에, 같은 효과라도 동시에 수행해야 하는 작업이 많이 있으면, 예를 들어 동시에 여러 오디오 효과를 실행해야 한다면 실시간이 안 될 수 있다.

'렌더링'이란 용어의 사용에 약간 애매한 점이 있긴 하다. 실시간이 아닐 때만 렌더링이란 말을 쓰는 경우가 있다. 예를 들어, "이 비디오 효과는 렌더링을 안 해도 된다"라고 하면 이것은 디스크에 그 효과가 들어간 비디오를 저장하지 않아도 된다는 뜻이다. 즉, 실시간 효과라는 말이다. 그러나 이것은 다른 의미의 렌더링, 즉 새 영상을 계산해 낸다는 의미의 렌더링을 할 필요가 없다는 뜻은 아니다. 이 후자의 의미로도 '렌더링'은 분명 사용되고 있다. '실시간 렌더링'이란 말을 많이 쓰기 때문이다. "이 효과는 렌더링을 안 해도 된다"가 실시간 렌더링과 같은 뜻이라면 모순이 되지 않는가? 렌더링을 안 해도 된다고 하고선 (실시간으로) 렌더링을 하니 말이다. 새 이미지를 계산하는 과정을 렌더링 1이라고 하고 디스크에 쓰는 과정을 렌더링 2라고 하면, "렌더링을 안 해도 된다"라고 할 때는 렌더링 2를 안 해도 된다는 말이고 "실시간 렌더링" 혹은 "렌더링 시간이 많이 걸린다"라고 할 때는 렌더링 1을 말한다.

어떤 면에서는 디스크에 파일을 쓴다는 사실이 핵심이라고 할 수 있다. 모든 게 디스크에 쓸 필요 없이 실시간으로 된다면 '렌더링'이란 말이 굳이 필요 없다. 모든 효과가 100% 화질로 실시간으로 만들어진다면 사용자 입장에선 그것이 복잡한 계산 과정(렌더링)을 거쳤든 아니든 상관없지 않겠는가.

한 가지 덧붙이자면, 효과를 실시간으로 보여 주기 위해 화질을 좀 낮게 하거나 초당 프레임 수를 떨어뜨리는 경우가 많다는 것이다. 사용자는 대략적인 프리뷰를 볼 수는 있지만 100% 결과를 얻는 것은

그림 6-2. 파이널 컷 프로의 렌더링 옵션

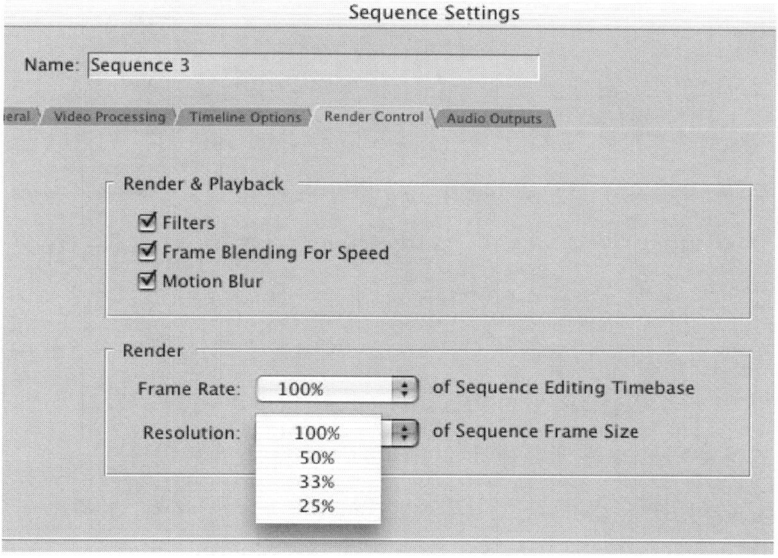

아니다. 완전한 결과를 보고 싶거나 테이프에 최종 출력을 하려는 경우에는 렌더링을 해야 한다. 이렇게 말하면 여기서의 "렌더링"은 마치 무조건 100% 화질로 하는 것처럼 여겨졌을지 모르나 고급 프로그램의 경우 이 렌더링도 화질을 조정할 수 있다(그림 6-2). 좀 혼란스러운 것 같아 요약적으로 다시 설명하자면, 어떤 효과를 50% 화질까지는 실시간으로 계산한다면 거기까지는 렌더링이 필요가 없다. 그 이상을 실시간으로 보려면 렌더링을 해야 한다. 그런데 렌더링 시간을 절약하기 위해 혹은 좀 낮은 화질이라도 상관이 없어서, 예를 들어 70% 화질로 렌더링하게 설정할 수 있다. 여기서 "낮은 화질"은 꼭 개별 프레임의 화질뿐 아니라 초당 프레임 수까지 포함하는 것이다.

## 4. 타임베이스와 프레임 속도

파이널 컷 프로 같은 프로그램을 보면, 타임베이스*timebase*가 정해지면
(NTSC의 경우 29.97) 프레임 속도*frame rate*도 따라서 고정된다. 그러나 웹
용 동영상 파일 등으로 내보낼*export* 때는 프레임 속도를 사용자가 정
할 수 있다. 그런데 어도비 프리미어(버전 6.0.) 프로그램에서는 DV 포
맷으로 편집할 경우 아니면 내보낼 때 뿐 아니라 타임라인에서 재생
할 때도 프레임 속도를 별도로 — 타임베이스와 다르게 — 설정할 수
있게 되어 있다(그림 6-3). 프리미어 프로 버전은 이와 다르긴 하다.
거기선 별도의 재생 프레임 속도를 정하게 되어 있지 않다.

　　타임베이스는 간단히 말하면 타임라인*timeline*을 나누는 최소 단
위라고 할 수 있다. 편집 프로그램에서 타임라인 윈도우를 보면 시간
에 따라 눈금이 매겨져 있는데 그 최소 눈금인 것이다. (정확히 말하면 1초
당 그 눈금의 개수가 타임베이스다.) 알다시피 편집 — 자르기 — 은 그 눈금

그림 6-3. 프리미어에서 재생 프레임 속도 설정

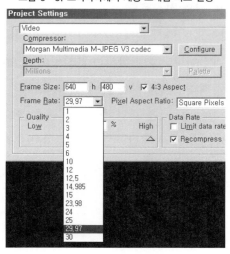

에서만 이루어진다. 가령 타임베이스가 24라면 1/24초 단위로 편집이 가능한 것이다. 일견 이 타임베이스는 초당 프레임 수, 즉 프레임 속도와 같은 개념인 것으로 보인다. 사실 어떤 면에서는 초당 프레임 수라고 해도 틀린 말이 아닐 것이다. 그러나 이런 경우를 생각해 보자. 초당 30프레임으로 어떤 비디오를 만들었는데, 이것을 웹에 올리기 위해 편집 프로그램에서 초당 10이나 15프레임 정도로 줄여서 다시 만들려고 한다. 그런데 처음에 초당 30프레임으로 만들 때 타임베이스를 30으로 했을 텐데 그것을 10이나 15로 바꾸는 것은 좋지 않다.[3] 그렇게 하면 1/30초 단위로 편집했던 정확성을 잃어버리기 때문이다. 프리미어에서 타임베이스를 바꾸려하면 다음과 같은 메시지가 뜬다. (프리미어 프로 버전에서는 프로젝트 내에서 타임베이스 바꾸는 것을 아예 허용하지 않는다.)

> 경고! 기존 프로젝트의 타임베이스를 바꾸면 타임라인의 클립들이 영향을 받을 수 있습니다. 편집점이 새 타임베이스로 변환되고 이에 따라 갭이 생기거나 다른 부작용이 있을 수 있습니다.

그래서 타임베이스를 30으로 그대로 두고 프레임 속도만 10이나 15로 할 필요가 있고, 그래서 타임베이스를 프레임 속도와 구분할 필요가 있는 것이다. 프레임 속도를 줄이는 것은 비디오 효과를 렌더링하는 시간을 줄인다는 의미도 있다.

타임베이스는 30인데 프레임 속도는 (가령) 10이라는 것은 무엇을 뜻하는가? 이미 초당 30장의 그림(프레임)들이 만들어져 있었다면 그 중 10장만 재생한다는 것이다. 3장 중 하나를 1/10초 동안 재생하

---

3. 프리미어에 10이나 15 같은 타임베이스가 없긴 하다. 그러나 여기서 구체적 수치는 중요하지 않다.

는 것이다. 이미 그림이 있지 않고 새로, 예를 들어 타이틀 같은 것을 만든다면 초당 10장을 만들게 되고 한 장(프레임)이 타임라인상에서 눈금 3개에 걸쳐 있게 된다. 이렇게 눈금 3개, 즉 1/10초가 한 묶음처럼 되긴 하지만 타임베이스 30의 기본 의미는 살아 있다. 다시 말해, 자르는 것은 1/30초 단위로 할 수 있다는 것이다. (그렇게 할 필요가 있는지는 의문이지만.)

위의 예처럼 타임베이스가 프레임 수의 정수배일 때는 비교적 단순한데, 가령 타임베이스가 24이고 프레임 수가 10이라면 어떨까. 그러면 평균 한 프레임당 눈금 2.4개가 되는데 소수점 이하 크기의 눈금은 없으므로 한 프레임이 눈금 2개를 차지하거나 3개를 차지하거나 할 것이다. 구체적으로는, 0.5초 동안만 보자면 다음과 같이 된다. 윗줄은 프레임 번호 아랫줄은 눈금 번호다.

| 1 | 2 | 3 | 4 | 5 |
|---|---|---|---|---|
| 1, 2, 3 | 4, 5 | 6, 7, 8 | 9, 10 | 11, 12 |

보는 바와 같이 프레임 하나가 차지하는 눈금 수가 3, 2, 3, 2, 2의 패턴으로 된다. 간격이 일정하지 않은 것이다. 그래서 가능한 한 초당 프레임 수는 타임베이스를 나누어떨어지는 수로 하는 게 바람직하다.

지금까지 재생playback을 중심으로 설명했지만 앞서 말했듯이 내보내기할 때도 별도로 그림 6-4처럼 프레임 속도를 설정하게 되어 있다. 일반적으로 재생 프레임 속도와 내보내는 프레임 속도를 일치시키지만 꼭 그럴 필요는 없다. 하지만 다르게 할 경우 역시 그 배율은 정수인 것이 바람직하다. 재생 프레임 속도가 초당 10이라면 내보내는 프레임 속도는 5, 10, 20 등으로 하는 게 좋은 것이다. 그리고

그림 6-4. 프리미어에서 내보내기할 때의 프레임 속도 설정

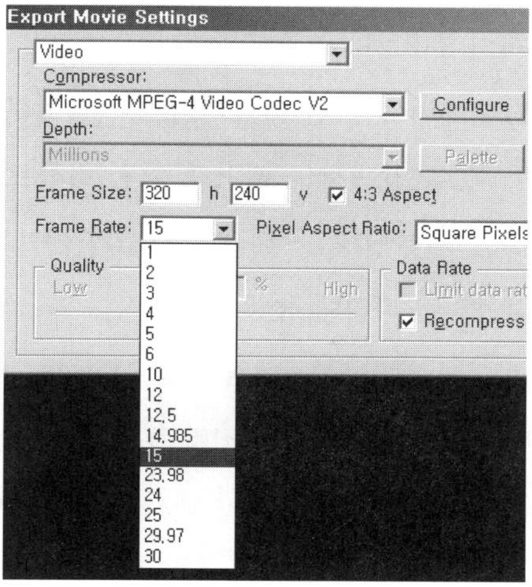

한 가지 알아둘 것은 앞의 예처럼 타임라인상에서 프레임이 일정 간격이 아니라도 내보낸 동영상에서는 프레임은 어디까지나 등간격이라는 것이다. 타임베이스와 초당 프레임 수의 괴리는 편집 프로그램에서만 존재하는 것이고, 개별 동영상 파일에는 그런 것이 없다. 초당 10프레임이라면 항상 프레임당 1/10초를 의미한다.

파이널 컷 프로(4.0) 같은 프로그램에서는 프리미어(6.0)에서와 달리 시퀀스(재생) 프레임 속도가 따로 있지 않다. 타임베이스가 바로 프레임 속도인 것이다. 단, 효과를 렌더링할 때는 그림 6-2에서 보듯이 낮은 프레임 속도로 할 수 있다. 한편, 내보낼 때 프레임 속도를 설정하게 되어 있는 것은 프리미어와 마찬가지다. 그것은 필수적인 사항이다. 재생할 때 프레임 속도를 따로 정할 수 없는 것은 내보내는 프레임 속도가 타임베이스와 다를 때 내보낸 결과를 미리 볼 수 없다는 단점이 있다고 할 수 있지만 불필요한 복잡함이 없다는 장점도 있다.[4]

재생이나 출력뿐 아니라 동영상을 불러들일*import* 때도 물론 프레임 속도는 고려되어야 한다. 불러들이는 동영상 클립의 프레임 속도와 편집 프로그램에서 설정한 타임베이스가 일치하는 게 바람직하지만 그렇지 않을 경우 앞에서의 예처럼 일정 비율로 프레임이 할당되게 된다. 예를 들어, 클립의 초당 프레임 수가 10이고 타임베이스가 24라면 각 프레임이 타임라인에 눈금을 2개 혹은 3개씩 차지하며 들어갈 것이고, 반대로 클립의 초당 프레임 수가 24고 타임베이스가 10이라면 클립의 모든 프레임이 불러들여지지가 않고 하나 혹은 두 프레임을 건너뛰며 타임라인으로 들어올 것이다. (정확하게는 1, 4, 6, 9, 11, 13, …… 의 순서가 될 것이다.)

## 5. 타임코드

기본적인 것이지만, 먼저 드롭 프레임*drop frame*(DF) 타임코드와 넌드롭 프레임*non−drop frame*(NDF) 타임코드의 차이에 대해 간단히 설명하고자 한다. 타임코드란 매 프레임에 번호를 붙이는 것인데 1, 2, 3, …… 10, …… 20, …… 100, …… 1000 이런 식으로 단순하게 번호를 붙여 나간다면 직접적으로 별로 도움이 되지 않을 것이다. 예를 들어, 35948프레임이 어느 정도의 시간인지 얼른 감이 안 잡히는 것이다. 그래서 '시, 분, 초, 프레임'의 형태로 타임코드를 표시한다. 그런데 문제는 30프레임이 정확히 1초가 아니라는 것이다.

---

4. 엄밀히 하자면, 재생 프레임 속도를 내보내는 프레임 속도와 같게 한다 해도 항상 완전하게 '미리 볼 수 있는' 것은 아니다. 앞에서 말했듯이, 타임베이스가 프레임 속도의 정수배가 아니면 타임라인에서 재생할 때는 프레임이 등간격이 아니게 되는데, 내보낸 후에는 등간격이기 때문이다.

다른 장에서 설명한 바와 같이 NTSC 비디오는 초당 29.97프레임 즉, 프레임당 1/29.97초다. 1/30초보다 약간(0.1%) 더 긴 것이다. 그렇지만 프레임 번호는 정수일 수밖에 없으므로 — '29.97번 프레임' 같은 건 없으므로 — 프레임 카운트가 30이 될 때 초 카운트가 1 증가하게 할 수밖에 없다. 하지만 "01:00"(즉, 30개의 프레임)이 실제 1초를 의미하지 않는 것이다. 실제는 1.001초가 지난 것이다. 이렇게 실제 시간과 일치하지 않음에도 불구하고 그냥 '시, 분, 초, 프레임'의 형태로 번호를 붙여가는 것이 NDF 타임코드다. 이 방식에서는 '1:00:00:00'이란 타임코드는 108000(= 30 × 60 × 60)프레임을 의미하고 실제 시간은 1시간 3.6초를 의미한다.

이렇게 타임코드가 실제 시간과 일치하지 않는 것을 최대한 피하기 위해 고안된 것이 DF 타임코드다. 타임코드를 하나의 시계로 본다면 NDF 코드는 늦게 가는 시계다. 시계가 "1:00:00:00"을 가리키고 있는데 실제로는 3.6초가 더 지났으니까 말이다. 늦게 가는 시계는 우리는 가끔씩 빨리 돌려줘야 한다. 가령 바늘이 '1'을 가리키고 있는데 '2,' '3'을 건너뛰고 '4'로 돌려놓는 것이다. 이와 비슷하게 DF 코드에서는 가끔씩 번호를 건너뛴다. 구체적으로 말하면, 매 분이 될 때마다 2칸을 건너뛰는데 단, 매 10분에는 그냥 간다. 예를 들어, '00:04:59:29' 다음이 '00:05:00:00'이 아니라 '00:05:00:02'가 되는 것이다. 그러나 '00:09:59:29' 다음은 '00:10:00:00'이다. 이런 식으로 하면 1시간에 54번, 108칸 건너뛰게 되므로 DF 코드에서 '1:00:00:00'은 107892프레임을 의미한다. 그리고 이것은 실제로 정확히 1시간이다. '드롭 프레임'은 프레임을 떨어뜨린다는 뜻인데 이 표현은 약간 오해의 소지가 있다. 마치 프레임을 버린다는 것처럼 들리기 때문이다. 물론 그게 아니고, 매 프레임에 번호(코드)를 붙여나

그림 6-5. 프리미어의 타임 디스플레이 설정

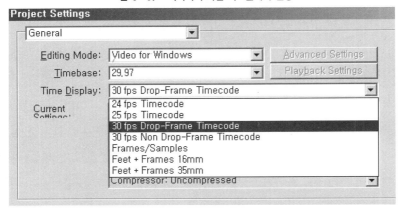

가는데 가끔 그 번호가 건너뛰는 것이다.

　　타임베이스를 타임라인의 눈금과 연관시켜 설명하였는데, 그러면 타임코드와의 관계는 어떻게 되는가. 눈금에 보통 숫자가 적혀 있고 그게 타임코드가 아닌가? 여기서도 프리미어와 파이널 컷 프로의 차이가 있다. 프리미어에서는 가령 타임베이스가 30이라도 '타임 디스플레이*Time Display*'는 24, 25 등 다른 '타임코드'로 표시할 수 있게 되어 있다(버전 6.0, 그림 6-5. 프리미어 프로 버전은 아래에서 설명할 파이널 컷 프로와 비슷하다). 그러나 표시는 이렇게 되더라도 초당 눈금의 개수(= 타임베이스)는 변함이 없다. 그래서 가령 타임 디스플레이를 24로 하면 1초에 눈금은 30개인데 표시는 24단계로 해야 하는 것이다. 그러니 대략적일 수밖에 없다. 이렇게 할 이유가 무엇인가? 그것은 앞 절에서 보았듯이 프리미어에서는 타임베이스와 별도로 초당 프레임 수를 설정할 수 있기 때문일 것이다. 그러나 파이널 컷 프로에서는 타임베이스가 바로 타임코드가 된다. 타임베이스와 다른 '타임 디스플레이'는 없으며 이것이 더 바람직한 것으로 생각된다.

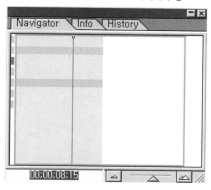
그림 6-6. 프리미어의 내비게이터 창

편집 프로그램에서 타임라인을 이동하는 방법이 여러 가지가
있는데 그 중에 타임코드를 직접 입력하는 방법이 있다. 프리미어의
경우에는 그림 6-6에서 보는 것처럼 내비게이터*navigator* 윈도 아래쪽
에 타임코드를 입력하는 칸이 있다. 그런데 타임코드를 DF로 설정할
경우 약간 미묘한 일이 생길 수 있다. 예를 들어 내가 가고자 하는 위
치가 정확히 3분 되는 지점이라서 '0;03;00;00'(숫자 사이의 세미콜론은 드
롭 프레임을 의미한다)라고 입력하면 DF에는 그런 타임이 없으므로
'0;03;00;02' 위치로 가게 된다. 그러나 이런 건 그래도 차이가 바로
눈에 보이므로 문제가 덜 한데, 절대적 위치가 아니라 이동하는 거리
를 입력하는 경우는 약간 더 미묘하다. 현재 위치가 가령 '0;03;55;02'
인데 '+4;28'을 하면 '0;04;00;02'로 가게 되고 '+5;00'하면
'0;04;00;04'로 가게 된다. 드롭 프레임에 대해 잘 알면 이런 게 별
문제가 아닐 수 있지만 익숙하지 않은 사람에게는 혼란스럽다. 전체
프로그램 길이(시간)를 정확히 맞춰야 하는 상황이 아닌 한 NDF를 사
용하는 게 바람직할 것이다.

타임코드와 관련하여 끝으로 언급하고 싶은 것은 촬영할 때 타

임코드가 끊기지 않도록 해야 한다는 것이다. 촬영하다 멈추고 그대로 다시 촬영하면 타임코드는 연속적으로 기록된다. 그러나 방금 촬영한 것을 확인하려고 좀 되돌려서 재생하다 보면 촬영한 맨 마지막 프레임을 지나쳐서 멈추기 쉽다. 그리고 그 상태에서 촬영하면 타임코드는 00:00:00:00부터 다시 시작한다. (고급 카메라의 경우는 아닐 수도 있지만 대개의 DV 카메라는 그렇다.) 이런 실수는 빈번하게 일어나는데, 이렇게 되면 나중에 컴퓨터로 캡처할 때 좋지 않다. 한 테이프 내에 같은 타임코드가 2개 이상 있어서 배치*batch* 캡처할 때 아주 꼼꼼히 신경을 써야 한다.

## 6. DV의 픽셀 종횡비

5장에서도 설명하였듯이 픽셀 종횡비*pixel aspect ratio*는 픽셀 하나의 가로 대 세로의 비율을 말한다. 편집 프로그램에서는 그림 6−7처럼 그 값을 설정하도록 되어 있는데(이 역시 프리미어 프로 버전은 다르다. 처음 프로젝트를 만들 때 픽셀 종횡비를 한 번 설정하면 그 다음에는 바꿀 수 없게 되어 있다), 사실 잘라 붙이는 편집만 하는 경우에는 그 값을 어떻게 설정하든 크게 중요하지 않다고 할 수 있다. 앞서 '렌더링' 섹션에서도 말한 바와 같이, 자르고 붙이기만 할 때는 캡처한 동영상을 건드리지 않기 때문이다. 픽셀 종횡비가 (약) 0.9인 NTSC DV를 1로, 즉 '정사각형 픽셀'로 설정한다고 원래의 영상이 어떻게 되는 게 아니라는 것이다. 다만 모니터상에 화면이 3:2(720:480)의 비율로 — 옆으로 약간 퍼져 보이게 — 표시되는 것일 뿐이다. 한참 편집을 한 후에도 그것은 얼마든지 바꿀 수 있고 그래도 디스크에 있는 파일 자체는 아무런 변화가 없다.

그림 6-7. 프리미어에서 픽셀 종횡비 설정

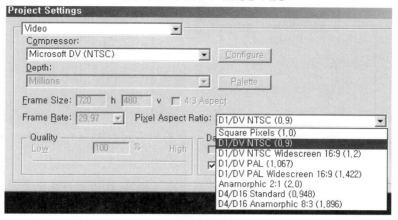

그러나 새로 그림을 만들 때는, 예를 들어 타이틀을 만든다면 픽셀 종횡비는 중요해진다. 픽셀 종횡비를 1로 설정한 상태에서 원을 만들면 그것은 그림 6-8(a)처럼 화면 비 3:2에서 정확히 원으로 보인다는 뜻이다. 그러나 그 화면 비에서 다른 DV 영상 — 카메라로 촬영한 화면 — 은 옆으로 퍼져 보인다. 그래서 그대로 DV 테이프에 출력하여 그것을 보통의 TV에서 보면 일반 DV 영상은 정상적으로 보이는 반면 만든 타이틀은 그림 6-8(b)처럼 약간 홀쭉해 보일 것이다. 정리하자면, 픽셀 종횡비 설정은 렌더링하는 화면에 대해서만 실제적인 — 디스크에 기록한다는 의미에서 — 결과를 가지며, 작업 중에 종횡비 설정을 바꾸면 렌더링을 다시 해야 한다.

DV의 픽셀 종횡비는 정확히 얼마인가? 5장에서 말했듯이, CCIR 601 비디오의 픽셀 종횡비는 공식적으로 10/11인 것 같지만 프리미어에서는 0.9로 되어 있다. 전자라면 DV의 화면은 약 654×480의 비율이고, 후자라면 648×480의 비율이다. 작긴 하지만 완전히 무시할 수 있는 차이는 아니다. 어느 게 맞는지 확인하려면 포토샵 같은 프

그림 6-8. 픽셀 종횡비에 따른 차이

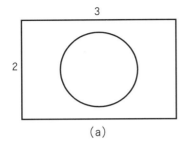

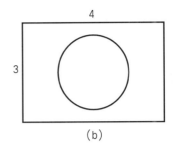

로그램에서 위의 비율들로 그림을 만든 다음 편집 프로그램으로 불러들여 보면 된다. 프리미어에서는 648×480 정도가 DV화면과 겹치는 것을 볼 수 있다. 그런데 Avid ExpressDV는 또 다르다. 640×480이 정확히 겹치는 것이다. 픽셀 종횡비로 보자면 약 0.89가 된다. 그래픽 파일을 그 자체로만 볼 때는 이 정도 차이는 별 것 아닐 수 있지만, 실사로 촬영한 DV 화면과 합성한다든지 할 경우는 정확히 겹치는지 아닌지가 민감한 문제가 될 수 있다.

그런데 그래픽 파일을 불러들일 때 유의해야 할 점이 한두 가지 있다. 위에 말한 '비율 확인'의 목적으로 불러들일 때는 그림의 종횡비를 유지해야 한다. 프리미어의 경우, 프로젝트 창이나 타임라인 창에서 클립을 선택한 후 Clip > Video Options > Maintain Aspect Ratio를 체크하면 된다(버전 6.0). 이렇게 해야 원래의 비율이 그대로 유지되기 때문에 DV 화면과 겹치는지 아닌지 비교할 수 있는 것이다. 디폴트는 종횡비 유지를 하지 않는 것인데, 이러면 원래의 비율이 무엇이든지 DV 화면에 맞게 늘이거나 줄인다. 위에서 말한 '비율 확인'의 목적이 아니고 실제로 편집을 하는 상황이라면 이 디폴트 상태를 그대로 두라고 하고 싶다. '종횡비 유지'하면, 렌더링하지 않고 그냥 타임라인에 올려놓았을 때는 말 그대로 원래 종횡비가 유지되지만 렌더링을 하면 달라지기 때문이다(아래 참조).

　여기서 "aspect ratio"의 의미에 대해 다시 한 번 살펴볼 필요가 있다. 이것은 물론 화면 혹은 그림의 가로와 세로의 비율인데, 문제는 상황에 따라 가로와 세로의 픽셀 수의 비율을 의미할 때가 있다는 것이다. 이 둘은 서로 분명 다른 것이다. 여기서 편의상 전자 — 실제 표시display된 그림의 가로 세로 비율 — 를 '그림 종횡비'라고 부르겠다. 픽셀 수의 비율만으로는 이 그림 종횡비가 결정되지 않는다. 픽셀 종횡비라는 변수가 하나 더 있다. 그럼에도 종종 "aspect ratio"는 픽셀 수의 비율을 의미하는 것으로 사용되고 있다. 위 단락에서 설명한 프리미어의 "Maintain Aspect Ratio"라는 명령도 사실 픽셀 수의 비율을 유지하라는 것이다. 말했듯이 픽셀 수의 비율만으로는 화면을 어떻게 표시할지 결정되지 않기 때문에 픽셀 종횡비를 정해야 하는데 그것은 Clip 〉 Advanced Options 안에 있다. 포토샵에서 만든 그래픽 파일을 불러들이면 디폴트로 픽셀 종횡비는 1로 되어 있다. 그래서 포토샵에서 봤을 때와 같은 비율로 모니터에 보이게 된다. 그런데 이것을 타임라인에 올리고 렌더링을 하면 어떻게 되는가? 렌더링은 그 그래픽을 DV 동영상으로 만드는 것인데 이때 픽셀 종횡비가 DV의 0.9로 바뀌어 버린다. 픽셀 수의 비율은 그대로이므로(유지하라고 했으니까) 그림이 원래보다 좀 홀쭉해져 보일 것이다. 렌더링하기 전과 후가 이렇게 다른 것은 분명 문제인데 6.0버전에서는 어쩔 수 없는 것 같다. 그래서 실제 작업할 때는 "Maintain Aspect Ratio"하지 말라고 한 것이다.

　Avid ExpressDV(버전 3.5)에서는 이와 달리 그래픽 파일을 불러들이는 게 제대로 전문적으로 되어 있다. 불러들일 때 옵션이 있는데 그 중 종횡비 관련해서는 그림 6−9처럼 4가지가 있다. 여기서의

그림 6-9. Avid ExpressDV에서 그래픽 이미지 불러들일 때의 옵션

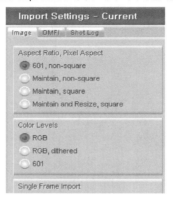

"aspect ratio"도 픽셀 수의 비율을 말하는 것인데 그 옆의 "pixel aspect"와 함께 그림 종횡비를 결정한다. 각 옵션들이 구체적으로 어떤 것을 의미하는지 640×480과 480×480 두 그래픽 파일을 통해서 보도록 하겠다. 결과는 표 6-1에 나타내었다. 비율로 표시된 것은 '그림 종횡비'를 나타낸 것이고 괄호 안은 DV의 720×480 픽셀 중 그 그림이 차지하는 픽셀들이다. 나머지 DV 픽셀들은 (있다면) 검은 '바탕'이 된다.

표에서 보듯이 1번에서는 원본과 관계없이 DV 화면에 맞춰진다. 480×480의 경우는 1.33:1에 맞추기 위해 그림이 옆으로 늘어나게 될 것이다. 2번에서는 픽셀 수의 비율은 유지되지만 픽셀이 직사각형(종횡비 약 0.89)이므로 그림 종횡비가 첫 번째 파일의 경우 480×0.89:480 = 1.19:1이 되고 두 번째 파일의 경우 480×0.89:480 = 0.89:1이 된다. 2번 옵션의 한 특징은 그림이 차지하는 DV의 픽셀 수가 원본과 같다는 점이다. 즉, 원본의 픽셀들을 DV로 1:1로 복사한 것이다. 다만, DV의 픽셀이 홀쭉하니까 그림이 전체적으로 (포토샵에서 만들 때에 비해) 홀쭉해지는 것이다. 3번 옵션에서는 픽셀 수의 비율이 유지되고 픽셀이 정사각형이므로 그림 종횡비는 픽셀 수의 비율

표 6-1. 종횡비 설정에 따른 결과

| | Aspect Ratio, Pixel Aspect | 640 × 480 | 480 × 480 |
|---|---|---|---|
| 1 | 601, non—square | 1.33:1 (720 × 480) | 1.33:1 (720 × 480) |
| 2 | Maintain, non—square | 1.19:1 (640 × 480) | 0.89:1 (480 × 480) |
| 3 | Maintain, square | 1.33:1 (640 × 427) | 1:1 (480 × 427) |
| 4 | Maintain and Resize, square | 1.33:1 (720 × 480) | 1:1 (540 × 480) |

과 같다. 예를 들어, 두 번째 파일의 경우 그 비율은 1:1이다.

여기서 "픽셀 수의 비율이 유지되고"라는 말을 오해하지 말기 바란다. DV로 불러들이고 난 후에도 여전히 픽셀 수의 비율이 (1:1로) 유지된다는 말이 아니다. 그게 아니라 그림 종횡비를 계산할 때 원본 픽셀 수의 비율을 사용한다는 말이다. 1:1이라는 그림 종횡비를 얻는 데 480 × 480이라는 원본 픽셀 수의 비율과 1이라는 픽셀 종횡비를 사용하는 것이다. 1번 옵션과 비교하면 그 의미가 더 분명해질 것이다. 1번에서는 그림 종횡비를 얻는데 원본 픽셀의 수는 고려가 되지 않는다. 원본과 상관없이 DV의 720 × 480이라는 픽셀 수('601')가 사용되는 것이다. "Aspect Ratio"를 '유지'한다는 것은 이와 달리 원본의 픽셀 수에 근거하여 그림 종횡비를 얻는 것이다. 이렇게 그림 종횡비를 얻으면 그 다음에 그것을 DV 픽셀들로 어떻게 만들 것인지를 계산한다. 1:1이라는 비율의 그림을 DV 화면에 표현하려면 DV 픽셀은 홀쭉하므로 가로로 픽셀을 (480에서) 더 증가시키거나 세로로 (480에서) 픽셀을 줄여야 한다. 이 프로그램에서는 후자를 택한다. 그래서 가로로는 픽셀 수가 같고 세로로 480×0.89 = 427픽셀이 된다.

끝으로 4번 옵션에 대해서 보면, 이것은 3번과 그림 종횡비는 같다. 그런데 3번에서는 그림이 DV 화면을 다 채우지 못했는데, 4번에서는 가로나 세로 중 최소한 하나는 DV 화면을 채우게끔 크기 조

정*resize*을 하는 것이다. 첫 번째 파일의 경우는 다행히 그림 종횡비가
DV 화면의 종횡비와 같아서 가로 세로가 모두 꽉 차게 할 수 있지
만, 두 번째 파일의 경우는 세로만 꽉 차고 가로로는 양 옆에 (검은)
공간이 남아 있게 된다.


## 7. 16:9

16:9 "와이드스크린"으로 촬영하는 것에는 기본적으로 세 가지 방식
이 있다.


    (1) 16:9 CCD를 사용한다.
    (2) 보통의 4:3 CCD의 위, 아래 일부를 사용하지 않는다.
    (3) 아나모픽*anamorphic* 렌즈를 사용한다.


    1번이 가장 바람직한 방식이다. 렌즈에 의해 생긴 광학 이미지
를 기록하는 CCD 자체가 와이드스크린이다. 4:3 표준 모드로 촬영할
때는 CCD의 좌우 일부를 사용하지 않고 가운데만 사용한다. 4:3일
때 720×480픽셀이라면 전체는 960×480인 셈이다. (실제 카메라의 픽셀
수는 이와 다를 수 있다.) 그런데 여기서 잊지 말아야 할 것은 DV는 어디
까지나 720×480이라는 것이다. 960×480의 CCD를 사용한다고 그런
픽셀의 DV가 만들어지는 게 아니다. 가로 960을 720으로 '압축' 하여
기록하는 것이다.
    여기서 '압축' 이란 말은 주사선 하나당 960번 샘플링을 한 다음
에 그것을 다시 디지털적으로 720으로 압축한다는 뜻이 아니다.

CCD에서 나오는 신호는 아날로그라는 것을 기억하자. 아날로그에는 픽셀이라는 것이 없다. CCD의 한 줄당 몇 개의 픽셀이 있었든, 나올 때 그 "줄"은 아날로그고 그것을 720번 샘플링하는 것이다. 720번 샘플링할 거라면 960개의 픽셀은 아깝다고 생각될 수도 있겠다. 그러나 16:9 모드로만 사용하는 카메라라면 720 × 480픽셀을 16:9의 비율로 배열하여 사용하면 되겠지만 4:3 모드로도 촬영해야 하기 때문에 그럴 수가 없다. 그리고 사실 샘플 수보다 많은 CCD의 픽셀이 무조건 낭비는 아니다. 똑같이 720번 샘플링한다 해도 (어느 정도까지는) CCD의 픽셀 수가 많을수록 화질이 좋다. 앞서 디지털적인 압축은 아니라고 했는데, 960개의 CCD 픽셀을 720개의 DV 픽셀로 압축했다고 말할 수는 있다.

4:3 모드일 때 CCD의 (실제 사용되는 부분의) 가로가 예를 들어 1cm 라면 16:9 모드일 때는 가로가 1.33cm이다. 그런데 샘플 수는 같으니 16:9일 때는 샘플 하나에 더 긴 거리가 포함되게 된다. 더 먼 거리를 같은 걸음 수로 가려면 보폭이 커지는 것과 같다. 샘플 하나에 (표준 모드보다) 더 긴 거리가 그렇게 포함되어 있음에도 불구하고 표시(재생)할 때 4:3 화면으로 하게 되면 좌우가 압축되어 보일 것이다. 그래서 — 당연한 말이지만 — 16:9 화면으로 표시해야 하는데, 말하고자 하는 것은 이것이 DV 픽셀이 많아진 것을 의미하는 게 아니라는 것이다. 픽셀 하나가 더 긴 거리를 담고 있는 것을 고려하여 넓게 표시할 뿐이다.

이것은 다름 아닌 픽셀 종횡비의 문제다. 4:3일 때나 16:9일 때나 DV의 픽셀 수는 같다. 다만, 전자일 때는 픽셀 종횡비가 (약) 0.9이고 후자일 때는 그것이 (약) 1.2인 것이 다르다. 표준 모드에서는 픽셀이 약간 홀쭉한 반면 와이드스크린 모드에서는 픽셀의 가로가 세로보다 더 길다. 여기서 오해하지 말 것은, 그런 픽셀이 물리적으로 존재한다는 의미는 아니라는 것이다. DV의 픽셀 종횡비가 1.2라는 것은 DV의 720×480픽셀을 16:9로 표시하라는 의미일 뿐이다. 표준 모드에서도 마찬가지다. DV의 픽셀 종횡비가 0.9라는 것은 DV 화면이 4:3임을 의미할 뿐이고, 예를 들어, CCD의 픽셀 종횡비가 반드시 0.9여야 한다는 의미는 아니다. CCD가 기록하는 이미지의 종횡비가 4:3인 것은 필수적이지만 그 이미지를 구성하는 CCD 픽셀이 720×480여야만 하는 건 아니라는 것이다.

이제 16:9로 촬영하는 두 번째 방법에 대해 보도록 하겠다. 이 것은 훨씬 싼 방법이다. 와이드 모드일 때 표준 모드보다 더 많은 픽셀을 사용하는 게 아니라 오히려 더 적은 픽셀을 사용한다. 표준 모드일 때 CCD가 720×480이라면 와이드일 때는 위아래 일부를 빼고 가운데 720×360만을 사용한다. 여기서 "만을 사용한"이라는 표현은 좀 어폐가 있긴 하다. 마치 나머지 720×120개의 픽셀들이 활동 정지되는 듯한 인상을 주기 때문이다. 정확히 말하면 그게 아니다. 사실, CCD에서 신호가 나올 때까지는 표준 모드와 차이가 없다. 그 신호를 표준 모드 때처럼 디지타이즈한 다음에, 위아래를 버리고 가운데 720×360 DV 픽셀들을 디지털적으로 상하로 팽창함으로써 와이드 모드가 되는 것이다. 결과적으로는 CCD의 위아래 픽셀들을 사용하지 않은 게 되었지만 물리적 절차로 봤을 때는 그게 아니다. '사용하지 않음'은 CCD가 아니라 디지털 영역에서 행해지는 것이다.

720×360픽셀의 그림을 위아래로 늘여서 720×480이 된 후에 DV 압축하여 테이프에 기록하게 된다. 그것은 DV의 정해진 규격이다. 720×360으로 저장한다면 공간을 절약할 수도 있겠지만 그런 포맷은 지원하지 않는 것이다. 16:9로 촬영하는 1번 방식에서는 더 긴

가로를 같은 720픽셀에 담았다면, 여기서는 더 짧은 세로를 같은 480 픽셀에 담는 것이다. 다른 말로 하면, 1번 방식에서는 픽셀 하나가 표시할 가로 거리가 (표준 모드보다) 길고 2번 방식에서는 픽셀 하나가 표시할 세로 거리가 짧다. 그래서 픽셀의 종횡비는 1.2로 같다. 둘의 차이는 물론 1번 방식이 화질이 훨씬 좋다는 것이다. 둘 다 최종적으로는 720 × 480이지만 1번은 960 × 480을 '압축'한 것이고 2번은 720 × 360을 '팽창'한 것이기 때문이다.

16:9로 촬영하는 세 번째 방법은 시네마스코프 영화를 촬영하는 카메라처럼 아나모픽 렌즈를 사용하는 것이다. 이미지를 기록하는 CCD는 4:3이지만 그 이미지 자체가 렌즈에 의해 좌우로 압축된 것이다. 이 방식일 때는 카메라에서는 물론 '표준 모드'로 설정되어 있어야 할 것이다. 그렇지 않으면 이미 렌즈에 의해 홀쭉해진 이미지가 더 홀쭉해져서 기록될 것이다! 다른 방식과 화질을 비교하자면, 이 방식은 사용하지 않는 픽셀이 없으므로 2번보다 뛰어나다. 그러나 1번보다는 조금 못 하다. 앞서도 말했듯이, 같이 720번/줄 샘플링을 하더라도 CCD에 픽셀이 한 줄에 960개 있는 것이 720개 있는 것보다 더 낫기 때문이다.

어느 방식이든, 테이프에 기록되는 것은 픽셀 종횡비 1.2의 720 × 480 DV 영상이다. (정확히 말하면 3번 방식의 경우에는 사용하는 렌즈에 따라 비율—픽셀 종횡비가 달라질 수 있다.) 4:3 화면으로 보면 홀쭉해 보이는 그런 영상인 것이다. 이 영상을 가지고 편집을 할 때는 물론 편집 프로그램에서 16:9라고 설정을 해 줘야 할 것이다(그림 6-7 참조). 그러나 앞 절에서도 말했듯이 컷 편집만 하는 경우에는 픽셀 종횡비 설정을 잘못한다고 큰 문제 — 나중에 재작업을 해야 한다든지 하는 — 가 생기지 않는다. 정상적으로 보이지 않으니 불편한 점은 있겠지만. 그러나 타이틀 같은 것을 렌더링해서 만들 때는 다른 DV 영상과 일치해야 하므로 픽셀 종횡비 설정을 제대로 해야 한다.

사실, 와이드스크린 DV를 만드는 방법이 하나 더 있다고 할 수 있다. 이것은 촬영할 때 하는 것이 아니라, 촬영은 4:3으로 하고 편집 프로그램에서 화면을 상하로 늘여 주는 방법이다. 이 방법은 일단 4:3으로 작품을 완성하고 난 다음에 그건 그대로 두고 와이드 버전을 또 하나 만들 수 있다는 장점이 있지만, 렌더링하는 데 시간이 많이 걸릴 수 있다.

일단 4:3으로 작업하되 위아래를 마스킹해서 가운데만 보이도록 하는 것도 '와이드스크린'이라고 해야 할까? 겉보기로는 마찬가지이니 그렇다고도 할 수 있지만, 일반적으로 DV와 관련하여 16:9를 말할 때는 그것은 픽셀 종횡비가 1.2인 것을 의미한다. 즉, 4:3 화면으로 보면 홀쭉해 보여야 하는 것이다. 그렇지 않으면 마스크가 있든 없든 표준 모드이다.


## 8. 밝기와 콘트라스트

편집 프로그램에는 일반적으로 디지털 효과의 일부분으로서 영상의 밝기, 콘트라스트, 색 등을 조정할 수 있게 되어 있다. 여기서는 밝기 조절과 콘트라스트 조절의 차이, 그래픽 프로그램에서의 콘트라스트 조절과 비디오 모니터에서의 콘트라스트 조절의 차이 등에 대해 살펴보고자 한다.

밝기brightness 조절은 화면의 어두운 부분이나 밝은 부분이나 일정한 양만큼 밝거나 어둡게 하는 것이다. 여기서 "일정한 양만큼"이

란 표현이 애매하다고 생각할 사람을 위해 조금 보충 설명하겠다. 제
2장에서 논한 바와 같이 주관적으로 인식되는 밝기와 물리적 에너지
에 비례하는 휘도luminance는 다른 것이다. 휘도가 1에서 2가 되는 것과
10에서 11이 되는 것은 같은 1의 차이지만 주관적 밝기 차이는 완전
히 다르다. 위에서 "일정한 양"이라고 한 것은 이 주관적 밝기 혹은 (그
것에 비례하는 양인) 루마luma에서의 일정한 차이를 말한다. 그림 6-10은
밝기 조절에 의한 그런 변화를 그래프로 보여 준다. 그림에서 그래프
가 평평한 부분은 최대 밝기나 최대 어둠에 달해서 더 이상 변화가
없는 부분이다.

그림 6-11은 비디오의 콘트라스트를 조절했을 때 루마 레벨이
어떻게 변하는지 보여 준다. 보는 것과 같이 제일 어두운 부분은 변
하지 않은 채 그래프의 기울기가 변한다. 그래서 콘트라스트를 올리
면 전체적으로 좀 밝아지고 콘트라스트를 내리면 전체적으로 어두워
진다. 그러나 이것은 물론 밝기 조절에 의한 것과는 다르다. 그런데

그림 6-10. 비디오의 밝기 조절

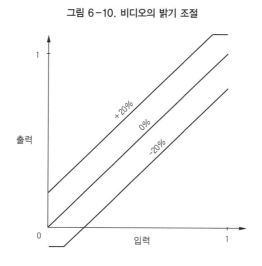

그림 6-11. 비디오의 콘트라스트 조절

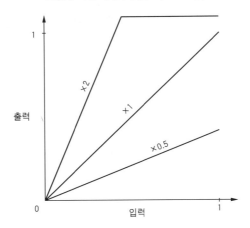

콘트라스트를 이렇게 조절하는 것은 전통적인 아날로그 비디오에서
의 방식이다. TV 모니터의 콘트라스트 조정이 이것과 같다. 그러나
컴퓨터 그래픽에서 콘트라스트를 조절하는 방법은 이와 다르다. 어
도비 포토샵이 그 대표적인 것인데, 여기서는 그림 6-12에서 보는
것처럼 중간 톤을 중심으로 그래프의 기울기가 변한다. 그래서 콘트
라스트를 올리면 밝은 부분은 더 밝아지지만 어두운 부분은 더 어두
워진다. 반대로 콘트라스트를 내리면 밝은 부분은 중간 톤 쪽으로 내
려오고 어두운 부분은 중간 톤 쪽으로 올라간다. 편집 프로그램에서
콘트라스트 조정하는 것도 세부적인 것은 좀 다를 수 있으나 기본적
인 것은 이와 같다.

밝기 조절에 있어서는 아날로그 비디오와 컴퓨터 그래픽의 근
본적인 차이는 없다. 조절 방식의 차이라기보다는 루마 신호 자체에
좀 차이가 있는데, 그것은 아날로그에서는 '셋업set-up'이라는 게 있
지만 디지털 비디오에는 그런 게 없다는 점이다. 셋업은 그림 신호의
가장 어두운 부분(블랙 레벨)을 0IRE에 맞추지 않고 좀 높게 — 7.5IRE

그림 6-12. 컴퓨터 그래픽의 콘트라스트 조절

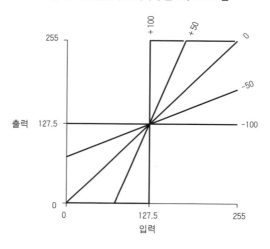

— 에 맞추는 것을 말한다(2장 참조). 0IRE는 공백 레벨로서 전자빔이 완전히 꺼진 상태다. 가장 어두운 상태인 것이다. 그런데 그림의 가장 어두운 부분을 거기에 맞추지 않는다는 것은 그림의 '검은 색' 보다 더 어두운 검은 색이 있다는 말이다. 그러나 디지털 비디오에는 셋업이라는 것이 없다. 그림의 검은 색이 최대 검은 색이다. DV의 경우 밝기 신호(Y')에 8비트가 할당되지만 0~255 전부가 실제 밝기를 표현하는 데 사용되지 않기는 한다. 16~235까지 사용된다. 그러나 15 이하가 더 어두운 검은 색 같은 걸 의미하는 것은 아니다.

그런데 236 이상은 그렇게 단순하지가 않다. 방송 기준(CCIR 601)으로는 235가 최대 흰색이다. 즉, 100IRE로서 그 이상은 방송될 수가 없다. 그러나 236~254까지의 여유가 있고(255는 다른 목적으로 사용된다) 실제로 많은 DV 카메라가 그것을 자르지 않고 100IRE보다 더 밝은 부분들을 기록한다. 방송만 안 될 뿐이지 그냥 재생해서 볼 때는 상관이 없고, 필름으로 출력한다든지 할 경우는 그런 넓은 범위가 더 좋은 결과를 낳기 때문이다. 문제는 235보다 더 밝은 흰색을 가진 영상에 어떤 효과를 줄 때 발생한다. 컴퓨터에서 그래픽 관련 연산은 일반적으로 RGB 공간에서 이루어지고 그래서 DV의 Y′값을 RGB값으로 바꿔줘야 한다. CCIR 601 표준에 따르면 Y′ 16~235를 RGB 0~255로 변환mapping을 한다. 그런데 이렇게 하면 어떤 결과가 발생할까? Y′가 235를 초과하는 것은 모두 잘릴clipping 것이다. 그래서 예를 들어 합성을 했다면 합성한 부분의 최대 흰색이 Y′=235에 머물게 된다. 쉽게 말해, 효과가 없는 부분에 비해 약간 어두워진 느낌을 받게 되는 것이다. 단, 이런 차이는 외부 TV 모니터에서만 볼 수 있다. 컴퓨터 모니터는 어차피 RGB로 변환된 그림을 보여 주기 때문에 합성하지 않은 부분도 Y′ 235 이상은 잘려서 보인다. 그래서 새로 렌더링한 부분과 차이가 드러나지 않는다. 그러나 원본에는 236 이상이 살아 있는 반면, 새로 렌더링한 부분은 235가 끝이다. 그 차이가 TV 모니터에 드러난다.

이 문제를 해결하는 방법으로, Y′와 RGB 사이의 변환을 위와 같이 하지 않고 Y′ 16~235를 그냥 RGB 16~235로 변환하는 것이 있다. 파이널 컷 프로에서 '슈퍼화이트superwhite'가 바로 이것이다. 이 방법을 사용하면 흰색이 잘리는 일이 없다. 그러나 다른 문제가 전혀 없지는 않다. DV 영상의 블랙이 충분히 까맣게 보이지 않을 수 있다. 그리고 가령 타이틀을 만드는데, 완전히 검은색(RGB 0)과 조금 덜 검은색(RGB 16)의 차이를 둘 수는 있지만 DV로 렌더링을 하면 차이가 없다. Y′=15 이하가 없기 때문이다.

## 9. 아날로그와의 차이

아날로그 비디오테이프 편집을 해 본 사람은 기억을 더듬어 보면 알 수 있다. 아날로그 선형 편집에서는 편집의 끝점(*out point*)이 모니터에 보이는 프레임을 포함한다. 예를 들어, 모니터에 '00:00:04:00' 프레임이 보이고 그것을 편집 끝점으로 지정하여 편집하면 그 프레임이 편집에 포함된다. 이것은 그것이 소스 쪽이든 녹화*record* 쪽이든 마찬가지이다. 그러나 프리미어 프로그램을 보면, '00:00:04:00'을 끝점으로 지정하면 그때 모니터에는 그 프레임이 보이지만 편집은 그 앞 프레임, 즉 '00:00:03:29'에서 끝난다(이 역시 프리미어 프로에선 달라졌다. 거기선 끝점이 편집에 포함된다.). 물론 그것이 생각보다 혼란스럽지는 않을 수 있다. 프리미어에서는 편집 포인트가 어떤 프레임이라기보다는 프레임과 프레임의 경계이고, 그것이 그림 6-13a처럼 편집 라인*edit line*으로 드러나기 때문이다.

그러나 아날로그 편집에 익숙해져 있던 사람이라면 여전히 약간

그림 6-13a. 프리미어의 편집 라인

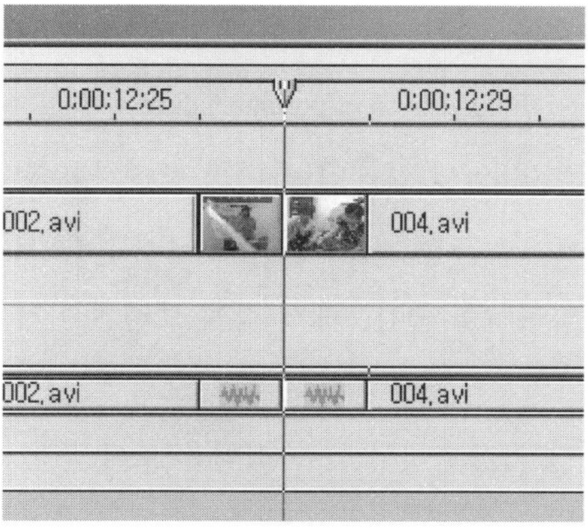

그림 6-13b. 아비드의 편집 라인

혼란스러울 수 있다. 특히, 타임라인의 스케일을 작게 해서, 즉 '줌아 웃' 해서 볼 경우에는 편집 라인이 (프레임이 아니라) 경계를 나타낸다는 것이 잘 드러나지 않아서 더욱 그럴 수 있다. 또 문제를 복잡하게 하 는 것은 아비드 프로그램 같은 데서는 '아날로그 방식' 이라는 것이다. (디지털이라도 선형 편집기에서는 그 방식이기 때문에 '선형 방식' 이라고 해야 맞을지 모 르겠다.) 거기서는 편집 끝점이 모니터에 보이는 프레임을 포함한다. '00:00:04:00' 을 끝점으로 지정하면 그 프레임이 포함되는 것이다. 편 집 포인트가 경계가 아니라 프레임이라는 것은 그림 6-13b에서 보듯 이 편집 라인 — 아비드에서는 'position indicator' 라고 부른다 — 이 실 선과 점선으로 되어 있어 프레임 하나를 포괄하고 있다는 것에서 드 러난다. (파이널 컷 프로도 이와 비슷하게 룰러*ruler*에 한 프레임 범위를 표시한다.) 그 러나 이것도 타임라인을 줌아웃해서 작게 보면 보이지 않는다.

　　아날로그와의 두 번째 차이는 오디오의 기준 레벨을 설정하는 문제다. 아날로그 녹음기에서 녹음 레벨을 보여 주는 것은 보통 그림

그림 6-14. 아날로그 오디오미터(a)와 디지털 오디오미터(b)

6-14(a)와 같은 'VU 미터'다. 그리고 기준음 — 보통 1KHz 음 — 을 녹음할 때는 거기서 0dB에 맞춘다. 그러나 디지털 녹음기에서 녹음 레벨을 보여 주는 미터는 그림 6-14(b)처럼 최대가 0dB로 되어 있고, 기준음은 -12dB나 -18dB 등에 맞춘다. 그래서 아날로그의 '0dB'에 익숙한 사람이 잘 모르는 상태에서 처음 디지털 녹음기를 쓰면 지나치게 높게 녹음하기 쉽다. 미터가 왜 이렇게 달라야 하는가? 아날로그에서는 '최대'가 무엇인지 확실하지가 않다. 신호가 너무 세면 테이프가 포화saturate되지만 그 경계가 칼로 자르듯이 분명하지 않고, 테이프(나 다른 매체)에 따라서도 달라질 수가 있다. 그러나 디지털에서는 최대가 분명하다. 8비트라면 256단계, 16비트라면 65536단계로서 명확하게 정해져 있다. 그리고 이것은 기록 매체와는 상관이 없다. 그래서 최대를 미터 표시의 기준으로 할 수가 있는 것이다. 그리고 디지털 녹음기에서는 최대 레벨을 특히 신경 써야 할 이유가 있다. 아날로그도 녹음 레벨이 너무 높으면 소리가 왜곡되지만 디지털에서는

그것이 더 심각하다. 단순하게 말하기는 힘들지만, 아날로그에서는 너무 낮게 녹음하는 것을 염려해야 할 경우가 많다면 디지털에서는 너무 크게 녹음하는 것을 염려해야 할 경우가 많다.

## 10. 편집의 기초 개념

### 숏과 컷

숏*shot*은 '쏘다,' '촬영하다'라는 의미의 'shoot'에서 나온 말이다. 그래서 아무래도 편집보다는 촬영과 더 밀접한 관계에 있는 용어이다. 롱 숏*long shot*은 멀리서 촬영한 것, 클로즈 숏*close shot*은 가까이서 촬영한 것 등이다. 그리고 '한 개의 숏'이라고 하면 카메라의 스위치를 한 번 누르고 멈출 때까지 촬영한 영상을 말하는 것이다. 반면, 컷*cut*은 — 물론 촬영 현장에서 감독이 "컷!"이라고 외치긴 하지만 — '자르다'에서 나온 용어이니만큼 편집과 좀 더 밀접한 개념이다.

'한 개의 컷'이라고 하면 편집하기 위해 잘라 놓은 필름(또는 영상) 한 조각을 말하는 것이 되겠다. 하지만 '숏'과 '컷'이 별로 구분되지 않고 사용되기도 한다. 영화를 보면서 "저 숏이 마음에 든다"라고 하는 건 "저 컷이 마음에 든다"라는 말과 거의 같다고 본다. 굳이 구분하자면, "숏이 마음에 든다"라고 할 때는 대개 촬영이 좋다는 의미일 것이다. 구도가 좋다든지 조명이 좋다든지 하는 것이다. 아니면 그 숏에 담긴 내용 — 경치라든지 배우의 표정 등 — 이 좋다는 의미일 수도 있겠다. 반면, "컷이 마음에 든다"라고 할 때는 거의 같은 의미일 수도 있지만, 편집을 참 잘했다는 의미가 내포되어 있을 수 있다. 즉, 그 영상을 그 위치에다가 참 유효 적절하게 잘 갖다 놓았다는 뜻을 담고 있다.

## 장면과 숏

'장면scene'이란 말은 사실 영화가 발명되기 전에 연극 같은 데서 이미 사용되던 용어이다. 한 장소 내에서 어떤 특정 시간에 일어나는 사건을 보여 주는 게 보통 한 장면이다. 다른 말로 하면, 시간/공간적으로 연속이 되는 한 단락이라고 할 수 있다. 그렇다면 흔히 말하는 '점프 컷'이 있는 장면은 어떻게 말해야 할까? 예를 들어, 방 안에서 시간을 보내고 있는데, 창 밖을 내다보다가 갑자기 침대에 누워 있고 또 갑자기 구석에 웅크리고 있고…… 등 시간적으로 비약이 있는 장면 말이다. 이런 건 시간적으로 연속이 아니기 때문에 한 장면이 아니라고 말해야 할까? 물론 '장면'이라는 단어를 정의하기 나름이겠지만, 보통 이런 상황이라면 한 장면이라고 말하는 게 맞는 것 같다.

그래서 '장면'이라는 개념에는 단순히 시공간적 개념 외에, 담겨 있는 내용(사건)의 연속성 내지는 통일성unity의 개념이 포함되어 있다. 위의 점프 컷이 있는 장면에 대해 말하자면, 시간 비약이 있지만, "방 안에서 무료하게 시간을 보내고 있다"라는 한 문장으로 간단히 설명이 가능하다. 즉, 사건이 단편적으로 보이긴 하지만 한 행위로서의 어떤 통일성을 갖는다는 것이다. 반면, 아침에 출근/등교하기 전에 가족들이 식사하는 행위와 저녁 때 다시 가족들이 식사하는 행위는 같은 장소이지만 한 문장으로 간단히 둘을 포괄하기가 힘들다. 그 둘을 하나의 행위 또는 사건으로 묶을 만한 통일성이 희박하다는 말이다.

숏은 그런 의미에서 장면과 아주 다르다. 장면이 하나의 (통일된)

행위/사건을 보여 주는 것이라면, 숏은 그 행위/사건의 한 조각을 보여 주는 것이다. 물론 한 숏이 한 장면이 되는 경우도 흔히 있지만, 일반적으로 그렇게 말할 수 있다. 총이 총집에서 나오는 짧은 순간, 발이 땅에 "탁"하며 닫는 짧은 순간 등등. 스토리 전개에 있어서 어떤 의미를 갖는 한 행위나 사건을 보여 주는 게 아니라, 그것의 단편을 보여 주는 것이다.

앞서 말했듯이 '장면'은 고대로부터 사용되던 말이다. 영화가 처음 나왔을 때 그것의 모델은 기존에 있던 연극이나 무대 쇼 같은 것이었다. 그래서 처음 만들어진 영화들을 보면 마치 무대를 보는 것과 같다. 특히 실내에서 촬영한 드라마 장면을 보면 대부분 무대 전체가 다 보이고, 배우들도 엑스트라까지 전부 전신을 볼 수 있는 그런 구도를 유지한다. 편집이라는 것은 물론 없었다. 그러다가 사람들이 숏을 발견하면서부터, 연극의 틀에서 벗어나 영화 예술의 길로 들어섰다고 볼 수 있다.

## 클로즈업

초기의 (무대 전체를 보여 주는) 숏들은 행위의 조각들을 물론 보여 주었지만, 그것을 '분리'해서 보여 준 건 아니었다. 행위의 조각을 어떻게 분리할까? 긴 숏을 짧게 여러 개로 자르면 시간적으로 분리가 되지만, 다시 붙이면 자르나마나가 될 것이다. 그래서 분리를 위해서는 공간적으로도 조각을 내어야 한다. 공간적으로 조각을 낸다는 것은 장면의 공간적 일부만을 보여 준다는 뜻이다. 그것이 바로 클로즈업 *close-up*이다.

클로즈업은 보통 머리와 가슴 정도까지 보이는 구도를 말하지만, 사실 말 자체의 의미만 보면 그냥 '가까이 다가간' 정도의 의미 아닌가? 실제로, 무대 전체를 보여 주지 않고 한 대상(보통 인물)에게 다가가서 촬영한 숏을 예전에는 그냥 클로즈업이라고 했던 것 같다. 전체를 다 보여 주는 숏으로도 스토리를 전달할 수 있음에도 불구하고 이렇게 한 대상에게 다가갈 생각을 했다는 것이 발상의 전환이었던 것이다. 그런데 한 대상에게 다가간 클로즈업만으로는 — 길이가 길다 해도 — 그 장면의 내용을 다 전달할 수가 없지 않겠는가? 다른 부분을 보여 주는 클로즈업이나 아니면 전체를 보여 주는 숏이 있어야 할 것이다. 그래서 편집이 시작된 것이다. 이렇게, 클로즈업의 발견과 편집의 시작은 거의 같은 의미라고 생각된다. 동전의 양면과 같은 것이다.

그냥 촬영의 단위로서 숏이 아니라, 장면의 구성 요소로서의 숏, 다시 말해 "영화의 최소 단위는 숏이다"라고 말할 때의 그 숏은 그래서 클로즈업을 전제로 한 것이다. 롱 숏만 찍는다면 사실 대개의 경우 숏＝장면일 것이다. 그래서 영화가 연극과 다른 하나의 독자적인 예술로 성장하는 데 클로즈업이 결정적 기여를 했다는 게 과언이 아니다. 클로즈업은 또 다른 의미에서 영화가 연극의 틀을 벗어나는데 기여를 하였다. 알다시피 초기의 영화를 보면 배우의 연기가 과장되고 '연극적'이지 않은가? 객석에서 연극 무대를 볼 때처럼, 롱 숏 화면에서는 배우의 표정을 잘 알아보기 힘들다. 그래서 연기의 동작이 커질 수밖에 없었는데, 클로즈업이 사용되면서 미묘한 표정도 전달할 수 있게 되었고 그래서 과장된 연기가 영화에서 사라지게 된 것이다.

클로즈업의 역할을 크게 두 가지로 생각해 볼 수 있다. 하나는 롱 숏에서 잘 안 보이는 디테일을 보여 주는 것이다. 예를 들어, 손바닥에 있는 동전의 개수를 알아야 하는 장면이라면 멀리서 찍어서는 알 수가 없다. 또 하나는 강조이다. 이것이 중요한 것이다. 어떤 극적인 순간에 적절히 사용된 클로즈업은 대단한 효과를 발휘한다. "영화란 이런 것이다!"라는 생각을 하게 할 정도로 그렇다. 늘 강조를 하면 아무 것도 강조하지 않는 것이나 마찬가지다. 빠질 때는 빠지고 들어갈 때는 들어가는 리듬을 아는 게 편집에서 — 연출도 마찬가지겠지만 — 중요하다.

## 교차 편집

클로즈업과 더불어 영화에서 가장 강력한 도구의 하나는 교차 편집 *inter-cutting*이다. 흔히 — 교과서에 보면 — 추적 장면을 교차 편집의 예로 들고 있다. 물론 좋은 예이긴 하다. 하지만 그런 예는 교차 편집의 기본 개념을 파악하는 데 방해가 될 수 있다. 그런 화려한(?) 장면에만 교차 편집이 사용되는 것이 아니다. 기차역에서 군대 가는 남자와 여자 애인이 작별 인사를 한다. 그리고 남자는 기차에 올라타고 여자는 플랫폼에 남아 있다. 기차는 서서히 출발하고, 여자는 플랫폼에서 눈물을 흘리고, 남자는 창 밖을 보지만 여자가 시야에 들어오지는 않는다. 다시 여자를 보여 주면 발걸음을 돌린다. 다시 남자로 오면 계속 창 밖을 보고 있다……. 이런 것도 교차 편집이다. 하나만 더 예를 들어 보겠다. 어떤 남자가, 심리가 불안한지, 상대의 말을 들으면서 무의식적으로 계속 손가락으로 책상을 톡톡 두드린다. 말을 듣는 그의 얼굴을 보여 준다. 말은 계속되는데, 그의 손가락을 클로즈업으로 보여 준다. 다시 말을 듣는 그의 얼굴을 보여 준다. 다시 그의 손가락을 보여 준다……

교차 편집은 동시에 진행되는 두 가지 또는 그 이상의 사건을 번갈아 보여 주는 것이다. 분할 화면을 사용하지 않는 한 (그런 영화가 가끔 있긴 하다) 번갈아 보여 줄 수밖에 없다. 하지만 의미상으로는 '동시에' 진행되는 것이다. 위의 예에서, 손가락을 두드리는 게 표정 사이에 들어 있긴 하지만, 이런 표정 '다음에' 그 남자가 손가락을 두드렸고 그 '다음에' 또 저런 표정을 지었다는 걸 말하고자 하는 게 아니다. 그냥 그 사람이 말을 들으며 손가락을 계속 두드리는 걸 표현한 것이다. 물론 동시와 순차가 항상 엄격히 구분되는 것은 아니다. 하지만 갑이 말하고 그걸 받아서 을이 말하고 다시 받아서 갑이 말하고 하는 것은 번갈아 보여 준다는 면에서는 비슷하지만, 순차적인 게 너무 분명하므로 교차 편집이라고 하기가 힘든 것이다.

## 반응 숏

주인공이 링 위에서 숙적과 권투 시합을 하는데, 링 위만 보여 주고 관중의 반응을 전혀 보여 주지 않는다면 얼마나 단조로운 장면이 될까? 감독이 그 장면을 연출하면서, 이것을 보고 관객이 손에 땀을 쥐어 줬으면 좋겠다고 생각할 수 있을 것이다. 그런데 링 옆의 관중이 바로 그런 상태가 아니겠는가? 그런 관중의 표정을 보여 주면 그 영화를 보는 관객도 따라서 손에 땀을 쥐게 될 것이다. 사람 심리라는 게 부화뇌동하는 면이 있다. 장면에서 벌어지는 사건에 대한 제3자의 반응 숏은 그렇게 관객의 반응을 유도하는 역할을 할 수 있는 것이다. 또, 반응 숏이 항상 관객의 반응과 같은 방향일 필요도 없다. 오히려 관객의 예측되는 반응과 정반대의 반응 숏이 효과적일 수도 있다. 아주 웃기는 장면인데 전혀 엉뚱한 반응을 (가령 굉장히 심각한 표정을 한다든지) 하는 사람을 보여 주면 그게 더 재미있을 수 있다.

반응이란 어떤 액션*action*에 대한 리액션*reaction*을 말한다. 그런데 이 둘은 늘 정확히 구분이 되는 것은 아니다. 권투를 지켜 보던 사람이 흥분해서 달걀을 링 위로 던지면 그 행위는 리액션이자 또 하나의 액션이 될 수 있다. 이렇게 한 행위가 둘 다일 수 있지만, 대략 구분하자면 액션은 스토리를 진행시키는 데 기여하는 것이고, 리액션은 스토리와는 별 상관이 없는 말하자면 구경꾼과 같다. 그리고 바로 그렇기 때문에 초보자가 반응 숏을 쉽게 생각하지 못한다. 주인공들을 중심으로 한 이야기 전개에 급급하여 주변 사람들의 반응을 포함시킬 생각을 쉽게 하지 못하는 것이다.

그리고 사실 결투를 지켜보는 사람 표정 등과 같이 '화려한' 것만 반응 숏은 아니다. 두 사람이 대화를 하는데 말하는 사람을 보여 주지 않고 듣고 있는 사람을 보여 주면 그것도 반응 숏이다. 종종, 말하는 사람의 표정보다 그 말을 듣는 표정이 더 흥미로울 수 있다. 할리우드의 한 유명한 편집 감독은 편집에서 제일 중요한 것을 '감정*emotion*'이라고 말했다. 관객이 이 장면에서 즐거움을 느껴야 하는지, 슬픔을 느껴야 하는지, 스릴을 느껴야 하는지, 공포를 느껴야 하는지 파악을 하여 그런 감정을 최대한 잘 만들어 내야 한다는 것이다. 반응 숏은 그런 측면에서 큰 역할을 한다.

## 리버스 숏

리버스 숏*reverse shot*은 반대쪽에서 찍는 숏을 말한다. 앞서 클로즈업이 영화가 연극의 틀에서 벗어나는 하나의 수단이 되었다고 했는데, 리버스 숏도 그렇다고 할 수 있다. 극장에서 연극을 볼 때 우리는 항상 한 방향을 본다. 앞에서 봤다가 뒤(무대 뒤)에서 봤다가 하는 것이 아

그림 6-15. <국가의 탄생>

니다. 원형 극장이라는 게 있지만 그 경우도 자리를 이동하며 보는
건 아니다. 그래서 영화사 초기에 클로즈업이 하나의 발견이었듯이,
리버스 숏도 하나의 발견 내지는 발명이었다고 할 수 있다. 초기 영
화에서 리버스 숏은 보기가 드물다. 한 예로, 그림 6-15는 그리피스
의 <국가의 탄생>의 한 장면인데, 그 영화에서 클로즈업은 종종 볼
수 있어도 리버스 숏이라고 할 만한 것은 — 비슷한 사이즈의 동일
피사체에 대한 것으로 한정한다면 — 이 숏뿐이다.

　　영화를 처음 만드는 사람은 반대 방향에서 찍는 것을 쉽게 생각
하지 못하는 경향이 있다. 늘 보는 현대 영화들에 리버스 숏이 무수
히 사용되고 있음에도 그렇다. 리버스 숏은 다른, 새로운 시각을 제
공한다는 점 외에, 편집이 잘 된다는 측면도 있다. 컷과 컷이 부드럽
게 연결되기 위해서는 숏의 사이즈(클로즈업, 미디엄, 롱 등)나 앵글(촬영 각
도)이 충분히 바뀌어야 하는데, 특히 앵글의 변화는 부드러운 연결에
크게 기여한다.

# 7 필름과 비디오

## 1. 필름의 화질

필름의 화질을 결정하는 요소들은 여러 가지가 있겠으나, 대체로 색이 정확하게 재현된다든지 색이 풍부하다든지 하는 색과 관련된 것과, 화면이 깨끗하다든지 선명하다든지 하는 흑백 필름에도 적용되는 요소들로 나눠 볼 수 있다. 여기서는 후자를 중심으로 살펴보고자 한다.

화질이나 선명도를 설명할 때 일반적으로 가장 많이 언급되는 것이 해상도 또는 해상력*resolving power*이다. 영어의 'resolve'란 단어는 분해하다, 분리하다 등의 뜻이다. 즉, 해상력이란 미세한 부분을 분리 또는 분별해 내는 능력을 말한다. 그런데 CCD를 사용하는 비디오 카메라에서는 CCD의 픽셀이 해상력의 궁극적 한계라고 할 수 있지만 필름에서는 좀 다르다. 펜 끝에 잉크를 묻혀 종이에 작은 점을 찍어 보자. 아무리 작은 점을 찍으려 해도 주변으로 약간 번지는 것은 어쩔 수 없을 것이다. 필름의 경우도 이와 비슷하다. 에멀션*emulsion* 속의 입자*grain* 하나가 빛을 받아들이는 최소 단위라고 할 수 있지만, 실제로는 필름 표면의 한 점에 빛이 닿았을 때 그 빛이 에멀션 내부에서 확산 현상을 일으켜 그 점 주위로 약간 번져 나가게 된다. 번져 나가는 범위나 형태는 필름 즉 에멀션마다 다르겠지만, 이러한 현상이 필름의 해상력에 한계를 가하는 가장 큰 요인이 되고 있다.

해상력의 테스트에는 그림 7-1과 같은 도표가 사용된다. 도표에는 선 사이의 간격과 상관없이 흰 부분(바탕)과 검은 부분(선)의 밝기가 일정하다. 그런데 그것을 촬영한 필름(혹은 비디오)에는 간격이 촘촘해질수록 선과 바탕 사이의 밝기 차이가 줄어든다. 그러다 결국 둘다 중간 색 — 회색 — 이 되면서 구분이 안 되게 된다. 그렇게 되기 직전, 간신히 구분이 될 때의 선 수를 보통 '해상도'로 삼는다. 좀 정확히 말하자면 이것을 '한계 해상도 *limiting resolution*'라고 한다.

필름의 경우는 이 해상도를 1mm당 선 수로 나타내는데, 이것은 비디오에서의 방식과 약간 다르다. 비디오에서는 세로와 같은 너비를 기준으로 하여 그 안에 몇 개의 선이 구분되는지를 본다. 또 다

그림 7-1. 해상도 차트

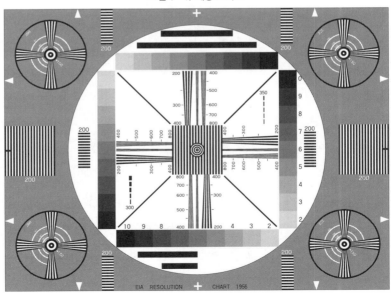

른 점은, 필름에서는 한 사이클(검은 선과 흰 바탕)을 한 '선'으로 간주하는 반면 비디오에서는 '바탕'도 하나의 선으로 간주하여 사이클 하나가 두 개의 선이다. 하지만 이런 것들은 물론 표현 방식의 차이일 뿐 근본 개념은 같다.

어쨌든 필름에서는 1mm 안의 사이클 수를 보는데, 예전에는 그냥 눈으로 현미경을 통해 최대 몇 개가 구분되는지를 보고 그 수를 해상도로 삼았다. 그런데 요즘에 코닥에서 발표하는 자료를 보면 그렇게 하나의 수치는 표시하지 않고 그림 7-2와 같은 모듈레이션 전달 함수(modulation transfer function: MTF)를 발표하고 있다. MTF가 필요한 것은 쉽게 말해 "xx 개의 선이 구분된다"는 말만으로는 어떤 화면의 선명도를 제대로 나타낼 수 없기 때문이다. A라는 필름은 50선/mm까지 간신히 구분되고 B라는 필름은 60선/mm까지 간신히 구분된다고 하자. 그러면 B가 반드시 더 선명한가? 꼭 그렇다고 할 수 없는데, 예를 들어 40선/mm에서는 A가 더 선명할 수도 있기 때문이다. 다시 말해 40선/mm에선 A가 검은 선과 흰 선(바탕)의 콘트라스트가 더 클 수 있다는 것이다. MTF는 이런 것을 모두 보여 준다. 가로축은 사이클 수 세로축은 모듈레이션(콘트라스트)을 나타내는데, 몇 사이클까지 '구분'되는지뿐 아니라 각 사이클 수에서 얼마나 '잘' 구분되는지도 보여 준다.

그림 7-2에서 세로축 값은 정확히 말하면 상image의 모듈레이션 $M_i$ 자체가 아니라 피사체(차트)의 모듈레이션 $M_o$에 대한 상대값 $M_i/M_o$을 나타낸다. 이 값이 1(=100%)보다 클 수 없다고 생각되겠지만, '인접adjacency 효과'라는 것 때문에 낮은 빈도에서 그림에서 보듯이 1보다 커지는 현상이 생기기도 한다. $M_i/M_o$가 1에 가깝다는 것은 피사체 디테일이 필름에 충실히 재현된다는 뜻이다. 위 단락에서

그림 7-2. 코닥 5274/7274 필름의 MTF

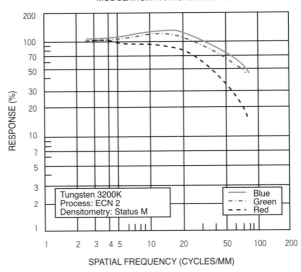

잘 구분되는"이란 표현을 썼지만 그것은 사실 좀 애매한 면이 있다. Mi/Mo가 똑같이 가령 0.5라고 해도 Mo가 크면 Mi도 크다. 즉, 같은 사이클/mm에서도 차트의 모듈레이션이 크면(선과 배경의 밝기 차이가 크면) 이미지의 모듈레이션도 크다(즉, 더 잘 구분된다). 그래서 위에서 "잘 구분된다"라는 말은 원본(피사체)을 기준으로 한 상대적인 것으로 이해해야 한다. Mi/Mo가 0.5라는 것은 쉽게 말해 원본의 절반만큼 잘 구분된다는 말이다.

그림 7-2는 코닥 5274/7274 200T 필름의 MTF인데, 이것을 디지털 비디오의 해상력과 비교해 볼 수 있을까? 한계 해상도로 비교하는 것이 일반적이긴 하지만, 한계 해상도란 주관적인 면이 강하고 방금 위 단락에서 말했듯이 테스트 차트의 콘트라스트에 따라 결과

200

그림 7-3. 한 디지털 카메라의 MTF

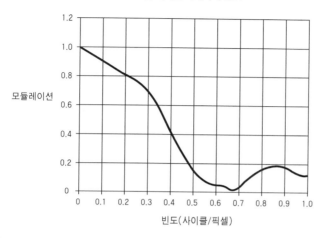

가 달라질 수 있는 것이기 때문에 썩 좋은 방법은 아니다. MTF를 비교하는 것이 제일 좋은 방법인데, 비디오의 해상력은 아직 필름과 차이가 많이 나기 때문에 디지털 스틸 카메라와 비교해 볼 수 있을 것 같다. 그림 7-3은 한 디지털 카메라의 MTF를 나타낸 것이다.[1]

두 그림을 비교하기 위해 편의상, 그림 7-2에서 그래프가 끝나는 점을 보자. 그 지점의 빈도는 80사이클/mm 정도이고 반응도 (Mi/Mo)는 색에 따라 다르긴 하지만 중간 정도로 본다면 약 0.3이다. 그림 7-3에서 반응도가 0.3인 점을 찾으면 빈도가 약 0.43사이클/픽셀임을 볼 수 있다. 한편, 35mm 영화 필름에서 프레임의 가로는 21mm이므로 80사이클/mm이면 가로 전체로는 1680사이클 정도 되는

---

1. 비디오에서 MTF는 가로축의 단위를 보통 TV라인으로 해서 그리지만, 이 그림은 전체 픽셀 수와 무관하도록 가로축 단위를 사이클/픽셀로 한 것이다. MTF 곡선은 구체적 샘플링 방법에 따라서는 달라지지만 픽셀 수와는 별 상관이 없다.

셈이다. 그런데 디지털 카메라에선 픽셀당 0.43사이클, 즉 사이클당 1/0.43픽셀이므로 1680사이클이라면 1680/0.43 = 약 3900픽셀이 된다. 그림 7-2의 필름과 비슷한 해상도를 가지는 디지털 카메라의 픽셀 수가 가로 3900인 것이다. 필름에 따라서뿐 아니라 디지털 카메라 기종에 따라서도 MTF가 상당히 다를 수 있기 때문에 이러한 비교는 아주 대략적인 것이긴 하다. 그러나 영화 필름의 '해상도'가 가로 4000픽셀 정도라는 통념에는 부합하는 셈이다.

한 가지 유의할 것은 그림 7-2의 데이터는 네가 필름에 한한 것이라는 점이다. 관객이 최종적으로 극장에서 보는 것은 그것을 최소한 한 번 이상 복사(프린트)한 것이고, 영사기라는 무시하지 못할 요소를 거친 것이다. 이것에 대해서는 다음 절에서 좀 더 논의하고자 한다. MTF 곡선의 한 중요한 장점은 각 시스템 요소의 MTF로부터 전체의 MTF를 구할 수가 있다는 것이다. 네가 필름의 해상도가 얼마, 프린트 필름의 해상도가 얼마, 영사기 렌즈의 해상도가 얼마…… 등으로 주어졌다 해도 그런 (한계) 해상도 데이터만으로는 최종 극장 스크린에 투사된 화면의 해상도나 선명도를 예측하긴 힘들다. 그러나 그것들 각각의 MTF가 주어지면 각 빈도(x)에서의 반응도(y)를 곱하기만 하면 되므로, 쉽게 최종 결과를 예측할 수 있다.

필름의 화질과 관련하여 해상력 다음으로 많이 언급되는 것은 아마 입자감(粒子感, graininess)일 것이다. 그런데, "입자가 거칠다," "입자가 보인다" 등의 말을 하긴 하지만, 사실 필름을 보통 크기로 확대했을 때는 — 극장의 제일 앞자리에서 본다 해도 — 개개 입자 자체가 보이는 것은 아니다. 이것에 대해 부연 설명을 하고자 한다.

그림 7-4의 (a)를 4~5m 떨어져서 보자. 개개의 점들이 구분되어 보이지 않고, (b)처럼 4개의 균일한 톤tone으로 지각될 것이다. 이

그림 7-4.

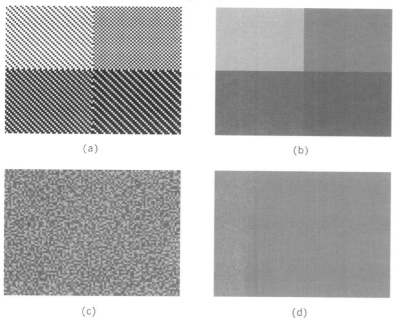

(a)

(b)

(c)

(d)

것은 톤 변화의 빈도가 높으면 이미지의 모듈레이션이 떨어지다가
결국 0이 되는 것과 같은 이치다. 멀리서 본다는 것은 점들이 그만큼
촘촘히 보인다는 ― 빈도가 높다는 ― 뜻이기 때문이다. 사람 눈에
대해서도 MTF 곡선을 그릴 수 있다. 어쨌든 (b)의 네 톤들을 불규칙
하게 많이 늘어놓은 것이 (c) 그림인데, 확대한 필름에서 우리가 보
통 보는 '입자들'은 바로 이것과 같다. 진짜 입자는 (a)만큼 확대해
야 보인다. 필름 에멀션의 입자들이 (a)처럼 블록 형태로 규칙적으로
있는 것도 아니고 단계가 4개뿐인 것도 물론 아니지만, 입자들의 밀
도에 따라 다양한 톤들이 불규칙한 패턴을 이루는 과정 (c)를 이해할
수 있을 것이다. (c)를 더 축소하면 입자가 느껴지지 않는 균일한 평
균 톤을 지각하게 된다(d).

(c) 같은 입자감을 느낄 수 있는 것은 입자들이 (a)처럼 부분적으로 촘촘히 있기도 하고 부분적으로 성글게 있기도 하는 등 불규칙하게 배열되어 있기 때문에 가능하다. 입자들이 규칙적으로 배열되어 있다면 입자감은 느낄 수 없다(d). 혼동하지 말아야 할 것은, (a)나 (c)의 불균일성은 광량의 불균일성 때문에 생기는 게 아니라는 것이다. 다시 말해, 피사체 자체는 균일한 톤일 때도 그것을 촬영한 필름이 (c)처럼 보이는 것이다. 빛을 많이 받은 곳은 입자 밀도가 높고 적게 받은 곳은 낮은 것은 당연한데, 입자감은 그것 때문이 아니라 주로 에멀션 제조 때부터의 (입자 크기 및 분포에 있어서의) 불균일성에서 비롯되는 것이다.

입자감과 관계가 있지만 좀 다른 개념으로서 입자도granularity가 있다. graininess를 '입자감'으로 번역한 것도 입자도와 구분하기 위해서다. 입자감은 주관적으로 느껴지는 거칠음을 말하는 것이고, 입자도는 톤의 세부적 불균일성을 물리적으로 측정하여 수치로 나타낸 것이다. 그림 7-4 (c)와 같은, 톤의 (공간적) 변화를 물리적으로 측정하여 그래프로 나타내면 그림 7-5처럼 될 것이다.[2] 그림 7-5에 평균 톤을 표시하였는데, 각 부분의 톤이 그 평균에서 벗어난 정도, 즉 편차를 평균한 것 — 정확히 말해 제곱 평균(rms) — 이 입자도이다. 그림 7-6에 코닥의 두 필름의 입자도 그래프를 나타내었다(특성 곡선도 함께 그려져 있는데, 기울기가 완만한 곡선이 입자도 곡선이다). 7-6 (a)는 흑백 네가 필름이고 7-6 (b)는 그림 7-2와 같은 컬러 네가 필름이다. 두 필름의 감도는 같다(200T).

---

2. 그림 7-4 (c)는 사람 눈에 그렇게 보이는 것일 뿐이고, 진짜는 7-4 (a)와 같다고 할지 모르지만 진짜란 존재하지 않는다. 7-4 (a)도 훨씬 더 확대하면 완전히 다르게 보일 것이다. 확대 정도 또는 시력에 따라 눈에 다르게 보이듯이, 측정기의 해상력에 따라 '물리적 측정치'도 달라진다.

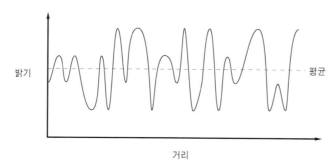

그림 7-5. 톤의 불규칙한 공간적 변화

밝기 ........................................ 평균

거리

그림 7-6에서 볼 수 있는 한 특징은 흑백 네가 필름은 노출량
에 따라 (네가 필름이므로 노출이 증가하면 어두워진다는 것을 기억하자) 입자도가
증가하는 반면, 컬러 네가 필름은 비슷하거나 약간 감소한다는 것이
다. 그래서 관용도*latitude*가 허락하는 범위 내에서 흑백 네가 필름은
노출을 적게 하는 게 입자도를 낮추는 데 도움이 되고, 컬러 네가 필
름은 약간 노출을 많이 주는 게 도움이 될 수 있다.

입자도와 입자감을 굳이 구분하는 것은 그 둘이 반드시 서로 일
치하는 것은 아니기 때문이다. 입자도가 같아도 평균 농도가 높으면
(＝톤이 낮으면) 입자감을 적게 느낀다. 주위가 어두우면 사람 눈의 해
상력이 떨어지기 때문이다. 그래서 진한 검은 색이 없는 화면은 입자
감을 많이 느낄 수 있다. 노출 부족인 네가 필름을 (그대로 프린트하면 너
무 어두우므로) 좀 밝게 프린트하면 진한 검은 색으로 나와야 할 부분들
이 회색 톤으로 나오게 되어 입자감이 많게 된다. 또 입자감은 (입자도
가 같아도) 복잡한 디테일을 가진 부분보다 톤이 일정한 부분에서 더
두드러진다. 일반적으로, 넓게 펼쳐진 단조로운 밝은 회색 부분이 입
자감이 제일 크다.

필름의 입자도에 상응하는 것이 비디오에서 노이즈*noise*다. 그림

그림 7-6. 필름의 입자도 곡선: 코닥 5222(a)와 5274(b)

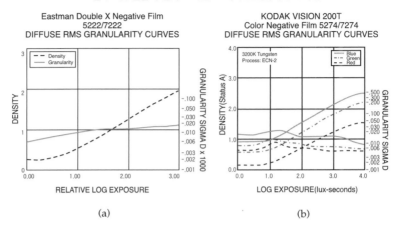

(a)                             (b)

7-5를 다시 보면 전기적 잡신호의 모양과 비슷하다는 것을 알 수 있을 것이다. 그런데 디지털 비디오에서는 이 노이즈가 아주 낮다. 카메라에서 비디오 신호가 디지털화되기 전까지는 전기적 노이즈가 들어갈 수 있으나 일단 디지털이 된 다음에는 노이즈는 더 이상 없다고 봐도 좋다. 다만 손실 압축을 하면 노이즈가 생길 수 있으나 DV의 경우 (소니 DSR 500 카메라) S/N 비가 55dB 이상이라고 나와 있다. 이 정도면 거의 눈에 띄지 않는 수준이다.

　비디오의 노이즈가 필름의 입자에 해당한다고 했지만 똑같다고는 할 수 없을 것 같다. 필름의 입자는 확대를 해야 잘 보이는 것이지만 아날로그 비디오의 노이즈는 (디지털이라 하더라도 카메라의 게인gain을 많이 올리든지 할 경우는) 꼭 그렇지 않다. 비디오 노이즈는 화면을 작게 한다고 해서 안 보이는 게 아니기 때문이다. 비디오에는 낮은 빈도(주파수)의 노이즈도 있는 반면 필름에는 주로 높은 빈도의 노이즈가 있다고 말할 수 있다.

## 2. 필름과 비디오의 차이

앞 절에서 이미 필름과 비디오의 차이에 대해 언급했지만 여기서 좀 더 살펴보도록 하겠다. 네가 필름의 해상력을 4000픽셀의 디지털 비디오와 비슷하다고 하였지만, 실제로 극장에서 보는 화면에서 그런 수준을 기대하기는 어렵다. 상영용 프린트는 원본 네가를 몇 번 복사한 거라는 점 외에, 비디오에선 보기 드문 프레임의 떨림*unsteadiness* 문제가 있다. 초당 24장의 프레임이 매번 정확히 같은 위치에 서지 않고 약간씩 어긋나는 현상인 것이다. 사실 이 문제는 영사기에서만 발생하는 것이 아니고 카메라, 프린터 등 필름 제작 과정 전반에서 발생할 수 있는 것이다. 그리고 각 단계에서 발생한 문제는 누적이 된다. 한 자료에 따르면 그 (누적된) 떨림의 최대 허용치는 35mm 필름의 경우 53㎛라고 한다(Frielinghaus, 1968: 34~41). 35mm 영화 프레임이 가로 21mm이므로 이것은 가로의 약 0.25%에 해당한다. 가로를 4000픽셀로 본다면 10픽셀 간격만큼 흔들리는 것이다. 물론 이것은 '최대 허용치'이므로 보통은 그보다 작을 수 있다. (필름이나 영사기의 상태에 따라서는 오히려 그 반대일 수도 있다.) 그러나 절반인 5픽셀이라고 해도 상당한 것이다. 이런 흔들림이 선명도에 구체적으로 얼마나 영향을 미치는지는 잘 알 수 없다. 그러나 다섯 픽셀이 뭉뚱그려져 보이는 — 그래서 실제는 가로 800픽셀밖에 안 되는! — 것은 아닐지라도 원본을 여러번 복사한 거라는 사실과 더불어 화면의 선명도를 떨어뜨리는 것은 분명하다. 실제로 코닥의 한 간부도 극장에서 보는 화질은 원본 네가 필름의 '절반 수준*half quality*' 밖에 되지 않는다고 말했다.

디지털 비디오를 가까이서 보면 '픽셀이 보이고' — 사선이 지그재그로 보인다든지 하는 것 — 그리고 손실 압축에 따른 문제점들

그림 7-7. 리버설 필름(흑백)의 특성 곡선

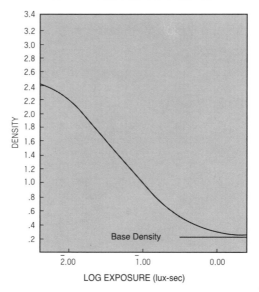

이 보일 수 있다. 이런 것은 필름을 확대하면 '입자가 보이는' 것과는 다른 것이다. 둘 다 화면상의 단점이라서 객관적으로 어느 게 더 좋은 것이라고 하기 힘들겠지만, 많은 사람들이 오래 동안 필름에 익숙해져 왔기 때문에 그것을 더 선호할 수는 있다.

　　필름과 비디오의 또 하나 중요한 차이는 노출 허용 범위*exposure range*이다. 기록할 수 있는 장면의 밝기 범위가 필름에 비해 비디오가 좁은 것이다. 필름 중에서는 리버설이 네가보다 노출 범위가 좁은데, 그래서 비디오를 흔히 리버설 필름에 비교하곤 한다. 그러나 리버설 필름도 빛에 대한 반응 곡선 — 특성 곡선 — 을 보면 어두운 부분과 밝은 부분에서 곡선이 완만해진다(그림 7-7). 이른바 발가락*toe*과 어깨*shoulder*를 가지고 있다. 반면 비디오 카메라의 CCD는 빛에 대한 반응이 기본적으로 선형적이다. 그래서 밝은 부분에서 어떤 레벨까지는 톤을 제대로 재현하다가 갑자기 완전히 하얗게 되어 버린다. 물론 카메라 내에서 그 문제를 완화하는 기술을 사용할 수는 있다. 그러나 그것은 노출 범위 자체를 확장하는 것이 아니기 때문에 근본적인 한계를 가지고 있다. 아주 밝은 부분이 완만하게 (하얗게) 사라지는 것이 우리에게 익숙한 필름 이미지의 특징의 하나다.

깜박거림flicker도 필름 이미지의 특징으로서 자주 거론된다. 영화는 초당 24프레임이지만 영사기의 셔터의 날blade이 보통 2~3개로 되어 있다. 그래서 2개일 경우는 초당 48번, 3개일 경우는 초당 72번 깜박이게 된다. 초당 72번이면 깜박임을 느끼지 못하지만 48번이면 대개 분명히 지각되는데, 많은 영사기가 이 후자의 경우라고 한다. 그래서 우리는 극장에서 그 특징적인 깜박임을 경험하는 것이다. 비디오(NTSC)는 초당 30프레임이지만 한 프레임이 두 개의 필드로 되어 있어 실제 깜박이는 빈도는 60Hz다. 이 정도면 거의 깜박임이 느껴지지 않는다.

화면의 떨림도 우리가 극장에서 일반적으로 경험하는 것이다. 앞에서 프레임의 떨림에 대해 논의하였지만 그것은 해상력의 저하라는 측면에서 본 것이다. 여기서 말하는 것은 떨림 자체가 지각되는 문제다. 가로 10m의 스크린이라면 2.5cm(0.25%) 정도 간격으로 흔들리는 것이다. 참고로, 이런 떨림의 빈도는 영사기 셔터의 날과는 상관없이 최대 24Hz다. 셔터의 날이 더 있어서 한 번이나 두 번 더 가려 준다 해도 그동안에 프레임은 정지해 있기 때문이다. 비디오는 가끔 전기적으로 불안정하면 떨리는 현상이 생길 수 있으나, 일반적인 상태에서는 지각되는 수준의 떨림은 없다.

영화와 비디오의 초당 프레임 수가 다른 데서 오는 차이도 분명 있다. 비디오(NTSC)가 초당 30프레임이라고 하지만, 한 프레임을 이루는 두 필드에 시차가 있기 때문에 어떤 면에서는 초당 60프레임이라고 할 수 있다. 두 필드의 주사선이 서로 어긋나므로 물론 정상적인 60프레임/초는 아니지만, 가령 필름을 초당 30프레임으로 찍는 것과는 움직임의 재현이 분명 다르다. 일반적인 영화 속도인 24프레임/초와 차이가 나는 것은 말할 것도 없다. 필름과 비디오의 차이에 대해 끝으로 언급하고 싶은 것은 전자의 스크래치나 먼지 등이다. 이런 것들 역시 극장의 영화 화면에서 우리가 오래 동안 익숙해져 온 것이다.

## 3. 텔레시네

필름을 비디오로 옮기는 것을 텔레시네telecine라고 하는데, NTSC의 경우 문제를 복잡하게 만드는 것은 서로 프레임 수가 다르다는 사실이다. 필름의 초당 24프레임을 비디오의 30프레임으로 어떻게 옮길 것인가? 1:1로 복사할 수도 없고 1:2로 복사할 수도 없다. 한 가지 방법은 편집 프로그램에서 프레임 속도 변환할 때처럼 하는 것이다. 즉, 비율이 4:5이므로 필름의 첫 세 프레임은 1:1로 복사를 하고 네 번째 프레임만 1:2로 — 비디오의 두 프레임으로 — 복사를 하는 것이다. 하지만 이것은 네 번에 한 번씩 속도가 1/2이 되는 셈이므로 별로 바람직한 방법이 아니다.

좀 더 균일하게 복사하는 방법은 비디오가 초당 60필드라는 것에 착안하는 것이다. 이러면 이제 24:60, 즉 2:5가 된다. 그래서 필름의 첫 번째 프레임은 두 개의 필드로 복사하고, 두 번째 프레임은 세 개의 필드로 복사하는 것이다. 그렇게 함으로써 속도 변화가 작게 된다(한 프레임을 두 필드로 복사할 때를 기준으로 하면 세 필드로 복사한 부분은 1/1.5의 속도가 된다). 이렇게 한 번은 비디오의 두 필드로, 한 번은 세 필드로 복사하는 것을 '2:3 풀다운*pull-down*'이라고 한다. '풀다운'이란 말은 필름 카메라나 영사기에서 필름을 한 프레임씩 이동시키는 — 끌어 내리는 — 것을 말하는 것이다. 여기서는 구체적으로 텔레시네 장치 에서의 그것을 말하는 것이 되겠다. 그리고 앞의 '2:3'은 속도가 일 정하지 않음을 말한다. 즉, 한 프레임은 가령 2초 동안 정지했다가 이동(풀다운)시킨다면, 다음 프레임은 3초 동안 정지했다가 이동시킨 다는 뜻이다. "재깍 재깍 쭉(끌어내림) 재깍 재깍 재깍 쭉……" 그런 것이다. ('풀다운'이란 말은 느리게 한다는 뜻으로도 쓰인다. 필름의 속도를 0.1% '끌 어내리는' 것이다. 아래를 참조하라).

그런데 문제를 좀 더 복잡하게 하는 것은, 필름의 첫 두 프레임 (A, B)을 비디오의 다섯 필드로 복사할 때와 필름의 그 다음 두 프레 임(C, D)을 비디오의 그 다음 다섯 필드로 복사할 때가 완전히 똑같지 않다는 것이다. 그림 7-8에서 보듯이 A 프레임은 필드 1(upper field)에 서 시작하지만 C 프레임은 필드 2(lower field)에서 시작하기 때문이다. 두 프레임을 다섯 필드로 복사하는 건 같지만 패턴이 똑같지는 않은 것이다. 그래서 A, B, C, D 네 필름 프레임이 지나야 완전히 같은 패 턴이 다시 시작된다. 이 네 필름 프레임이 10개의 비디오 필드가 되 는데, 그것들을 표시하는 방식이 좀 다를 수 있다. 그림 7-8에 나타 낸 것은 그 중의 하나다. 예를 들어 'B3'은 필름의 B 프레임을 세 번 째 복사한 필드고, 'C1'은 필름의 C 프레임을 처음 복사한 필드라는 의미를 담고 있다. ('1'은 필드 1, '2'는 필드 2를 의미하는 것이 아니다.)

그런데 디지털 편집 프로그램에서는 정지 상태일 때 보통 각 프 레임의 필드 1만 보여 준다. 그래서 텔레시네한 테이프를 캡처하여 한 프레임씩 이동하면서 보면 A1, B1, B3, C2, D2의 다섯 필드만 보

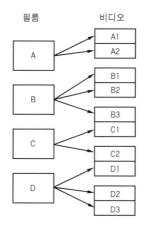

그림 7-8. 2:3 풀다운

필름         비디오

인다. 이것은 대개 별 문제가 없으나, 세 번째 프레임(B3C1)과 네 번째 프레임(C2D1)은 필드 1, 2가 서로 다르다는 사실은 기억하고 있어야 한다. 예를 들어, 어떤 프레임을 한 장의 그래픽으로 출력_export_하고자 할 때 그 두 프레임 중 하나를 선택하게 되면 필드 1, 2가 서로 다르므로 움직임이 있는 영상일 경우 선명하지 않게 된다.[3] 두 필드가 교차되며 섞여 있는 스틸 화면을 얻게 되는 것이다.

　'2:3 풀다운' 외에, 필름을 NTSC로 텔레시네하는 것에 있어서 또 중요한 사실은 비디오와 속도를 맞추기 위해 필름을 23.98(23.976)fps로 돌려야 한다는 사실이다. 2:3으로 풀다운하므로 그것은 '평균 속도'라고 해야 맞을지 모르겠다. 그러나 오디오(필름의 사운드트랙)는 영상(이것은 알다시피 '간헐 운동'을 한다)과 달리 연속적으로 진행되므로 '평균'이란 말이 필요 없다. 어쨌든, 필름 네 프레임을 비디오 다섯 프

---

3. '움직임이 있는 영상'이라면 어차피 필름의 각 프레임이 흐릴_blur_ 것이다. 그래서 '선명'이란 말이 좀 어색하다. 그러나 그런 프레임 2개를 — 홀수 줄과 짝수 줄로 나눠서 — 합친 것은 더 흐릴 것이다.

레임으로 복사하므로 비디오가 초당 30프레임이 아니라 0.1% 느린 29.97프레임이라면 필름도 초당 24프레임이 아니라 (평균) 23.98프레임이어야 한다.

텔레시네하는 필름에 사운드트랙이 있고 거기서 나오는 오디오를 동시에 비디오에 입력한다면 문제는 간단하다. 오디오도 자연스럽게 영상과 같이 0.1% 느린 속도로 재생되는 것이다. 그러나 가령 네가 필름을 텔레시네할 경우에는 오디오가 따로 있으므로 그 오디오를 재생하는 장치가 그것을 (녹음할 당시보다) 0.1% 느린 속도로 재생해 주어야 한다. 그 오디오가 아날로그 테이프라면 그건 비교적 간단한 편이다. 단순화하여 말하자면, 테이프를 0.1% 느리게 가게 하기만 하면 되는 것이다.

DAT 같은 디지털의 경우는 그렇게 단순하지 않다. 물론 테이프를 0.1% 느리게 가게 해야 하는 것은 마찬가지지만, 샘플 속도라는 변수가 더 있다. 영화 작업에서 일반적으로 채용하는 샘플 속도는 48KHz다. 그래서 그 속도로 처음에 녹음을 했다면 '풀다운' 하면 샘플 속도가 47.952KHz가 된다. 저장할 때는 샘플을 초당 4만 8000개의 속도로 저장했는데 내어보낼 때는 초당 4만 7952개를 내어보내는 것이다. 그런데 문제는 이런 샘플 속도의 신호를 받아들이는 프로그램이 거의 없다는 것이다. 47.952KHz로 '풀다운' 된 것을 아날로그로 출력하면 물론 문제는 없다. 받아들이는 쪽에서 필요하다면 다시 디지털화 ─ 샘플링 ─ 하면 되기 때문이다. 그러나 디지털 영역을 벗어나고 싶어 하지 않는다면 좀 곤란하다. 샘플 속도를 실시간으로 변환해 주는 장치가 있긴 하지만 그건 아날로그로 갔다가 다시 오는 것과 실질적으로 별 차이가 없다. 원래의 샘플을 유지하는 한 가지 방법은 처음에 녹음할 때 48.048KHz로 하는 것이다. (일부 고급 기종은 이런 샘플링을 지원한다.) 그러면 '풀다운' 후에 48KHz가 되어 샘플 속도 변환을 안 해도 된다. 그러나 이 방법은 반대로, 원래 녹음했던 속도로 작업하고자 할 때 문제가 있다. 재생은 할 수 있겠지만 그때 나오는 48.048KHz의 속도를 프로그램이 지원하지 않는 것이다.

일반 소비자용 디지털 녹음기에 이렇게 0.1% 느리게 가게 하는 — '풀다운' 하는 — 기능이 있지는 않다. 그런 기능은 스튜디오에서 쓰는 전문 기종에서 볼 수 있는데, 그런데 구체적으로 들어가면 한 가지 까다로운 면이 있다. '풀다운' 하면 '0.1%' 느려진다고 했지만, 사실 이것은 정확한 게 아니다. 일반적으로 NTSC 컬러 비디오의 프레임 속도가 '29.97' 이라고는 하지만 그것은 엄밀히 말하면 30/1.001이다. 29.9700299700······인 것이다. 이것을 0.1% 증가시키면 30이 되는 것은 맞다. 그러나 30을 0.1% 줄이면 그것이 되지 않는다! 100을 1% 증가시키면 101이 되지만, 101을 1% 줄이면 100이 되지 않는 것과 같다. 그래서 48KHz로 녹음한 것을 47.952KHz(정확히 0.1% 줄어든 속도)로 재생하면 장시간이 지나면 비디오와 조금씩 어긋나게 된다. 상당히 미세한 차이기 때문에 사실 별 문제가 아니라고도 할 수 있지만, 어쨌든 이 경우는 재생 샘플 속도만으로 정확하게 맞추는 데는 한계가 있다.

올바른 방법은 외부 비디오 신호나 타임코드에 동기화synchronize 시키는 것이다. 이렇게 하기 위해서는 녹음할 때 타임코드를 기록해야 한다. 이 역시 고급 기종에만 이런 기능이 있다. 일반적으로 — NTSC 컬러로 텔레시네할 예정인 경우 — 녹음할 때 30fps의 타임코드를 기록한다. 이 타임코드는 우리에게 익숙한 그 비디오(SMPTE) 타임코드가 아니다! '시:분:초:프레임' 으로 겉모양이 같고, 30프레임이 '1초' 가 되는 것도 같다. 그러나 비디오에서는 30프레임이 실제로는 1초가 약간 넘는 것에 반해, 위에서 말한 "30fps 타임코드"는 30프레임이 실제로 정확히 1초가 되는 그런 것이다. 구분하기 위해 비디오 타임코드는 "29.97fps 타임코드"라고 보통 칭한다. (그러나 일부 프로그램에서는 이것도 "30fps 타임코드"라고 표시하기도 한다. 실시간이야 어찌 되었든 프레임 카운트가 30이 될 때 초 카운트가 1이 증가하므로 그런 표현에도 일리가 있다. 혼동하지 말아야 할 것이다.)

오디오에는 물론 '프레임'이라는 게 없다. 녹음할 때 30프레임/초의 타임코드를 기록한다는 것은, 예를 들어, 샘플 속도가 48KHz일 경우 샘플이 1600개(= 48,000/30) 지날 때마다 프레임 카운트가 1 증가한다는 것을 의미하는 것일 뿐이다. 샘플 속도가 다르면 한 '프레임' 안에 포함되는 샘플 수가 다르다. 어쨌든, 이런 30fps 타임코드를 녹음할 때 기록하고, 나중에 텔레시네할 때 외부에서 29.97(즉, 30/1.001)fps의 동기 신호나 타임코드를 받아서 거기에 동조시키면 완전히 비디오와 일치하게 된다. 녹음할 때는 1/30초 동안 한 '프레임' (48KHz의 경우 1600개 샘플)이 기록되었으나, 이제는 같은 프레임이 1.001/30초 동안 재생되는 것이다. 비디오 프레임처럼.

녹음한·테이프(혹은 다른 매체)를 재생하는 단계에서 속도 조정을 못했을 경우, 일단 컴퓨터로 캡처한 다음에 속도를 조정할 수가 있다. 그러나 안타깝게도 아직까지는 프리미어나 파이널 컷 프로 같은 프로그램에서 0.1% 단위의 미세한 길이 조정을 지원하지 않는다. 프로툴스 같은 전문 오디오 프로그램에서는 그것이 가능하다.

지금까지 텔레시네 때 속도가 느려지는 문제에 대해 논의하였지만, 이것을 피하는 방법이 있긴 하다. 그것은 촬영할 때 필름 카메라를 24fps가 아니라 23.98fps로 돌리는 것이다. 고급 카메라들은 이런 속도를 지원한다. 23.98fps는 텔레시네 때의 속도와 같으므로

0.1% 느려지는 문제가 없다. 그리고 이 속도로 촬영할 때는 녹음 테이프에도 30fps가 아니라 29.97fps 타임코드를 기록하여야 한다. 사실 이 경우에는 타임코드가 없어도 된다고도 할 수 있다. 그러나 녹음 때의 속도로 그냥 재생하면 된다고 하더라도 외부 신호와의 동조는 필요 없는 게 아니다. 디지털 장비에 들어 있는 시계clock들이 정확하다고는 하지만 그것들을 따로 두면 처음엔 맞춰 놓았다고 해도 시간이 갈수록 조금씩 어긋날 수밖에 없다. 가끔씩 시계를 서로 맞춰 줘야 한다. 외부 신호와의 동조가 필요한 것은 그 때문이다. 그리고 타임코드는 속도를 맞추는 것뿐 아니라 '위치'를 일치시키는 목적으로도 사용된다. '타임코드 슬레이트'를 사용할 때가 그 한 예이다.

PAL로 텔레시네를 한다면 문제는 훨씬 간단하다. 필름을 25fps로 촬영하면 PAL 비디오와 프레임 속도가 일치하므로 속도가 느려지는 (혹은 빨라지는) 문제가 없을 뿐 아니라 NTSC와 같은 '2:3 풀다운'에 따르는 복잡함이 없다. 필름을 일반 속도인 24fps로 촬영한다고 해도 마찬가지로 필름 1프레임 : 비디오 1프레임으로 복사를 하기 때문에 그런 복잡함은 없다. 다만, 속도가 4% 빨라지기는 한다. 필름에서는 초당 24장이 돌아갔지만 비디오에선 25장이 돌아가기 때문이다. 그러나 적어도 NTSC에서와 같은 난해한 '0.1%'은 아니다.

## 4. 매치백

'매치백matchback'은 텔레시네한 비디오로 편집을 한 후 그것과 일치되게 필름으로 다시 편집하는 것 혹은 그렇게 하기 위한 편집 리스트를 만드는 것을 말한다. 필름의 초당 프레임 수가 비디오와 같고, 같은 타임코드를 사용하고 있다면 어려운 게 전혀 없을 것이다. 비디오의 편집 리스트(EDL)가 필름에도 그대로 적용될 것이기 때문이다. 그러나 앞 절에서 봤듯이 프레임 수가 다르고, 필름에서 각 프레임의 위치를 확인하는 방식도 다르다. 비디오의 타임코드와 목적은 같지만 구체적인 방식이 다르다. 필름에는 '키코드*keycode*'라는 것이 사용되는데 이것은 필름을 제조할 때 가장자리에 인쇄하는 (현상을 해야 나타나지만) 것으로서, 그림 7-9, 그림 7-10에서 보는 것과 같이 바코드와 알파벳+숫자의 모양으로 되어 있다. 바코드는 기계가 읽을 수 있도록 만든 것인데 정확히 말하면 이것이 '키코드'고 그 옆의 알파벳+숫자는 그 키코드를 사람이 읽을 수 있는 형태로 풀어 놓은 것이다.

키코드(사람이 읽는 부분)는 그림에서 보듯이 알파벳 글자 2개와 10개의 숫자로 되어 있는데 첫 글자는 그 필름의 제조 회사를 나타내고 두 번째 글자는 필름의 종류를 나타낸다. 그림 7-9처럼 'KM' 일 경우 코닥의 5248/7248 필름을 의미한다. 그 다음의 숫자 중 앞의 6개

그림 7-9. 16mm 필름의 키코드

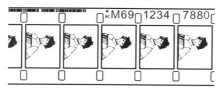

그림 7-10. 35mm 필름의 키코드

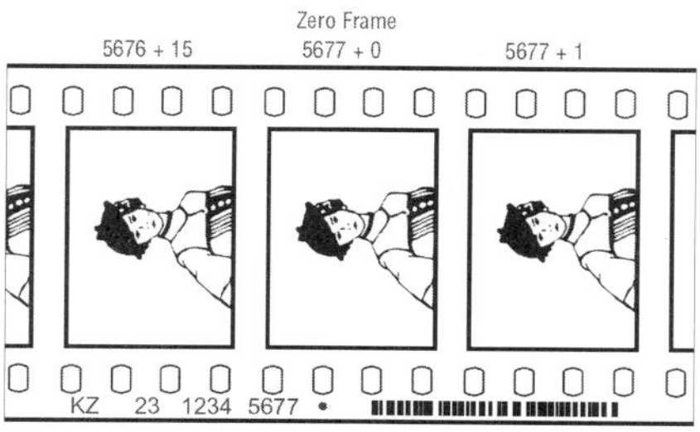

그림 7-11. 비디오 화면에 '찍힌' 키코드

는 롤의 고유 번호다. 여기서 '롤roll'은 촬영용 필름 통can에 든 그것을 말하는 게 아니라 그렇게 제품 길이로 잘리기 전 단계의 롤을 말하는 것이다. 마지막 4 숫자가 실제적으로 중요한데, 16mm의 경우 이 숫자는 20프레임(= 1/2피트)마다 1이 증가한다. 그래서 그림 7-9에서 '7880'은 '롤'의 시작으로부터 3940피트가 지난 지점이라는 것을 뜻한다. 그 정확한 위치는 키코드 앞에 찍혀 있는 점이 기준이 된다. 그 점이 찍혀 있는 프레임이 말하자면 '7880+00' 프레임이고 그 다음 프레임이 '7880+01' …… 이런 식으로 나아간다. 물론 필름에 '+xx'가 인쇄되어 있는 것은 아니지만 텔레시네를 하면 각 필름 프레임에 그렇게 번호가 붙는다(그림 7-11). 35mm에서는 키코드의 숫자가 16프레임(= 1피트)마다 증가한다. 그리고 그 기준점은 그림 7-10에서 보는 바와 같이 키코드 끝에 찍혀 있다.

　텔레시네를 하면 비디오 화면 하단에 그림 7-11과 같이 비디오 타임코드와 키코드가 같이 찍혀 나온다. 그래서 쉽게 생각하면, 비디오 편집이 끝난 후에 각 컷의 시작과 끝의 키코드를 보고 그것을 원본 필름에서 찾아서 편집하면 바로 매치백이 되지 않느냐고 할 수 있을 것이다. 그러나 이것은 정확한 방법이 아니다. 극단적인 예를 들어보겠다. 비디오로 1분 편집했는데, 모든 프레임이 다 다르다고 하

자. 말하자면, 매 프레임이 하나의 컷이라고 하자. $60 \times 30 = 1800$프레임이 다 다른 것이다. 그 비디오에서 키코드를 받아 적으면 1800개가 될 테고 그것에 따라 필름 편집하면 필름으로 1800프레임이 될 것이다. 그런데 그 길이는? $1800 / 24 = 75$초가 된다! 덜 극단적인 예를 들자면, 비디오로 4프레임 길이의 컷이 있는데 A1, B1, B3, C2라고 하자. (그림 7–11의 방식으로 표시하면, A. B. B. C다.) 그러면 이것은 A에서 시작해서 C에서 끝나니까 필름으로 3프레임이다. 그런데 비디오의 4프레임은 시간으로 $4 / 30 =$ 약 0.133초인 반면, 필름의 3프레임은 $3 / 24 = 0.125$초다. 이것만 비교하면 작은 차이지만 반복해서 쌓이면 오차가 커지게 된다.

비디오로는 영상 편집만 하고 사운드 작업은 나중에 필름에서 한다면 이런 게 큰 문제가 아닐 수 있다. 그러나 비디오에서 그림에 맞춰 사운드 작업을 다 했다면 필름으로 옮겼을 때 소리가 그림과 맞지 않게 될 것이다. 이것은 0.1% '풀다운'의 문제와는 별개의 것이다. 여기서 얘기하는 문제는 필름과 비디오의 프레임 수가 4:5라는 데서 발생하는 것이다. 필름을 초당 23.98프레임으로 촬영하여 '풀다운' 할 필요가 없어진다고 해도 이 문제는 그대로 있다.

편집한 비디오 화면에서 키코드를 받아 적어 그것에 따라 필름 편집하는 것은 이같이 오차가 생길 수 있으므로 길이를 유지하고자 한다면 전문적인 매치백 프로그램을 사용해야 한다. 이런 프로그램에서는 내부적으로 시간 계산을 하여 한 프레임 이상의 오차가 생길 때마다 한 프레임을 더해 주거나 빼 준다. 그래서 그런 프로그램이 만들어 주는 필름 컷 리스트를 보면 비디오의 편집점과 가끔 $+/-1$ 프레임 차이가 나는 것을 볼 수 있으며 이것은 정상이다. 2, 3년 전만 해도 저가의 편집 프로그램에서 이런 매치백 기능을 지원하는 것을 보기 힘들었으나 요즘에는 비교적 쉽게 볼 수 있다.

위에서 +/−1프레임 차이가 나는 게 '정상'이라고 했지만 사실 따지면 정상이라고 할 수 없다. 대개의 경우 그 정도 차이가 별 것 아니지만 어쨌든 편집자가 비디오로 편집할 때 지정했던 프레임이 아닌 다른 프레임에서 컷이 된다는 것은 바람직한 게 아니다. 이런 문제가 없으려면 비디오 편집할 때 24fps(혹은 23.98fps)로 해야 한다. 전에는 아비드 필름 컴포저(Avid Film Composer) 같은 고가의 편집 프로그램에서만 이런 작업이 가능했으나 파이널 컷 프로 4버전이 나오면서 훨씬 저가에서도 이것이 가능하게 되었다. 프레임 속도로만 보자면 프리미어 같은 데서도 24fps가 되지만 필름 작업을 하기 위해서는 텔레시네한 비디오에서 2:3 풀다운을 제거하여 원래의 초당 24프레임으로 만들어 주는 '리버스reverse 텔레시네'를 할 수 있어야 한다. 물론 24fps에서의 매치백도 지원되어야 한다.

## 5. 30p와 24p

'30p,' '24p'에서 앞의 숫자는 물론 초당 프레임 수를 나타낸다. 뒤의 'p'는 프로그레시브 스캔progressive scan을 의미하는데, NTSC나 PAL에서 채용하고 있는 인터레이스 방식의 주사가 아니라 순차 주사라는 뜻이다. 인터레이스 방식은 '60i'와 같이 표현한다(여기서 "60"은 프레임이 아니라 필드다). 그런데 생각해 보면, DV는 어디까지나 NTSC(아니면 PAL)다. 일부 DV 카메라가 순차 주사가 된다고 하는데, 어떻게 그것이 가능한가? DV 카메라에서의 '순차 주사'에 대해 얘기하기 전에 한 가지 분명하게 하고 싶은 것은 여기서 24, 30, 60 등은 실제로는

23.98, 29.97, 59.94라는 것이다. 편의상 그렇게 표기할 뿐이다. 항상 그렇다는 말은 아니다. 24p가 실제로 정확히 24fps 프로그레시브를 의미할 때도 물론 있다. 하지만 NTSC 카메라에서 그런 용어를 쓰는 한에서는 그것은 실제로 23.98이다.

순차 주사는 카메라에서 촬영할 때도 적용되고 모니터에 재생할 때도 적용되지만 여기서는 전자를 중심으로 보겠다. 순차 주사는 말 그대로 카메라의 센서(CCD)가 위에서부터 한 줄row씩 차례로 그림 정보를 내보내 주는 것을 말한다. 그런데 이런 경우를 생각해 보자. 한 줄씩 내려오는 동안 그림의 변화, 즉 움직임이 없는 것이다. 하나의 스틸 사진을 스캔하는 경우를 생각하면 된다. 이런 경우에는 사실 어떤 순서로 주사하든 상관이 없지 않겠는가? 순차적으로 하든, 홀수 먼저 하고 나중에 짝수를 하든, 재생할 때 제 위치에 제대로 하기만 하면 (예를 들어, 3번 주사선을 2번 위치에 재생하지만 않으면) 되는 것이 아닌가? 그래서 '순차'라는 말 자체의 의미는 '차례대로'이지만 여기서 실질적으로 중요한 것은 홀수 주사선들과 짝수 주사선들 사이의 움직임이다. 그들 사이에 움직임이 있을 경우에는 촬영할 때의 주사 순서와 같은 순서로 재생해야만 한다. CCD에서 홀수 먼저 짝수 나중이었으면 재생할 때도 그렇게 해야 한다.

그래서 NTSC 카메라라고 해도, 다시 말해 홀수 필드와 짝수 필드로 나뉘어서 신호가 나갈 수밖에 없다 하더라도, 그들 사이에 시차 (움직임)가 없다면 실질적으로 순차 방식이라고 할 수가 있다. 그렇다면 그 시차가 없게 하는 구체적인 방법은? 일견, 별로 어렵지 않아 보이기도 한다. (1/60초 동안) 홀수 필드를 찍고 그 다음에 (1/60초 동안) 짝수 필드를 찍으면 그 사이에 시차가 있지만, 홀짝 필드를 동시에 찍어서 일단 저장한 후 거기서 홀짝으로 나눠 내보내면 되지 않는가

하는 것이다. ('저장'이 필요한 것은, 짝수는 동시에 찍혔지만 홀수가 다 나갈 때까지 '기다려야' 하기 때문이다.)

그러나 문제는 간단하지 않다. 일반적으로 CCD가 홀수 줄과 짝수 줄이 교대로 작동하게 되어 있는 것이다(2장 5절 참조). '홀짝 필드를 동시에' 찍도록 되어 있지 않은 것이다. 정상적인 상태에서는 그 교대 간격이 1/60초인데, 그 리듬을 바꿀 수는 있지만 교대로 작동하는 건 여전히 마찬가지다. 그래서 일반 DV 카메라에서 순차 주사를 구현하는 것은 쉽지가 않다. 일부 카메라에서 일종의 편법을 써서 순차 주사 비슷한 것을 만들어 내긴 하는데 그것이 '프레임 모드frame mode'이다. 이것은 완전한 순차 주사에 비해 해상도는 떨어지지만 30p와 비슷한 느낌을 준다고 한다. 이런 모드를 사용하는 이유는 필름과 비슷한 느낌을 주기 때문이다. 초당 프레임 수가 차이가 나지만, 알다시피 필름이 순차 방식이다. 한편, 초당 15프레임에서 진정한 순차 주사가 되는 DV 카메라도 있긴 한데 이런 속도는 실용도가 낮다.

'프레임 모드'에 대해 간략하게만 설명하고 넘어간 것은 최근에 진정한 순차 주사를 구현하는 DV 카메라가 나왔기 때문이다. 파나소닉의 AG—DVX100 모델이 그것인데 이것은 30p뿐 아니라 24p도 된다. 30p는 이해가 되지만, NTSC 카메라에서 어떻게 24p가 될 수가 있는가? NTSC는 원래 30fps이므로 홀짝 필드 사이의 시차(움직임)만 없다면 30p가 될 수 있다. 그러나 어떻게 24fps를 기록할 수 있다는 것인가? 간단히 말하면, 카메라에서 나오는 24p의 비디오를 일종의 '텔레시네'를 하여 테이프에 기록하는 것이다. 테이프에 기록되는 것은 어디까지나 NTSC DV다.

필름이 아니므로 '텔레시네'란 말이 꼭 맞지는 않지만 '2:3 풀다운'을 하는 것은 마찬가지다. 카메라에서 나오는 초당 24프레임을 NTSC의 30프레임으로 복사하는 것이다. (초반에 말했듯이, 정확하게는 23.98fps를 29.97fps로 바꿔 주는 것이다. 그래서 여기서 '풀다운'은 속도가 느려진다는 의미는 아니다. 실시간으로 복사가 되는데 어떻게 느려질 수가 있겠는가!) 그런데 흥미 있는 것은, 일반적인 텔레시네에서 볼 수 없는 또 하나의 풀다운 방식을 사용한다는 것이다. 기존의 방식을 선택할 수도 있지만, '24p Advanced'를 선택하면 '2:3:3:2 풀다운'을 한다.

이 방식은 초당 30프레임의 NTSC가 된 것을 컴퓨터에서 '리버스 텔레시네'를 하여 원래의 24프레임을 복원할 때 장점을 가진다. 기존의 '2:3:2:3 풀다운'에는 어떤 문제가 있는가? 그림 7-8을 다시 보자. 텔레시네 후의 A1A2, B1B2, B3C1, C2D1, D1D2 다섯 프레임을 보면 C만 자체적으로 하나의 프레임을 구성하지 못하고 있음을 알 수 있다. A, B, D는 간단히 복원된다. 텔레시네 전의 A를 홀짝으로 나눈 게 바로 A1A2 아닌가. B, D도 마찬가지다. 그런데 C를 복원

그림 7-12. 2:3:3:2 풀다운과 24프레임의 복원

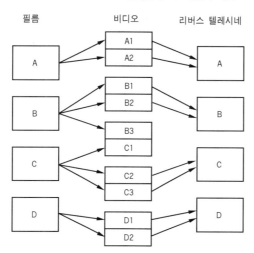

하려면 B3C1, C2D1 두 프레임의 압축을 (DV로 압축되어 있었으니) 풀어서 앞 프레임의 필드 2와 다음 프레임의 필드 1을 합쳐서 다시 압축을 해야 한다. 그래서 화질의 약간의 손해를 본다. '2:3:3:2 풀다운'은 그런 문제를 없애고자 한 것이다. 그림 7-12는 어떻게 그런 문제가 생기지 않는지 보여 준다.

이 '고급' 방식의 풀다운에도 문제가 없지는 않다. 24fps를 복원하는 목적으로는 완벽하지만 그냥 30fps의 비디오로 보고자 하는 경우에는 약간 움직임의 부자연스러움이 느껴질 수 있다. 필름으로 옮길 게 아니고 그냥 비디오로 필름 느낌만 주려고 할 때는 기존의 2:3 풀다운이 더 낫다. 애플의 시네마 툴스Cinema Tools 프로그램은 두 방식 모두에 대해 리버스 풀다운을 지원한다.


## 6. 키네스코프

TV 방송이 처음 시작되었을 때는 비디오 녹화 기술이 아직 없었기 때문에 TV 프로그램을 기록하기 위해서는 필름을 사용할 수밖에 없었다. 그 방식은 단순하게 필름 카메라로 모니터를 촬영하는 것이었는데 그 카메라를 '키네스코프 녹화 카메라'라고 불렀다. '키네스코프 kinescope'는 당시에 TV(CRT) 모니터를 가리키는 말이었고 그래서 말 그대로 모니터를 녹화하는 카메라라는 뜻이었다. 그런데 그 용어가 길다 보니 나중에는 사람들이 뒷부분을 빼고 말하게 되었고 그렇게 해서 '키네스코프'가 모니터를 촬영하는 카메라 혹은 촬영한 필름을 뜻하는 것으로도 쓰이게 되었다. 이제는 그 초기의 키네스코프와 비슷한 방식을 사용하여 비디오를 필름으로 옮기는 것 또는 그 장비를 키네스코프라 한다. 한국에서는 더 나아가서, 방식과 상관없이 비디오를 필름으로 옮기는 작업을 통칭하여 키네스코프 — 줄여서 '키네코' — 라고 하기도 한다. 여기서는 편의상 '키네스코프'는 전자의 의미(좁은 의미)로 '키네코'는 후자의 의미(넓은 의미)로 사용하고자 한다.

기본적으로 키네스코프는 모니터를 촬영하는 방식이라고 할 수 있는데, 그게 사실 아주 단순하지만은 않다. 필름 카메라를 특별히 조정하지 않고 그냥 TV 모니터를 촬영하면 화면에 가로로 줄이 생긴다. 적당한 우리말이 없어 '줄'이라고 했고 그래서 가늘다는 느낌을 주는데, 실제로 그 폭은 프레임 속도의 차이에 따라 다르다. 영어로는 '셔터 바shutter bar'라고 한다. 이것이 나타나지 않게 하려면 셔터 속도가 비디오 화면의 재생 빈도refresh rate, 즉 1/60초의 배수가 되어야 한다. 24fps 카메라의 경우 셔터 개각도(다음 절 참조)가 180°면 셔터 속도가 1/48초가 되는데, 이보다 더 느리게 — 개각도가 180°보다 더 크게 — 하기는 쉽지 않다. 그래서 각도를 144°로 하여 셔터 속도를 $1/60 (= 1/48 \times 144/180)$초에 맞춰 보통 촬영한다. 실제로 초기의 키네스코프가 이런 식이었다. (흑백 TV는 한 필드가 정확히 1/60초였고 그래서 필름 카메라도 정확히 24fps로 돌렸다.) 그런데 이렇게 하는 것의 한 문제점은 필름 한 프레임에 비디오 한 필드밖에 기록이 되지 않는다는 점이다(필름 프레임당 노출 시간이 1/60초밖에 되지 않으므로).

그래서 나중에 나온 키네스코프는 특수 제작된 카메라를 사용하여 셔터 개각도를 288° — 셔터 속도 1/30초 — 로 함으로써 필름 프레임당 두 필드를 기록할 수 있었다. 그리고 컬러 비디오가 나오면서 카메라의 속도를 23.98fps로 맞춰야 하는 필요성도 생겼다. 한편 컬러의 경우, 모니터를 세 개를 사용하는 시스템도 있다. 하나의 컬러 모니터에 비디오를 표시하는 게 아니라 R, G, B로 분리를 하여 세 개의 흑백 모니터에 표시하는 것이다. 그리고 그 각 모니터 앞에 해당하는 색의 필터를 대고 그 세 모노크롬 이미지를 광학적으로 합쳐서 카메라로 촬영하는 것이다. 광학적으로 합친다는 말은 슬라이드를 겹쳐서 볼 때처럼 이미지를 더한다는 뜻이다.

이러한 키네스코프의 한 특징은 필름에 이미지를 복사하는 방법으로서 빛(보통의 가시 광선)을 사용한다는 것이다. 비디오 모니터에서 나오는 빛이 필름을 감광시켜 이미지가 형성되는 것이다. 그것은 당연한 것 아니냐고 할지 모르지만, 키네코에는 다른 방법도 사용된다. 키네코에서 필름에 이미지를 형성하는 방법으로서 빛 외에 전자빔*electron beam*을 사용하는 것과 레이저를 사용하는 것이 있다. 여기서 그 다른 방법을 사용하는 키네코 장비들에 대해 설명할 의도는 없다. 다만, 이미지를 새기는 메커니즘의 의해 그렇게 분류해 볼 수 있다는 것을 말하고 싶다.

키네코 장비를 실시간인가 아닌가로 분류해 볼 수도 있는데, 앞서 설명한 키네스코프는 실시간이다. 비디오를 정상적인 속도로 재생하며 필름으로 옮기는 것이다. 그런데 예를 들어 레이저를 사용하는 장비를 보면 프레임당 몇 초가 걸릴 정도로 느리다. 이것은 레이저이기 때문에 느린 점도 있지만 해상도와도 관계가 있다. 사실, 해상도를 아주 낮게 한다면 — 그런 장비는 들어본 적이 없지만 — 레이저라도 실시간으로 못할 이유가 없을 것이다. 그리고 CRT 즉, 빛을 사용하면서도 비실시간, 고해상도인 키네코 장비가 있다. 이런 점들을 지적하는 이유는 '필름에 이미지를 새기는 방법'은 실시간/비실시간의 분류와 비교적 독립적이라는 것을 말하고 싶어서다.

비실시간으로 고해상도로 필름에 전자 이미지를 복사하는 장비를 흔히 '필름 레코더*film recorder*'라고 하는데, 이것은 비디오를 키네코

하는 용도 외에 디지털 그래픽 파일을 필름으로 출력하는 데 많이 사용된다. 이런 후자의 경우에는 스틸이니까 사실 '실시간'의 개념이 없는 셈이다.

방금 "디지털"이란 말이 나왔는데, 키네코 장비를 디지털 기술이 사용되었는지 여부에 따라서도 살펴볼 수 있다. 요즘에는 실제로 간단한 키네스코프 장비를 제외한다면 디지털 기술이 사용되지 않는 건 거의 없다. 우선, 비실시간으로 작업하려면 디지털 기술이 사용되어야만 한다. 그 대표적인 예가 필름 레코더다. 비디오를 디지털 파일로 만든 후에야 필름 레코더를 사용할 수 있는 것이다. 그리고 실시간이라 하더라도 디지털 기술은 향상된 기능을 제공한다. 예를 들어 프레임 속도 변환 장치를 사용하면 29.97fps 비디오를 23.98fps 비디오로 볼 수 있다. 물론 그러기 위해선 특별한 모니터가 필요하지만, 더 좋은 키네스코프 결과를 얻을 수 있다.

그런데 여기서 "실시간"이라고 했지만 따져 보면 그렇지 않은 측면이 있다. 프레임 속도를 위와 같이 바꾸는 데는 보통 다섯 필드마다 한 필드를 버리는 방식을 택하는데, 이것을 그냥 속도 조정 없이 한다면 어떻게 될까? 다섯 필드째에는 화면에 아무것도 안 나오지 않겠는가? 네 개를 전에 다섯 개가 차지했던 시간 동안 일정하게 내보내야 하는 것이다. 이것이 아날로그에서 전혀 불가능한 것은 아닐지 모르겠지만 디지털에서 훨씬 간단하고 자유 자재로 할 수 있다. 제4장에서 디지털의 한 특징을 현실 시간의 제약에서 자유롭게 하는 것이라고 하였다. 비디오를 섰다 갔다 하게 한다든지 느리게 가게 한다든지 하지 않으니 실시간이란 말이 틀린 건 아니지만 내부적으로 시간/속도의 조작이 있고 이런 데 디지털 기술이 사용되는 것이다.

## 7. 모니터의 촬영

앞 절에서 모니터를 촬영하는 문제에 대해 논의를 하였지만 여기서 좀 더 살펴보고자 한다. 먼저 필름 카메라의 셔터에 대해 간단히 설명하려고 한다. 영화 촬영에 대해 배운 사람이라면 대개 알고 있겠지만, 필름 카메라의 셔터는 그림 7-13처럼 반원 모양으로 되어 있고 이것이 회전하며 애퍼추어(필름의 한 프레임이 노출되는 구멍)를 가렸다 열어줬다 한다. 가렸을 때는 필름이 한 프레임 이동하고, 열렸을 때는 필름이 서 있고 빛에 노출된다. 이 반원 셔터의 열린 부분의 각도를 셔터 개각도라고 한다. 셔터가 한 바퀴 도는 시간을 P라고 하면 P × 개각도/360° 가 노출 시간, 즉 셔터 속도가 되는 셈이다. 24fps로 촬영하면 P가 1/24초이므로 개각도가 180°라고 할 때 셔터 속도는 1/48초가 된다.

앞 절에서 말했듯이 24fps에 셔터 개각도가 288°면 셔터 속도는 1/30초다. 그런데 한 바퀴 도는 주기는 여전히 1/24초라는 것을 기억하자. 다시 말하면, 한 프레임당 노출 시간은 1/30초지만 1초에 찍히는 프레임 수는 24장인 것이다. 키네스코프를 하는 데 있어서 이 두

그림 7-13. 영화 카메라의 셔터

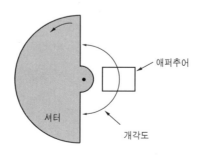

변수는 다른 의미를 가진다. 비디오 모니터를 촬영할 때 생기는 '바'와 관련된 문제를 다음과 같이 세 가지로 나눠 볼 수 있다.

(1) '바'가 생기는 것
(2) '바'가 위 혹은 아래로 움직이는 것
(3) '바'의 위치

1번, '바'가 생기는 문제는 셔터 속도와 관련된다. 비디오는 (필름도 마찬가지지만) 필드와 필드 사이에 화면이 어두워지는 기간이 있다. 카메라의 셔터 속도가 비디오의 필드 주기와 일치하거나 그 배수가 아니라고 해 보자. 예를 들어 셔터 속도가 필드 주기보다 20% 더 짧다고 하자. 그러면 그림 7−14 (a)가 보여 주는 것처럼, 필름이 한 필드를 채 다 기록하기 전에 셔터가 닫혀버릴 것이다. 아래의 20%는 그 전 필드가 끝나고 어두운 상태이므로 화면 하단의 20%가 어둡게 되는 것이다. (필름의 프레임도 사실은 상하좌우가 모두 동시에 노출되는 게 아니기 때문에 정확하게 하자면 좀 복잡하지만 기본 개념은 같다.) 그림 7−14 (a)는 이해가 쉽도록 필름 노출이 시작되는 순간에 비디오도 제일 위에서 주사를 시작하는 것으로 가정하고 그린 것이다. 그렇지 않고 중간 정도에서 시작한다면 그림 7−14 (b)와 비슷하게 될 것이다. 첫 필드는 중간 부분부터 기록되고 다음 필드는 앞 필드가 시작된 부분에 이르기 전에 끝난다. (이 역시 따지자면 모니터의 인광 물질이 전자를 받아서 빛을 내는 기간이 있으므로 그림처럼 단순하지만은 않다.) 그래서 역시 화면 높이의 20%가 어둡게 된다.

2번, '바'가 움직이는 것은 프레임 속도의 문제이다. 비디오는 필드 단위이므로 '프레임 속도'보다는 '화면 재생 속도refresh rate' —

그림 7-14. 셔터 바

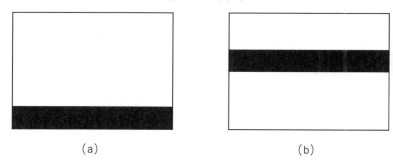

(a)                                    (b)

화면이 어두워지고 다시 새 그림을 그리는 빈도 — 가 더 포괄적인 표현이 되겠다. 어쨌든 이 속도가 서로 같거나 배수가 아니면 필름 노출이 시작될 때의 비디오 주사선의 위치가 매번 변하게 된다. 그래서 그림 7-14 (a), (b)의 비교로부터 짐작할 수 있듯이, '바' 가 움직이게 되는 것이다.

마지막으로 3번, '바' 의 위치의 문제는 2번 문제가 없을 때 — '바' 가 움직이지 않을 때 — 해당되는 것이다. 필름과 비디오의 화면 재생 속도가 일치하면 '바' 가 생기더라도 움직이지 않고 한 위치에 있을 것이다. 이런 경우 위상phase을 조정하여 그것을 '화면 바깥으로 내보낼' 수 있다. 셔터 속도를 일치시킨다고 해도 미세하게 '바' 가 나타날 수 있는데, 이때 필름 노출의 시작과 비디오의 수직 공백 기간을 일치시키면 약간의 차이는 드러나지 않는다. 말하자면 모니터가 완전히 어두운 상태에서 필름 노출을 시작하여 완전히 어두운 상태에서 끝나게 하는 것이다.

지금까지 한 얘기는 비디오 카메라로 촬영하는 경우에도 적용된다. 다만 화면 재생 속도만 필름 카메라와 다를 뿐이다. NTSC 카메라로 NTSC 모니터를 촬영한다면 문제는 없다. 비디오 카메라의 경우는 대개 컴퓨터 모니터를 촬영할 때 문제가 생긴다. 컴퓨터 모니터는 화면 재생 속도가 다양하기 때문이다.

끝으로, LCD 모니터는 다르다는 점을 지적하고 싶다. 지금까지 애기한 모니터는 CRT 모니터였다. 이것은 화면이 재생되기 전에 어두워진다. 그래야만 한다. 어두워지기 전에 다음 그림을 쏘면 겹치게 될 것이기 때문이다. 그러나 LCD 모니터는 화면 재생이 순식간에 이루어진다. 어두워지는 기간이 없는 것이다. 그림 7-14 (a)와 비교하자면, 아래 20%가 어둡지 않고 이전 필드가 그대로 남아 있다. 그래서 LCD 모니터를 촬영하면 '바'의 문제는 생기지 않는다.

# 8 디지털 영화

## 1. HDTV

HDTV에는 두 가지 해상도가 있다. $1280 \times 720$과 $1920 \times 1080$이 그것이다. 이것이 디지털 방송의 전부는 아니다. 미국 ATSC(Advanced Television Systems Committee)에서 정한 디지털 방송(DTV) 표준에는 $640 \times 480$ 같은 일반 해상도(SD)도 포함된다. 일반 해상도라고는 하지만 순차 주사 방식으로 초당 60프레임까지 지원하므로 기존 NTSC 방송보다 훨씬 나은 것이다. 그 때문에 HDTV에 이것까지 포함해서 말하는 경우가 있다. 그러나 프레임 속도도 중요하긴 하지만 '고해상도(HD)'라는 말을 쓰기 위해서는 주사선 수가 기존의 480을 넘어서야 할 것이다. 표 8−1에 ATSC 표준이 허용하는 포맷들을 모두 나타내긴 했지만, 여기서는 서두에 말한 두 해상도를 중심으로 논의한다.

디지털 방송의 한 장점은 여러 포맷을 동시에 지원할 수 있다는 것이다. 아날로그 방송에서 예를 들어 두 가지 해상도를 동시에 지원한다는 것은 상상하기 어렵다. 아날로그에서는 주사선 하나당 가령 0.1초라면 그것을 모니터에 표시할 때뿐 아니라 전송(방송)하는 데도 0.1초가 소요된다. 다시 말해 실시간이다. 그러나 디지털에서는 주사선 하나에 해당하는 정보를 0.1초 동안에 받았다 하더라도 모니터에

표 8-1. ATSC 표준

| 포맷 | 프레임 속도* | 주사 방식 | 화면 종횡비 | 픽셀 종횡비 |
|---|---|---|---|---|
| 1920 × 1080 | 24, 30 | 순차 | 16:9 | 정사각형 |
| | 30 | 비월 | | |
| 1280 × 720 | 24, 30, 60 | 순차 | 16:9 | 정사각형 |
| 704 × 480 | 24, 30, 60 | 순차 | 4:3, 16:9 | 직사각형 |
| | 30 | 비월 | | |
| 640 × 480 | 24, 30, 60 | 순차 | 4:3 | 정사각형 |
| | 30 | 비월 | | |

* 24, 30, 60 각각을 1.001로 나눈 프레임 속도 즉, 23.976, 29.97, 59.94 도 포함.

표시할 때는 0.05초에 할 수도 있고 0.2초 동안에 할 수도 있다. 전자의 경우에는 나머지 0.05초가 '쉬는 시간,' 즉 공백 기간이 될 것이고 후자의 경우에는 주사선 두 개 중 하나는 표시하지 않는다는 것을 의미할 것이다. 어쨌든, 디지털은 현실 시간의 제약으로부터 자유롭게 한다고 하였다. 그럼으로써 하나의 주어진 채널에 다양한 포맷의 영상을 담을 수 있게 된다. 다만, 수신하는 쪽에서 어떤 포맷인지 알아야 하므로 일반적인 컴퓨터 파일에서와 마찬가지로 '헤더*header*'가 앞에 첨부된다. 뒤에 오는 영상 데이터를 어떻게 해석해야 할지를, 다시 말해 어떤 포맷의 영상인지를 알려 주는 부분이다. (물론 수신하는 쪽에서 원한다면 실제 표시할 때는 그 포맷과 다르게, '변환하여' 할 수 있다.)

표 8-1에서 보듯이, HDTV에는 1280×720과 1920×1080의 두 해상도가 있을 뿐 아니라 각 해상도에서도 몇 가지의 프레임 속도가 있고 순차 주사와 비월 주사로 나눠지기도 한다. 그래서 일견 복잡하고 무질서(?)한 것처럼 보일 수 있는데, 이런 여러 포맷들에 공통되는 하나의 숫자가 있다. 그것은 샘플링 속도이고, 구체적으로는 74.25MHz다. 즉, 1초에 7425만 개의 샘플이 있는 것이며 이것은 포맷과 상관없이 일정하

다(0.1% 느린 경우 제외. 아래를 참조하라). 이것에 대해 설명하기 전에 먼저 '유효active'와 '전체total'의 차이에 대해 이해할 필요가 있다.

표 8−1에 나와 있는 픽셀 수, 예를 들어 1280이란 숫자는 주사선 하나당 유효 픽셀 수, 즉 유효 샘플 수를 나타낸다. 주사선 하나에서 실제로 그림 정보에 해당하는 부분이다. 마찬가지로 같은 표의 720이 라는 라인(주사선) 수는 유효 라인 수를 나타낸다. 이와 달리 '라인당 전 체 샘플 수'나 '전체 라인 수'는 실제의 그림 정보를 담고 있는 것과 상관없이 한 라인 전체에 해당하는 샘플 수나 한 프레임 전체에 해당 하는 라인 수를 말한다. '유효'하지 않은 샘플 혹은 라인들은 무엇을 의미하는가? 그것은 일종의 '쉬는' 시간으로 볼 수 있다. 라인당 유효 샘플이 1280이고 전체 샘플이 1650이라고 하면 370개의 샘플에 해당하 는 시간 동안 쉰다는 뜻이 된다. 라인 하나의 주기를 1초라고 가정한다 면, 카메라의 CCD가 기록한 이미지의 한 줄을 1280/1650초 동안 스캔 (주사)하고 나머지 370/1650초 동안 쉬는 것이다. 마찬가지로 유효 라인 이 720이고 전체 라인이 750이라면 30개의 라인에 해당하는 시간 동안 쉬었다가 그 다음 프레임을 스캔하는 것이다. 여기서 '쉰다'라는 표현 을 썼지만 물론 그 기간을 다른 용도로 활용할 수는 있다.

HDTV의 샘플링 속도에 대한 논의로 돌아가자. 간단히 말하면, 포맷과 상관없이 다음과 같은 식이 성립한다.

라인당 전체 샘플 수×전체 라인 수×프레임 속도＝74.25MHz

유효 라인 수가 720인 포맷에서는 프레임 속도와 상관없이 전 체 라인 수는 750이고, 유효 라인 1080인 포맷에서는 1125다. 하지만 '라인당 전체 샘플 수'는 프레임 속도에 따라 다르다. 유효 라인 720포

그림 8-1. HDTV의 유효 샘플과 전체 샘플의 관계

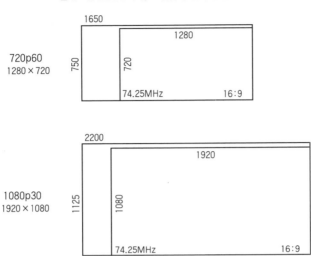

맷에서 초당 60프레임일 때 라인당 전체 샘플은 1650이다. 초당 전체
샘플을 계산하면 $1650 \times 750 \times 60 = 74{,}250{,}000$이 된다. 즉, 74.25MHz
의 샘플링 속도가 된다. 마찬가지로, 유효 라인 1080포맷에서 초당
30프레임일 때 라인당 전체 샘플 수는 2200이고 샘플링 속도를 계산
하면 $200 \times 1125 \times 30$하여 역시 74.25MHz가 된다. 그림 8-1에 이 두
포맷의 유효 샘플과 전체 샘플의 관계를 나타내었다. 다른 포맷도 같
은 방식으로 계산할 수 있다. 예를 들어, $1920 \times 1080$, 24fps포맷이라
면 라인당 전체 샘플은 $74{,}250{,}000 / (1125 \times 24) = 2750$이다.

샘플링 속도가 74.25MHz로 일정하다고 했지만, 초당 프레임 수가
24, 30, 60 등의 정수가 아니고 그보다 0.1% 낮은 경우(23.98, 29.97, 59.94
등)에는 그렇지 않다. 그런 경우에는 샘플링 속도가 74.25MHz/1.001이
다. 샘플링 속도가 프레임 속도와 같은 비율로 바뀌므로 유효 또는 전
체 샘플 및 라인 수는 같다. 예를 들어, 30프레임 포맷에서의 샘플 및

라인 수치들과 29.97포맷에서의 샘플 및 라인 수치들이 같다.

샘플링 속도가 74.25MHz라는 것은 샘플 하나를 '채취'하는 데 걸리는 시간이 1/74,250,000초라는 뜻이다. 1초 동안에 실제로 (유효한) 샘플이 7425만 개 있다는 뜻은 아니다.

그럼 초당 유효 샘플의 수는 얼마인가? 이것은 포맷에 따라 다르지만 1920×1080, 30fps의 경우를 보자면 다음과 같다.

$$1920 \times 1080 \times 30 = 62,208,000$$

샘플 하나당 24비트(R, G, B 각각 8비트)로 계산하면, 데이터 속도는 약 1493Mb/sec가 되는 셈이다. 그런데 HDTV는 기존 일반 해상도 방송과 마찬가지로 채널당 6MHz이고, 그 대역에 담을 수 있는 데이터는 약 18Mb/sec라고 한다. 그래서 이 경우 약 80:1의 압축을 해야 한다. 이 '압축'에는 RGB 포맷을 YCbCr 포맷으로 바꾸는 과정 — 색차 신호를 루마 신호보다 적게 샘플링하는 것 — 도 포함된다. 5장 1절에서도 보았듯이 이 과정은 어떤 의미에서는 압축이 아니다. 그리고 HDTV 포맷에 따라 데이터량이 다르므로 압축비가 다르다. 그러나 이런 점들을 감안한다 해도, HDTV 방송은 상당한 데이터 압축을 요한다는 것을 알 수 있다.

여기서 우리는 HDTV 방송 포맷과 HDTV 비디오테이프 포맷을 구분할 필요가 있다. 지금까지 설명한 것은 전자이다. NTSC라는 하나의 방송 포맷에 대해서도 VHS, 베타캠 같은 아날로그, DV 같은 디지털 등 다양한 비디오테이프 포맷이 있듯이, HDTV에도 다양한 비디오테이프 포맷이 있다. 그 포맷들의 비디오를 HDTV로 방송하고자 한다면 표 8-1의 해상도의 하나로, 그리고 색 포맷은 RGB로, 변환한

표 8-2. HDTV 비디오테이프 포맷

| 명칭 | 방식 | 테이프 | 데이터 속도(Mb/s) | 비고 |
|------|------|--------|--------------------|------|
| D-6 | 4:2:2, 비압축 | 19mm | 1188 | |
| D-5 HD | 4:2:2, 압축 | 1/2 인치 | 270 | Panasonic |
| D-11 (HDCAM) | 1440 × 1080, 3:1:1, 압축 | 1/2 인치 | 135 | Sony |
| D-12 (DVCPRO HD) | 1280 × 1080, 4:2:2, 압축 | 6.35mm ("6mm") | 100 | DV100 |

다음 ATSC 규정에 따라 다시 압축하여 방송하게 된다. 표 8-2에 HDTV 비디오 포맷들을 나타내었는데, 얼핏 해상도가 너무 낮아 보이기도 한다. 예를들어, 소니의 HDCAM 포맷을 보면 1440 × 1080이다. 그러나 데이터 속도를 보면 위에서 말한 HDTV 방송의 18Mb/sec 보다 훨씬 높은 135Mb/sec임을 볼 수 있다. 화질이 훨씬 나은 것이다.

## 2. 디지털 영화란

"디지털 영화란 무엇을 말하는가?"라는 질문에 직관적으로 떠오르는 답은 "디지털 기술을 사용하여 만들어진 영화"라는 것이다. 단순한 대답이긴 하지만, 일단 상식적이란 느낌이다. 가령 '디지털 효과'라 하면 디지털 기술을 사용하여 만든 효과가 아닌가.

영화에서 디지털 기술이 사용될 수 있는 부분을 구체적으로 살펴보자. 우선 촬영 단계에서 디지털 비디오 카메라를 사용할 수 있다. 필름으로 찍은 다음 디지털화하거나, 아니면 아날로그 비디오 카메라로 찍어서 나중에 디지털화해도 되지만 처음부터 디지털 카메라를 사용하면 최초의 녹화부터 디지털화되는 것이고, 이것은 화질의 측면에서 큰 의미를 갖는다. 그래서 촬영의 디지털화는 '디지털 영화'의 중요한 요소가 될 수 있다.

일부에서는 '디지털 영화'를 기존의 비디오도 아니고 필름도 아닌 제3의 매체인 것처럼 잘못 생각하고 있는 듯하다. 현재로선 자연의 움직이는 이미지를 기록하는 것은 화학적으로 필름에 기록하는 것과 CCD(이전엔 촬상관) 같은 것을 사용하여 전기적으로 기록하는 방법뿐이다. 필름은 물론이고, CCD에서 출력되는 신호도 아날로그이다. 디지털 비디오 카메라는 그 아날로그 신호를 카메라 내에서 디지털화해서 디지털 데이터로 저장하는 것이다. 이것은 기존 아날로그 카메라로 촬영한 것을 나중에 디지털화하는 것에 비해 장점이 있지만 근본적으로 다른 것이라고 할 수는 없다. 그래서 촬영 단계만 보자면, '디지털 영화'는 비디오 영화와 다름없다는 것이다.

영화는 물론 촬영 단계에서 끝나지 않는다. 후반 작업에서도 디지털 기술이 사용될 수 있다. 사실 이 부분이 가장 역사가 길다. '디지털 카메라'라는 말이 있기도 훨씬 전에 영화나 비디오/TV 후반 작업에 디지털 기술이 사용되었다. 하지만 그때는 물론 '디지털 영화'란 말을 쓰지 않았다. 그리고 편집, 효과 등의 후반 작업에 사용되는 디지털 기술이 계속 발전해왔긴 하지만, 그것이 최근의 갑작스럽다고 할 정도의 '디지털 영화' 붐을 설명하긴 부족하다.

그런데, 한 가지 — 이것을 '후반 작업'에 포함시킬 수 있을지는 모르겠으나 — 큰 변화가 진행되고 있는 것이 있다. 그것은 바로 후반 작업의 결과물 즉, 완성된 영화의 형태이다. 100년 이상 영화는 필름이라는 아날로그 형태로 배포, 상영되었다. 후반 작업에 디지털 효과가 아무리 많이 들어가도 극장에서는 아날로그로 바꾼 걸 보았다. 그것이 이제 디지털화되려고 하는 것이다. 다시 말해, 디지털 데이터의 형태로 된 영화가 극장에 배포되고, 상영되는 것이다.

최근 몇 년 사이의 디지털 영화에 대한 큰 관심은 사실 이것이 현실화되기 시작했기 때문이다. '디지털 무비'나 '디지털 모션 픽처'가 아닌 '디지털 시네마'가 자리를 잡은 이유도 '시네마'가 영화를 의미하기도 하지만 영화관을 의미하기도 하기 때문일 것이다. '디지털 무비'란 말이 쓰이지 않는다는 게 아니다. 오히려 쓰여 왔기 때문에 구분하기 위해 '디지털 시네마'를 쓰게 되었을 것이다. 전자는 주로 촬영/편집을 중심으로 하는 말이고, 후자는 말했듯이 주로 극장을 중심으로 하는 말이다. 그리고 필름을 사라지게 만드는 결정적 변수는 이 후자다. '디지털 무비'와 '디지털 시네마'가 엄격히 구분된다는 것은 아니다. 어차피 필름이 사라지면 촬영/편집을 (디지털) 비디오로 할 수밖에 없지 않은가. 다만, 지금의 주된 화두가 디지털 방식의 배급과 극장 시설의 교체라는 것이다.

우리말로 번역하면 둘 다 '디지털 영화'라서 좀 혼동이 있어 보이기도 한다. 도그마 선언 등으로 유명한 영화 〈셀레브레이션 Celebration〉이나 한국 영화 〈눈물〉 등을 '디지털 영화'라고 하는 것을 보면, 미국 언론에 오르내리는 '디지털 시네마'와는 좀 다른 것 같다. 우리의 '디지털 영화'는 '저예산,' '독립 영화,' '누구나 만들 수 있는' 등과 주로 연결되어 있다. 미국에서도 물론 그런 주제가 다루어지고 있다. 인터넷으로 배급/상영되는 독립 영화를 다룬 〈미국 영화 촬영 기사 American Cinematographer〉 잡지의 한 최근 기사를 예로 들 수 있는데, 그렇지만 그 기사에서는 '디지털 시네마'란 말을 찾아 볼 수 없다 (American Cinematographer, 2000). 미국 언론의 '디지털 시네마'는 '배급사,' '극장주,' '영사기,' '기술 표준' 등과 연결되어 있다. 한국에서 그런 개념이 많이 쓰이지 않는 것은 아마 기술 표준 등의 문제가 얽혀 있는 사항을 주도적으로 논의하기 힘들기 때문일 것이다.

　앞서, 촬영 단계에 대해 논의할 때, 촬영 단계만 보자면 디지털 영화는 비디오 영화와 별반 다를 게 없다고 하였다. 그러면 배급/상영 단계는 어떤가? 여기서도 마찬가지가 아닐까. 예를 들어 인터넷을 보면, 아주 중요한 디지털 매체인 건 사실이지만, 보는 사람의 입장에선 영화 비디오를 좀 편리하게 보는 매체에 불과하지 않은가? 극장에서도 아날로그 비디오인지 디지털 비디오인지 상관할 사람이 얼마나 있을까. 영화업에 종사하는 사람의 입장에선 제작/배급/상영이 디지털화되는 게 큰 의미를 가질 수 있다. 하지만 그게 중요한 게 아니라고 주장할 수도 있다. 극장에서 필름으로 보든, 집에서 DVD로 보든, VHS로 보든 〈카사블랑카〉는 〈카사블랑카〉이고, 〈토이 스토리〉는 〈토이 스토리〉이다. 영화는 소프트웨어고 그것을 담는 물리적 방법과 매체는 본질적인 게 아니라고 볼 수도 있다는 것이다.

　그러나 디지털과 아날로그에는 분명 차이가 있을 것 같다. 가령 유화와 수채화는 도구의 차이지만 그려진 그림에도 분명한 차이가 있다. 아날로그 비디오와 디지털 비디오 사이에도 그와 비슷한 차이가 있는가? 다시 말해, 디지털이라서 영화의 (회화적 요소까지 포함한) 내용이, 또는 요즘 유행하는 말로, '콘텐츠'가 간접적으로라도 달라지는 게 있는가? 그래서 '디지털'이란 단어는 유행을 따르는 장식에 불과하고 그냥 '비디오 영화'라 불러도 아무 상관이 없는 게 아니라고 할 수 있는가? 다행히도, 그렇다고 할 이유는 충분히 있는 것 같다. 디지털 기술에 의해 콘텐츠가 직간접적으로 영향을 받는 것을 몇 가지 나열해 보면 다음과 같다.[1]

--------

1. 한 가지 짚고 가고 싶은 건 '디지털 영화'란 이름이 그래서 정당하다고 해도, 그것이 제3의 매체가 아니라는 생각에는 변함이 없다는 것이다. '디지털 영화'는 '디지털 비디오 영화'의 준말이라고 봐야 옳다.

· 가격 대비 성능 향상과 배급의 용이성으로 인해 콘텐츠 생산이 크게 늘어난다.

· 아날로그로 불가능한 디지털 효과: 예를 들어, 〈토이 스토리〉 같은 영화는 아날로그 방식으로 만드는 게 거의 불가능하다.

· 인터랙티비티: 게임처럼 관객과 상호 작용하는 '영화'가 충분히 나올 수 있다.

· 수정의 용이성: 지역이나 시간에 따라 다른 버전을 상영한다든지, 관객의 반응을 하루 보고 몇 컷을 들어낸다든지 하는 게 아주 쉬워진다.

'디지털 영화'에 대해 처음에 내린 정의, "디지털 기술을 사용하여 만들어진 영화"로 돌아가 보자. 디지털 영화의 미학적·경제적·사회적 의미 등이 중요하지만, 그 용어의 기술적 정의로서는 그게 별 무리 없어 보인다. 다만, 상영 단계가 포함되는지 좀 애매하기 때문에 "디지털 기술을 사용하여 만들어지고 보여지는 영화"라고 하는 게 나을지 모른다. 또, 디지털 기술이 조금만 사용된 영화를 디지털 영화라 할 수 없으므로 '많이'나 '충분히' 같은 수식어도 들어가야 할 것이다.

## 3. 기술적 과제

디지털 영화가 자리 잡는 데 있어서 화질에 미치는 영향이나 비용 측면에서 제일 비중을 차지하는 게 영사기다. 처음에 〈스타워즈: 에피소드 1*Star Wars: Episode 1 – The Pantom Menace*〉을 디지털 비디오로 상영했을 때는 DLP 영사기와 휴즈/JVC의 ILA(Image Light Amplifier) 영사기가 반반씩 사용되었으나, 지금은 DLP 영사기만이 극장에 설치되어 있다. 정확히 말하면 "DLP 시네마"라는 칩을 사용하는 것인데, 이것은 그 수년 전부터 있어 온 일반 DLP 칩보다 콘트라스트가 향상된 버전이다. 일반 DLP 영사기는 소형까지 포함하면 많은 업체에서 공급해왔으나, 이 DLP 시네마를 사용한 시스템은 현재 소수의 회사가 독점 공급하고 있다. 그 중에 크리스티Christie도 있는데, 이것은 필름 영사기의 유명한 브랜드로서 최근에 디지털 영화계로 뛰어들었다.

DLP(Digital Light Processing)는 텍사스 인스트루먼츠Texas Instruments가 개발한 기술로서 '완전 디지털' 영사 시스템이라고 선전하고 있다. 픽셀 수만큼의 아주 작은 거울들micro-mirror이 켜짐과 꺼짐 두 상태를 빠른 속도로 왔다 갔다 하며 반사하는 빛의 양을 조절함으로써 그림을 만들어낸다. 이 기술에 대해 자세히 설명할 의도는 없지만, '디지털'이란 말에 너무 무게가 실려 있는 것 같다는 점은 얘기하고 싶다. 액정liquid crystal을 사용하는 표시 장치에 비해 디지털적이라는 것을 인정할 수 있고, 그들 주장대로 '완전 디지털'이라고 할 수 있을지도 모르겠다. 그러나 그렇다고 해서 '무조건 좋은 것'이라든지, 디지털 영화는 '디지털 영사기'로 상영해야 한다든지 하는 게 아니라는 것이다. 'DLP'란 말은 TI사의 상품명에 불과하다. 디지털 기술은 데이터의 전송, 보관, 복사, 그리고 계산 등에서 큰 장점을 발휘하지만, 사람과의 최종 인터페이스에서 디지털적인 게 반드시 좋을 이유는 없다. 지금은 시장에 DLP밖에 없지만, 그것과 경쟁 입장에 있는 몇 가지 기술들이 개발 중에 있다. 그 중 소니가 독점 계약함으로써 화제가 되었던 'GLV(Grating Light Valve)'란 기술이 있다. 빛의 간섭 현상을 이용한 기술인데, 이것은 켬/끔 방식이 아니라 연속적으로 광량을 조절하므로 아날로그적이다. 그런데, 그렇다고 해서 DLP보다 못한 기

술인가? 전혀 아니다. 소니는 이 기술을 소비자용 프로젝터에 먼저
선 보일 것 같다.

처음에 만들어진 DLP 시네마 칩은 해상도가 1280 × 1024로서
HDTV(1920×1080)보다 좀 낮았다. 그러나 그 해상도에서도 대부분의
관객이 화질에 만족하는 것 같았다. 고해상도의 DLP 칩은 만드는 데
상당한 시일이 걸릴 거라고 예상되었으나 2003년 초에 '2K' 시제품이
생산되었고 최근에 그것을 사용한 영사기가 극장에 보급되기 시작했다.

HDTV 해상도가 디지털 영화의 표준이 된다 해도, 해상도만 그
런 것이지 압축 방법 같은 것도 HDTV를 따른다는 것은 아니다. 극
장용에는 압축비가 낮아도 되고, 기존에 보편화된 MPEG−2 방식이
극장 영화에 적용하기에는 좀 한계가 있어서, 새로운 방법의 표준화
가 한 과제가 되고 있다. 디지털 파일 형태의 영화를 극장에 배포하
는 방법으로서는 하드디스크나 DVD−ROM 같은 물리적 매체를 이
용하거나, 위성을 이용하는 것 등이 모두 시도되었다. 최소한 초기에
는 여건에 따라 여러 방법이 사용되겠지만, 장기적으로는 위성이 선
호된다. 비용이나 시간의 절약도 있지만, 중앙(즉, 배급사)에서 통제하
기 쉬워지고 스포츠 경기 같은 이벤트를 생중계 할 수도 있다.

데이터의 보안과 접근 통제도 배급사의 입장에서는 큰 과제다.
필름으로 상영할 때는 그걸 누가 훔쳐가거나 복사할 걱정은 거의 안
해도 된다. 기껏 극장 내에서 비디오 카메라로 몰래 촬영하는 정도이
다. 그러나 주머니에 들어가는 조그만 하드 디스크거나, 전파를 탈 경
우 이야기는 달라진다. 그러나 한편, 은행이나 국가 기관 등에서 사용
하는 것과 같은 암호화 시스템이 발달되어 있고, VHS나 DVD로 출시
되기 전까지만 '견디면' 되기 때문에 큰 문제가 되지 않는다.

암호화−압축−배포(delivery) 시스템 시장을 노리는 회사들이 많

이 있겠지만, 그 중 눈에 띄는 곳은 테크니컬러 디지털시네마Technicolor Digital Cinema란 회사다. 영화 쪽에 80년의 역사를 가지고 있으며 한때 컬러 영화 필름 현상의 대명사였던 테크니컬러의 디지털 영화로의 진입은 상징적인 의미를 갖는 것 같다.

규모 면에서는 별 것 아닌지 모르겠으나, 극장주나 관객의 입장에서 무시할 수 없는 것은 영사실에 설치된 시스템을 운용할 소프트웨어다. 디지털 영화를 수신하고, 저장 / 관리하고, 상영 시작 / 종료하고, 스케줄을 조정하는 등의 작업을 할 소프트웨어는 사용이 쉬우면서 대단히 안정적이어야 한다. 영사실에 고급 엔지니어를 상주시킬 극장주는 없을 테고, 더 이상 그런 비용을 정당화할 수도 없다. 사용을 쉽게 하려면 마이크로소프트 윈도 같은 범용 운영 체제를 써야 할 것이다. 앞으로 관객은 필름이 끊어지는 영사사고 대신 컴퓨터가 다운되는 사고를 경험해야 할지 모른다.

## 4. 영화 제작에 미치는 영향

먼저 약간의 개념상의 정리를 하고자 한다. 알다시피 비디오는 수십 년의 역사를 가지고 있고, 부분적으로 영화 제작에 사용되어 왔다. 물론 최근에 비디오의 화질이 매우 좋아져서 필름을 대체하기 시작한 것은 사실이다. 그러나 최근에 화질이 좋아진 것에 디지털 기술이 결정적으로 기여한 건 사실이지만, 촬영 현장이란 상황만 놓고 볼 때는 비디오가 필름을 대체하고 있는 것이지, '디지털 기술'이 필름을 대체하고 있는 게 아니다. 다시 말해, 디지털 비디오를 매체로 사용하고 있지만, 디지털적인 특성이 현장에서 거의 의미가 없으며, 아날로그 비디오라 하더라도 거의 상관이 없다는 뜻이다. 디지털 기술이 영화를 포함한 문화 전반에 지대한 영향을 미치고 있다는 것을 부정하는 것은 아니다. 다만 '영화 제작'을 좀 좁게 생각하여 촬영 현장 중심으로 봤을 때 그렇다는 것이다.

비디오가 필름을 대체하고 있는 것이라서 더 이상 논의할 필요가 없다는 뜻은 아니다. 디지털 기술과 분리해서 비디오에 대해 생각해 볼 수 있다. 매체가 비디오로 되면 무엇이 크게 달라질까? 크게 네 가지 정도를 생각해 볼 수 있겠는데, 화질(또는 화면의 특성), 비용, 동시성 그리고 전자 기술 등이다.

'화질'이라고 하면 해상도와 색재현성 정도를 말한다고 보겠는데, 이론의 여지가 있겠지만, 현재 최신 HD 카메라의 화질은 필름과 비교해 별 손색이 없어 보인다. 문제는 화면의 특성인데, 해상도가 높아지더라도 남아 있는 비디오의 느낌을 말한다. 이것까지 '화질'의 범주에 넣는 것은 논의를 혼란스럽게 만들 수 있다고 생각한다. 이 '느낌'의 큰 요인 가운데 하나는 비디오의 콘트라스트 특성인데, '영화 제작에 미치는 영향'을 찾자면, 이 특성은 조명 방식에 좀 영향을 줄 수 있다. 하지만 이것은 전체적으로 봤을 때 사소한 것이다. 비디오를 종종 컬러 리버설 필름에 비교하곤 하는데, 어쨌든 좀 특성이 다른 필름을 쓰는 정도의 의미라고 볼 수 있다.

비디오의 가장 큰 장점이 비용 절약이라고 흔히 생각되는데, 최첨단 HD 촬영 시스템의 경우 현재로선 필름이랑 비용 차이가 별로 없어 보이고, 특히 대규모 영화에서 약간의 비용 절감이 큰 요인이 되지 못할 것이다. 하지만 비디오 장비의 가격은 빠른 속도로 내려가고 있고, 화질을 약간 양보하면 상당히 저렴한 비용으로 영화를 만들 수 있기 때문에 이전에 엄두를 못 내던 사람들이 영화에 접근할 수 있게 되었다. 사실, '영화 제작에 미치는 영향'으로 말하자면 이것이 가장 큰 것이다. 흔히 영화 제작에서의 '디지털 혁명'이라고 하는 것도 이것을 말한다고 생각된다. '영화 제작의 민주화'라는 말을 쓰기도 한다. 그러나 한편으로, 이것은 신화나 환상에 불과한 게 아닐까 하는 느낌을 지울 수 없다. '민주화'란 말이 전혀 잘못되었다고 보진 않지만, 가령 투표(선거)를 생각해 보면 정치를 전혀 모르는 사람도 똑같이 한 표의 권리를 가진다. 하지만, 영화에서는 소수의 재능 있는 자들이 영화 시장이라는 파이의 대부분을 차지하게 될 수밖에 없다고 생각된다. 물론, 결과는 그렇다 해도 '기회'가 균등해진 것은 사실이 아니냐고 말할 수는 있다.

비용과 관련하여 한 가지 언급하고 싶은 것은 기록 매체(비디오 테이프)의 저렴함이다. 요즘에는 우리나라에서도 필름을 상당히 많이 소모하고 있긴 하지만, 필름을 쓸 경우 테이크가 제한될 수밖에 없어 보인다. 비디오의 경우는 테이크를 여러 번 가는 것에 대한 부담이 없는데, 일부 사람들은 그게 오히려 좋지 않다고 말하기도 한다. 현장의 긴장도가 떨어진다는 논리에서이다. 그러나 상식적으로 테이크를 여러 번 할 수 있는 게 결과가 나쁘다고 볼 수는 없다. 긴장도는 배우를 포함한 현장 종사자의 프로페셔널리즘의 문제이다.

비디오의 '동시성'은 촬영하는 동시에 결과를 볼 수 있는 것을 말한다. 이것은 촬영과 조명을 담당한 사람에게 하나의 큰 부담을 덜어 준다. 그러나 한편으로 이것은 촬영 감독의 입지를 줄이는 면이 없지 않다. 필름으로 촬영할 경우는 결과를 바로 볼 수 없으므로 (비디오 탭이라는 게 있지만 완전한 게 아니니까) 촬영 감독의 전문성에 의존할 수밖에 없는데, 비디오의 경우는 연출자나 다른 사람이 바로 개입할 수가 있다. 동시성이 활용될 수 있는 또 하나는 원거리 통신이다. 즉,

연출자가 타 지역에 있어도 촬영되는 걸 볼 수 있다. 하지만, 연출자가 타 지역에서 원거리 연출할 일이 얼마나 있을까. 그리고 현장에서 결과를 바로 본다는 것 자체도 어떤 획기적인 의미를 갖는 것은 아니다.

현실적으로 좀 문제가 될 만한 사항은 마지막의 '전자 기술' 부분이다. 제대로 결과를 얻으려면 비디오 카메라의 복잡한 메커니즘을 이해하거나, 최소한 메커니즘을 담당하는 엔지니어와 커뮤니케이션이 되어야 한다. 위에서 디지털 기술이 현장에서 거의 상관이 없다고 말했지만, 복잡하게 한다는 면에서는 틀림없이 상관 있다. 그리고 카메라로 끝나지 않는다. 포스트프로덕션 과정을 알아야 하는데, 관련 비디오 혹은 디지털 기술의 복잡함은 말할 필요가 없을 것이다.

아날로그 비디오와 공통되는 부분이 아닌, 문자 그대로의 '디지털 기술'이 가능하게 하는 것을 보자면 어떤 게 있을까. 특수 효과, 상호 작용성interactivity, 기존 디지털 환경과의 접목 등을 생각할 수 있다. 상호 작용성이 촬영 현장에서 활용될 수 있을까? 일례로, 현장에서 어떤 그래픽 프로그램을 사용하여 촬영하면서 동시에 영상에 조작을 가할 수 있겠다. 실제로 그렇게 하기도 하는 것 같은데, 하지만 이 역시 큰 의미를 가지는 것이라고 생각하지 않는다. 웹 같은 기존의 디지털 환경과의 접목도 생각해 볼 수 있겠으나, 역시 장난 이상의 의미는 없다고 본다. 여러 가지 실험적인 것들이 시도될 수 있으나, 여기서는 주류 영화계에 대해 논하고 있다.

## 5. 전망

영화관이 디지털화되면 가장 절약되는 것은 극장에 배급되는 영화 프린트 비용이다. 미국에서 그 비용은 한 편당 약 1500달러다. 그런데, 영화관을 디지털화하는 데 드는 비용은 그것의 수십 배나 된다. 한 달에 한 편씩 영화가 바뀌는 걸 기준으로 해도 수년이 지나야 본전이 되는 셈이다. 물론 비디오 영사기 등의 가격이 빠른 속도로 떨어질 것으로 예상되지만, 전자 제품의 유효 수명이 워낙 짧기 때문에 이러한 측면만 보면 당장은 경제성이 별로 없어 보이기도 한다.

그러나 깜박거림도 없고 흔들리지도 않고 스크래치나 먼지도 없는 영화 화면을 보여 줄 뿐 아니라, 수시로 축구 경기 같은 이벤트도 생중계로 대형 화면에 보여 주는 신설 극장이 하나 둘씩 생기기 시작하면 경쟁을 위해서라도 다른 극장들이 따라가지 않을 수 없을 것이다. 프로그램 스케줄도 훨씬 융통성 있게 될 수 있다. 지금처럼 몇 주간 한 영화를 연속해서 상영하지 않고, 낮 시간과 밤 시간, 또는 주중과 주말에 서로 다른 영화를 상영하는 것이 — 지금도 물론 불가능하진 않지만 — 훨씬 간단해진다. 또한 프린트 비용 부담 때문에 배급하기 힘들었던 저예산 독립 영화들을 상영하는 것도 쉬워진다. 멀티플렉스 극장이 공간적으로 프로그램을 다양하게 하는 방식이라면, 디지털은 시간적으로 프로그램을 다양하게 할 수 있게 한다.

극장측에서는 인건비의 절감도 예상할 수 있다. 고용 문제는 좀 민감한 사항이고, 또 지금 현재의 DLP 시네마 영사기는 기존의 영사기 몸체는 그대로 두고 앞부분만 변형한 것이기 때문에 빠른 변화가 예상되지는 않는다. 그러나 장기적으로는 비용 절감의 상당한 비중을 차지한다. 비디오 영사기를 포함한 장비들의 신뢰성에 큰 문제만 없다면, 이론적으론 스크린이 아무리 많아도 한 명이 모든 걸 다 할 수 있다. 그 한 명조차 1주일이나 몇 주의 프로그램을 미리 입력해 놓으면 대부분의 시간에 제대로 돌아가고 있는지 확인하는 일만 하면 된다. 조그만 극장에서는 그 사람이 표 받는 일까지 다 할 수 있다.

영화 자체도 변한다. 당장 사운드 부문만 해도, 돌비 디지털이 나온 지 그리 오래 되지도 않았지만, 디지털 영화를 위한 새로운 표준이 논의되고 있다. 그 새로운 사운드가 대부분의 사람들에겐 별로 차이가 느껴지지 않는다 해도, '최첨단'이란 선전은 유효하다. 빛과 소리 외에 다른 요소도 첨가될 수 있다. 예전에도 시도된 바가 있긴 하지만, 그와 비교할 수 없을 정도로 쉽고 정확하게 냄새나 촉감 등을 발생하는 장치를 영화와 연동시킬 수 있다. 게임 같은 상호 작용성은 어떤가. 그건 아날로그 극장에서는 아예 불가능하다. 그런데 한 가지 드는 생각은, 상호 작용성이 많이 있는 영화를 '영화'라 할 수 있을까 하는 것이다. 전통적인 의미의 영화라 할 수 없을지는 모르지만 어쨌든 요즘 할리우드 영화를 보면 게임과의 차이가 점점 줄어들고 있다는 느낌이다. 극장이 디지털화되는 것은 그런 흐름에 부응하는 것이 된다.

극장이 디지털화되는 건 이렇듯 불가피한 것처럼 보인다. 그러면 영화 제작 쪽은 어떤가. 현재 생산되고 있는 필름의 대부분이 배급용 프린트로 쓰이고 있기 때문에 그게 불필요하게 되면 생산이 대폭 줄고 경제성이 악화될 것이다. 감독이나 제작자들도 후반 작업 및 상영이 디지털화되는 마당에 굳이 필름으로 촬영하려는 경향이 줄어들 것이다. 그러나 "현상소가 마지막 하나 남을 때까지 필름으로 만들겠다"라는 스필버그 감독 같은 사람의 입장에서 볼 때, 배급/상영 쪽보다는 상황이 나은 것 같기도 하다. 대부분 디지털화되고 일부 소수의 필름 극장이 남은 상태를 상상해 보면, 필름이 필요한 건 극장인데 비용은 배급업자가 부담하므로 소수의 필름 극장이 남아 있기 힘들다. 그 반면, 필름으로 촬영하고자 하는 사람은 소수만 남았다 해도 비용을 자신이 부담하기 때문에 오래 갈 수 있을 것 같기도 하다. 하지만 이것은 물론 고비용에도 불구하고 필름을 고집하는 영화인들이 얼마나 많으냐에 달렸다. 몇 명을 위해 현상소를 운영할 수는 없기 때문이다.

영화의 디지털화는 우리에게 어떤 의미를 갖는가? 우선, 많은 사람이 생각하는 것처럼, 영화 만들기가 쉬워지는가? 저렴한 비용으로 성능이 뛰어난 카메라와 편집 장비를 마련할 수 있고 배급이 쉬워진다는 측면에서는 분명 그렇다고 해야 할 것이다. 하지만 사람들이 "디지털 영화는 만들기 쉽다"라고 말할 때 그들은 그냥 영화가 아니라, '좋은 영화' 내지는 '괜찮은 영화'를 염두에 두고 있지 않은가? "바둑은 두기 쉬운가?"라는 질문에 대해 우리는 두 가지로 대답할 수 있다. 룰이 간단하다는 면에서는 두기 쉽지만, 잘 두려면 아주 어렵다. 아마 후자 쪽으로 해석하는 사람이 더 많을 것이다. "디지털 영화는 만들기 쉽다"라고 할 때도 마찬가지다. 영화가 지녀야 할 기본적인 덕목들을 갖춘 영화를 염두에 둔 것일 가능성이 크다. 가끔 "영화 같지도 않은 영화"라는 표현을 쓰는데, '영화'란 단어의 이중적인 쓰임새를 여기서도 볼 수 있다.

그렇다면, 디지털화가 됨으로써 좋은 영화를 만들기 쉬워지는가? 그렇다고 하기 힘들다. 예술이든 오락이든 좋은 작품은 도구가 아니라 사람의 재능이나 창조성에서 나오는 것이다. 이 평범한 진리가 사람들 사이에 뿌리 내리지 못하고 있는 것은 아마 다음과 같은 삼단 논법이 너무나 그럴 듯하기 때문일 것이다.

디지털은 기회를 제공한다. (사실)

기회만 주어지면 나도 영화를 잘 만들 수 있다. (신화)

따라서 나는 디지털 영화를 잘 만들 수 있다.


디지털 영화를 부정적으로만 보려는 건 아니다. 다만 '디지털'이란 단어를 맹신하거나 지나치게 미화하는 것을 경계하려는 것이다. 많은 작품들이 생산되면 경쟁이 세어질 것이고 그 중에서 뛰어난 작품들이 나오게 될 것이다.

영화 제작의 '민주화' 만큼, 아니면 그보다 더, 의미심장해 보이는 것은 실사 없이 디지털 기술로만 만들어지는 영화, 다시 말해 '완전 디지털' 영화의 확산이다. 할리우드의 유명한 편집 기사인 월터 머치는 "정신의 디지털 영화?"라는 제목의 흥미 있는 글에서 이러한 완전 디지털화가 진정한 개인 예술로서의 영화를 가능하게 하는 것이라고 말한다(Murch. 1999). 종이가 발명됨으로써 본격적으로 출판 문화가 꽃 피었고, 집단 작업에 의해 만들어지던 프레스코화가 15세기에 유화로 전환되면서 개인 예술로서의 회화가 시작된 것처럼, 세트와 배우와 자본으로부터의 해방은 영화 예술의 새 시대를 열 것이고 했다. 물론 지금은 완전 디지털 영화가 더 비싸다. 좀 먼 미래에 대한 이야기이다.

좀 다른 시각에서도 볼 수 있을 것 같다. 앙드레 바쟁은 "사진의 이미지는 사물 그 자체"라고 말했다. 영화의 가장 근본적인 속성의 하나로 여겨졌던 이 리얼리즘이 사라지려고 하는 것이다. 실제의 히말라야 사진을 보는 것과 특수 효과로 만든 '히말라야 사진'을 (가짜인 것을 알면서) 보는 것 사이에는 넘을 수 없는 벽이 있다. 시각적으로 그 둘이 아무리 비슷하다고 해도 그렇다. 〈타이타닉〉을 극장에서 처음 보았을 때는, 꼭 의식적으로 저게 축소 모형일 거라고 생각하면서 본 건 아니지만, 대충 어떻게 특수 효과로 만들었겠지 하는 생각에 큰 느낌이 없었다. 그러나 나중에 제작 다큐멘터리를 보고 그 배가 물론 모델이긴 하지만 거의 실물 크기라는 걸 알았는데, 그 후에 영화를 다시 봤을 때는 작은 화면의 비디오였음에도 불구하고 그 느낌이 완전히 달랐다. 영화가 완전 디지털화되어 가면서, 별로 느끼지 못하는 사이에 현실과의 연결 고리가 사라져가고 있다.

《영적 기계의 시대*The Age of Spiritual Machines*》를 쓴 레이 쿠르츠바일 Ray Kurzweil은 한 인간의 뇌가 가진 모든 정보를 컴퓨터에 '다운로드' 하는 것에 대해 말하고 있다. 생각, 기억, 감정, 개성, 모든 것을 저장하는 것이다. 말하자면, 인간의 정신을 디지털화하는 것이다(정확히 말하면, 현재의 논의 수준에선 아날로그 방식이 섞여 있다). 이렇게 인간의 실존적 존재 자체의 디지털화가 논의되고 있는 마당에, 한낱 영화의 디지털화를 누가 막을 수 있겠는가. 먼 훗날, 디지털 세계에서 디지털 인간들이 디지털 영화를 '보고 즐기게' 될 것이다.

# 참고 문헌

Frielinghaus, Karl—Otto. "New Investigations on Picture Steadiness of Motion Pictures in Projection." *Journal of the SMPTE*, January 1968.

Grob, Bernard & Herndon, Charles E. *Basic Television and Video Systems* (6th ed.). McGraw—Hill, 1999.

Murch, Walter. "A Digital Cinema of the Mind? Could Be." *The New York Times*. May 2, 1999.

Poynton, Charles. *Digital Video and HDTV Algorithms and Interfaces*. Morgan Kaufmann, 2003.

Whitaker, Jerry & Benson, Blair (ed.). *Standard Handbook of Video and Television Engineering* (4th ed). McGraw—Hill, 2003.

"Indies on the Internet." *American Cinematographer*. Dec. 2000.

http://www.adamwilt.com